3회독 합격플래너

KB170611

단원		1회독	2회독	3회독
PART 01 국토의 계획 및 이용에 관한 법률	THEME 01 광역도시계획, 02 도시·군기본계획, 03 도시·군관리계획	1일	1일	1일
	THEME 04 용도지역, 05 용도지구 및 용도구역	1일		
	THEME 06 도시·군계획시설사업	1일	1일	
	THEME 07 도시·군계획시설부지의 매수청구, 08 지구단위계획구역과 지구단위계획	1일		
	THEME 09 개발행위허가	1일	1일	
	THEME 10 개발밀도관리구역과 기반시설부담구역	1일		
PART 02 도시개발법	THEME 01 개발계획 및 도시개발구역	1일	1일	2일
	THEME 02 시행자 및 실시계획			
	THEME 03 수용 또는 사용방식, 04 환지방식에 의한 사업시행, 05 도시개발채권 및 비용부담	2일	2일	
PART 03 도시 및 주거환경 정비법	THEME 01 기본계획의 수립 및 정비구역의 지정	1일	2일	1일
	THEME 02 사업시행방법 및 시행자			
	THEME 03 사업시행계획 등, 04 관리처분계획 등	2일		
PART 04 건축법	THEME 01 건축법 적용범위	1일	1일	2일
	THEME 02 건축물의 건축 등, 03 건축물의 대지와 도로	1일		
	THEME 04 건축물의 구조 및 면적산정방법	1일		
PART 05 주택법	THEME 01 용어의 정의	1일	2일	1일
	THEME 02 사업주체	1일		
	THEME 03 주택건설자금 및 사업계획승인	1일	2일	
	THEME 04 주택의 공급 및 리모델링	1일		
PART 06 농지법	THEME 01 용어의 정의 및 소유제한, 02 농지의 이용 및 보전	2일	1일	

21일 완성!   14일 완성!   7일 완성!

셀프 **합격플래너**

	단원	학습기간	공부한 날짜	완료
PART 01 국토의 계획 및 이용에 관한 법률	THEME 01 광역도시계획	2일	<u>3</u>월<u>1</u>일 ~ <u>3</u>월<u>2</u>일	✓
	THEME 02 도시·군기본계획		__월__일 ~ __월__일	
	THEME 03 도시·군관리계획		__월__일 ~ __월__일	
	THEME 04 용도지역		__월__일 ~ __월__일	
	THEME 05 용도지구 및 용도구역		__월__일 ~ __월__일	
	THEME 06 도시·군계획시설사업		__월__일 ~ __월__일	
	THEME 07 도시·군계획시설부지의 매수청구		__월__일 ~ __월__일	
	THEME 08 지구단위계획구역과 지구단위계획		__월__일 ~ __월__일	
	THEME 09 개발행위허가		__월__일 ~ __월__일	
	THEME 10 개발밀도관리구역과 기반시설부담구역		__월__일 ~ __월__일	
PART 02 도시개발법	THEME 01 개발계획 및 도시개발구역		__월__일 ~ __월__일	
	THEME 02 시행자 및 실시계획		__월__일 ~ __월__일	
	THEME 03 수용 또는 사용방식		__월__일 ~ __월__일	
	THEME 04 환지방식에 의한 사업시행		__월__일 ~ __월__일	
	THEME 05 도시개발채권 및 비용부담		__월__일 ~ __월__일	
PART 03 도시 및 주거환경 정비법	THEME 01 기본계획의 수립 및 정비구역의 지정		__월__일 ~ __월__일	
	THEME 02 사업시행방법 및 시행자		__월__일 ~ __월__일	
	THEME 03 사업시행계획 등		__월__일 ~ __월__일	
	THEME 04 관리처분계획 등		__월__일 ~ __월__일	
PART 04 건축법	THEME 01 건축법 적용범위		__월__일 ~ __월__일	
	THEME 02 건축물의 건축 등		__월__일 ~ __월__일	
	THEME 03 건축물의 대지와 도로		__월__일 ~ __월__일	
	THEME 04 건축물의 구조 및 면적산정방법		__월__일 ~ __월__일	
PART 05 주택법	THEME 01 용어의 정의		__월__일 ~ __월__일	
	THEME 02 사업주체		__월__일 ~ __월__일	
	THEME 03 주택건설자금 및 사업계획승인		__월__일 ~ __월__일	
	THEME 04 주택의 공급 및 리모델링		__월__일 ~ __월__일	
PART 06 농지법	THEME 01 용어의 정의 및 소유제한		__월__일 ~ __월__일	
	THEME 02 농지의 이용 및 보전		__월__일 ~ __월__일	

__일 완성!

제35회 공인중개사 시험대비 **전면개정판**　　동영상강의 www.pmg.co.kr

브랜드만족
1위
박문각

2024

박문각 공인중개사

김희상
부동산공법
합격노트

김희상 편저

부록 | 3회독 합격플래너 + 셀프 합격플래너

· 최근 개정 부동산공법 완벽반영
· 체계도로 부동산공법 전체적인 흐름과 절차 파악
· 핵심 이론, 기출문제로 학습효과 극대화

박문각

수험생들이 자주 출제되는 내용을 중심으로 반복해서 학습할 수 있도록 부동산공법 합격노트는 다음과 같이 구성되었습니다.

01 ┃ 시험에 자주 출제되는 이론 위주로 정리하였습니다. 반복 출제되는 공인중개사 시험 특성상 반드시 숙지하여야 할 내용을 중심으로 정리하는 것이 합격점수에 가장 쉽게 접근하는 방법입니다. 부동산공법에 자신감을 갖고 접근할 수 있도록 중요한 핵심이론 위주로 집필하였습니다.

02 ┃ 빈출 이론을 반복 학습할 수 있도록 '체계도 – 합격이론 – 필수기출'의 3단계로 구성하였습니다. 핵심적인 이론과 더불어 빈출지문으로 이루어진 기출문제를 풀면서 자연스럽게 내용을 암기할 수 있습니다. 여러 권의 교재를 보는 것보다는 제대로 된 교재로 반복하여 정리하는 것이 효율적인 학습방법입니다.

03 ┃ 기출차수 표기와 빈출지문 응용으로, 기출 이론을 분석하고 변형에 대비할 수 있도록 하였습니다. 이론을 단순 암기하는 것이 아니라 기출분석을 통해 핵심을 이해한다면 문제가 응용되어 출제되더라도 당황하지 않고 풀 수 있습니다.

부동산공법은 '선택'과 '집중'이 핵심입니다. 여러분이 공법을 더 이상 공포로 느끼지 않고 즐겁게 공부할 수 있도록 도와드리겠습니다. 이 책을 통해 수험생 여러분들이 모두 합격의 길로 가시길 바랍니다.

2024년 1월 저자 **명품공법** 김희상

✓ 방대한 부동산공법을 빈출 중심으로 29개의 핵심테마로 압축
✓ '셀프 단권화 노트'를 만들어 나가면서 나만의 단권화 교재로 완성

테마별 구성

부동산공법의 방대한 내용 중 실제 시험에 출제된 내용을 바탕으로 핵심테마 29개를 선별하였습니다. 테마별로 핵심이론과 기출문제를 분석하였고, 10개년 기출회차를 표시하였습니다. 자주 출제된 부분은 반복 학습으로 완벽하게 숙지하세요.

PART
01

국토의 계획 및
이용에 관한 법률

THEME 01 광역도시계획
THEME 02 도시·군기본계획
THEME 03 도시·군관리계획

셀프 단권화 노트

나만의 단권화 노트 만들기는 효율적인 학습에 도움이 됩니다. 본문 학습 후 중요한 핵심 이론과 기출문제 중에서 틀렸던 부분을 단권화 노트에 기록하며 해당 내용을 내 것으로 만들어 보세요. 완벽히 내 것으로 만들면 시험장에서 실수할 일이 줄어들 것입니다.

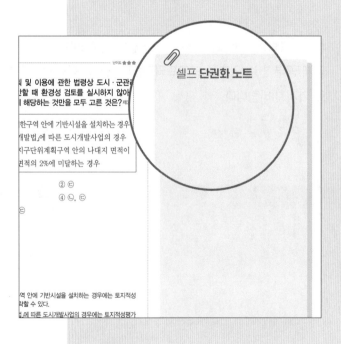

셀프 **단권화 노트**

✔ 기출분석을 통한 핵심이론 이해로 응용문제까지 해결
✔ 체계도 – 핵심이론 – 필수기출 3단계 학습 과정을 통한 반복학습

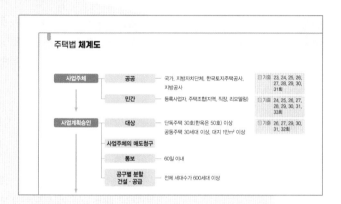

STEP 1 체계도

파트별로 이론의 흐름을 한눈에 파악할 수 있도록 체계도를 수록했습니다. 시험장에서 공법의 체계가 뚜렷하게 그려지는 경험을 하게 됩니다.

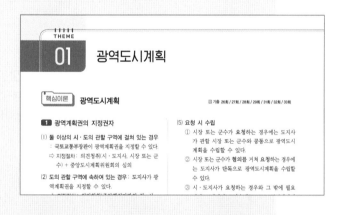

STEP 2 핵심이론

시험에 잘 나오는 이론을 엄선하여 압축 정리했습니다. 10개년 출제회차를 통해 더욱 중요한 이론을 확인할 수 있습니다. 여러 번 출제된 이론은 반드시 암기하세요!

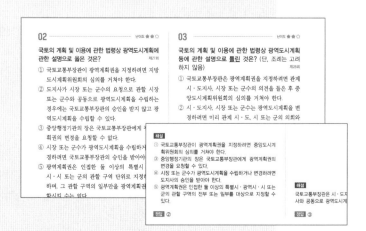

STEP 3 필수기출

기출문제 중에서 테마별로 대표성이 있는 빈출문제를 선택했습니다. 상세한 해설로 정확하고 빠르게 학습하세요!

▌제34회 기출분석표

	단원	문항수	비율
PART 01 국토의 계획 및 이용에 관한 법률	THEME 01 광역도시계획 THEME 02 도시·군기본계획 THEME 03 도시·군관리계획 THEME 04 용도지역 THEME 05 용도지구 및 용도구역 THEME 06 도시·군계획시설사업 THEME 07 도시·군계획시설부지의 매수청구 THEME 08 지구단위계획구역과 지구단위계획 THEME 09 개발행위허가 THEME 10 개발밀도관리구역과 기반시설부담구역	12	30%
PART 02 도시개발법	THEME 01 개발계획 및 도시개발구역 THEME 02 시행자 및 실시계획 THEME 03 수용 또는 사용방식 THEME 04 환지방식에 의한 사업시행 THEME 05 도시개발채권 및 비용부담	6	15%
PART 03 도시 및 주거환경 정비법	THEME 01 기본계획의 수립 및 정비구역의 지정 THEME 02 사업시행방법 및 시행자 THEME 03 사업시행계획 등 THEME 04 관리처분계획 등	6	15%
PART 04 건축법	THEME 01 건축법 적용범위 THEME 02 건축물의 건축 등 THEME 03 건축물의 대지와 도로 THEME 04 건축물의 구조 및 면적산정방법	7	17.5%
PART 05 주택법	THEME 01 용어의 정의 THEME 02 사업주체 THEME 03 주택건설자금 및 사업계획승인 THEME 04 주택의 공급 및 리모델링	7	17.5%
PART 06 농지법	THEME 01 용어의 정의 및 소유제한 THEME 02 농지의 이용 및 보전	2	5%

PART 01 국토의 계획 및 이용에 관한 법률
PART 02 도시개발법
PART 03 도시 및 주거환경정비법

국토의 계획 및 이용에 관한 법률은 40문제 중에서 매년 12문제가 출제되어 출제비중이 가장 높기 때문에 반드시 정복해야 할 법률입니다. 또한 도시개발법과 도시 및 주거환경정비법은 절차법이기 때문에 체계를 중심으로 학습해야 합니다. 최근 시험에서는 이 두 법률이 다소 난도가 높게 출제되는 경향을 보이므로 심화학습이 필요합니다.

PART 04 건축법
PART 05 주택법

건축법과 주택법은 기술적인 색채가 강한 법으로, 내용 이해가 중요하고 암기도 요구되기 때문에 반복학습이 필요합니다.

PART 06 농지법

농지법은 심화학습보다는 간단히 개념을 정리하고 주로 출제되는 부분을 파악하여 그 부분에 비중을 두고 학습해야 합니다.

▌제35회 기출대비 학습전략

제34회 시험총평

이번 제34회 공인중개사 시험은 제33회 시험에 비해서 난이도가 낮게 출제되었습니다.
지엽적인 문제와 난이도가 최상인 문제가 8문제가 출제되어 수험생들이 문제를 풀기가 어려웠을 것입니다. 전체적으로 보면 긍정형 25문제와 부정형 15문제의 비율로 긍정형이 부정형보다 많이 출제되었습니다.
국토의 계획 및 이용에 관한 법률, 도시개발법, 도시 및 주거환경정비법, 농지법은 난이도가 중·하로 출제되었고, 건축법과 주택법은 중·상으로 지엽적인 부분에서 어렵게 출제되었습니다.

제35회 학습전략

최근 출제경향을 분석해 보면, 시험의 방향이 종합적인 사고와 원리를 요구하는 방향으로 전환되고 있으며, 일부 법률에서는 지엽적인 문제와 새로운 유형의 문제가 8문제~9문제 정도가 출제되었지만, 합격하는 점수에는 영향을 주는 정도는 아니었습니다. 그러므로 꼭 암기가 필요하다고 강조되는 부분을 제외하고는 전체적인 체계와 기본적인 원리를 학습하는 것이 중요합니다. 앞으로의 시험은 한마디로 선택과 집중이 합격의 당락을 좌우할 것으로 예상됩니다.

이 책의 **차례**

국토의 계획 및 이용에 관한 법률 **체계도**

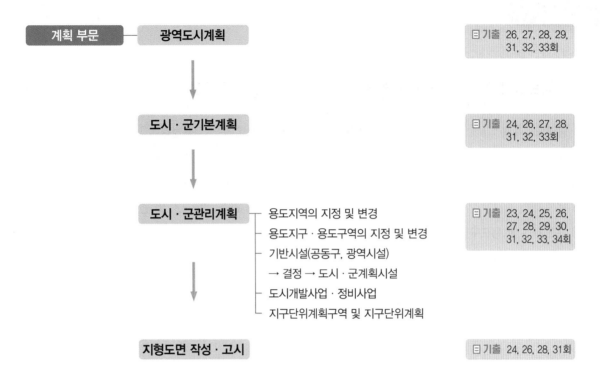

계획 부문 — **광역도시계획**

📄기출 26, 27, 28, 29, 31, 32, 33회

↓

도시 · 군기본계획

📄기출 24, 26, 27, 28, 31, 32, 33회

↓

도시 · 군관리계획
- 용도지역의 지정 및 변경
- 용도지구 · 용도구역의 지정 및 변경
- 기반시설(공동구, 광역시설)
  → 결정 → 도시 · 군계획시설
- 도시개발사업 · 정비사업
- 지구단위계획구역 및 지구단위계획

📄기출 23, 24, 25, 26, 27, 28, 29, 30, 31, 32, 33, 34회

↓

지형도면 작성 · 고시

📄기출 24, 26, 28, 31회

이용 부문 — **개발행위허가**
- 허가권자: 특별시장, 광역시장, 특별자치시장, 특별자치도지사, 시장 · 군수
- 개발행위: 건축물의 건축, 공작물의 설치, 토지의 형질변경, 토석의 채취, 토지분할, 물건을 1개월 이상 쌓아놓는 행위
- 절차: 허가신청 → 시행자의 의견청취 → 심의 → 조건부허가 → 사업시행 → 준공검사 (토지 분할, 물건을 쌓아놓는 행위는 제외)

📄기출 23, 24, 25, 26, 29, 30, 31, 32회

성장관리계획구역

📄기출 32, 33회

개발밀도관리구역 — 개발로 인하여 기반시설이 부족할 것으로 예상되는 지역 중 기반시설의 설치가 곤란한 지역

📄기출 23, 24, 26, 29, 30, 32회

기반시설부담구역 — 개발밀도관리구역 외의 지역으로서 도로, 공원, 녹지 등 기반시설을 설치(대학은 제외)하기 위하여 지정하는 구역

📄기출 24, 25, 27, 28, 29, 30, 32회

PART

01

국토의 계획 및
이용에 관한 법률

핵심이론 **광역도시계획**   목 기출 26회 / 27회 / 28회 / 29회 / 31회 / 32회 / 33회

1 광역계획권의 지정권자

(1) **둘 이상의 시·도의 관할 구역에 걸쳐 있는 경우**
: 국토교통부장관이 광역계획권을 지정할 수 있다.
⇨ 지정절차: 의견청취(시·도지사, 시장 또는 군수) + 중앙도시계획위원회의 심의

(2) **도의 관할 구역에 속하여 있는 경우**: 도지사가 광역계획권을 지정할 수 있다.
⇨ 지정절차: 의견청취(중앙행정기관의 장, 시·도지사, 시장 또는 군수) + 지방도시계획위원회의 심의

2 광역도시계획의 수립권자

(1) **광역계획권이 같은 도의 관할 구역에 속하여 있는 경우**: 관할 시장 또는 군수가 공동으로 수립하여야 한다.

(2) **광역계획권이 둘 이상의 시·도의 관할 구역에 걸쳐 있는 경우**: 관할 시·도지사가 공동으로 수립하여야 한다.

(3) **도지사 수립**
광역계획권을 지정한 날부터 3년이 지날 때까지 관할 시장 또는 군수로부터 광역도시계획의 승인 신청이 없는 경우에는 관할 도지사가 수립하여야 한다.

(4) **국토교통부장관 수립**
① 국가계획과 관련된 광역도시계획의 수립이 필요한 경우
② 광역계획권을 지정한 날부터 3년이 지날 때까지 관할 시·도지사로부터 광역도시계획의 승인 신청이 없는 경우

(5) **요청 시 수립**
① 시장 또는 군수가 요청하는 경우에는 도지사가 관할 시장 또는 군수와 공동으로 광역도시계획을 수립할 수 있다.
② 시장 또는 군수가 협의를 거쳐 요청하는 경우에는 도지사가 단독으로 광역도시계획을 수립할 수 있다.
③ 시·도지사가 요청하는 경우와 그 밖에 필요하다고 인정되는 경우에는 국토교통부장관이 관할 시·도지사와 공동으로 광역도시계획을 수립할 수 있다.

3 광역도시계획 수립절차

(1) 국토교통부장관, 시·도지사, 시장 또는 군수가 기초조사정보체계를 구축한 경우에는 등록된 정보의 현황을 5년마다 확인하고 변동사항을 반영하여야 한다.

(2) 광역도시계획을 수립하거나 변경하려면 미리 공청회를 열어 주민과 관계 전문가 등으로부터 의견을 들어야 하며, 공청회에서 제시된 의견이 타당하다고 인정하면 광역도시계획에 반영하여야 한다.

(3) 공청회는 광역계획권 단위로 개최하되, 필요한 경우에는 광역계획권을 여러 개의 지역으로 구분하여 개최할 수 있다.

4 광역도시계획의 수립기준

국토교통부장관이 정한다.

5 광역도시계획의 조정신청

(1) 광역도시계획을 공동으로 수립하는 시·도지사는 그 내용에 관하여 서로 협의가 되지 아니하면 공동이나 단독으로 국토교통부장관에게 조정(調停)을 신청할 수 있다.

(2) 국토교통부장관은 단독으로 조정신청을 받은 경우에는 기한을 정하여 당사자 간에 다시 협의를 하도록 권고할 수 있으며, 기한 내에 협의가 이루어지지 아니하는 경우에는 직접 조정할 수 있다.

(3) 국토교통부장관은 조정의 신청을 받거나 직접 조정하려는 경우에는 중앙도시계획위원회의 심의를 거쳐 광역도시계획의 내용을 조정하여야 한다.

6 광역도시계획의 승인권자

(1) **국토교통부장관 승인**

시·도지사는 광역도시계획을 수립하거나 변경하려면 국토교통부장관의 승인을 받아야 한다. 다만, 도지사가 관할 시장 또는 군수와 공동으로 수립하는 경우와 시장 또는 군수가 협의를 거쳐 요청하여 도지사가 단독으로 수립하는 경우에는 국토교통부장관의 승인을 받지 않아도 된다.

(2) **도지사 승인**

시장 또는 군수는 광역도시계획을 수립하거나 변경하려면 도지사의 승인을 받아야 한다.

7 공고 및 열람

(1) **국토교통부장관이 수립하거나 승인한 경우**
   ⇨ 시·도지사가 공고하고 열람(30일 이상)

(2) **도지사가 수립하거나 승인한 경우**
   ⇨ 시장·군수가 공고하고 열람(30일 이상)

꼭 풀어야 할 필수기출

01 ──────────────── 난이도 ★★☆

국토의 계획 및 이용에 관한 법령상 광역도시계획에 관한 설명으로 틀린 것은? 제32회

① 광역도시계획의 수립기준은 국토교통부장관이 정한다.

② 광역계획권이 같은 도의 관할 구역에 속하여 있는 경우 관할 도지사가 광역도시계획을 수립하여야 한다.

③ 시·도지사, 시장 또는 군수는 광역도시계획을 수립하거나 변경하려면 미리 관계 시·도, 시 또는 군의 의회와 관계 시장 또는 군수의 의견을 들어야 한다.

④ 시장 또는 군수가 기초조사정보체계를 구축한 경우에는 등록된 정보의 현황을 5년마다 확인하고 변동사항을 반영하여야 한다.

⑤ 광역계획권을 지정한 날부터 3년이 지날 때까지 관할 시장 또는 군수로부터 광역도시계획의 승인 신청이 없는 경우 관할 도지사가 광역도시계획을 수립하여야 한다.

해설
광역계획권이 같은 도의 관할 구역에 속하여 있는 경우 관할 시장 또는 군수가 공동으로 광역도시계획을 수립하여야 한다.

정답 ②

02

난이도 ★★☆

국토의 계획 및 이용에 관한 법령상 광역도시계획에 관한 설명으로 옳은 것은? 제27회

① 국토교통부장관이 광역계획권을 지정하려면 지방도시계획위원회의 심의를 거쳐야 한다.

② 도지사가 시장 또는 군수의 요청으로 관할 시장 또는 군수와 공동으로 광역도시계획을 수립하는 경우에는 국토교통부장관의 승인을 받지 않고 광역도시계획을 수립할 수 있다.

③ 중앙행정기관의 장은 국토교통부장관에게 광역계획권의 변경을 요청할 수 없다.

④ 시장 또는 군수가 광역도시계획을 수립하거나 변경하려면 국토교통부장관의 승인을 받아야 한다.

⑤ 광역계획권은 인접한 둘 이상의 특별시·광역시·시 또는 군의 관할 구역 단위로 지정하여야 하며, 그 관할 구역의 일부만을 광역계획권에 포함시킬 수는 없다.

03

난이도 ★★☆

국토의 계획 및 이용에 관한 법령상 광역도시계획 등에 관한 설명으로 틀린 것은? (단, 조례는 고려하지 않음) 제28회

① 국토교통부장관은 광역계획권을 지정하려면 관계 시·도지사, 시장 또는 군수의 의견을 들은 후 중앙도시계획위원회의 심의를 거쳐야 한다.

② 시·도지사, 시장 또는 군수는 광역도시계획을 변경하려면 미리 관계 시·도, 시 또는 군의 의회와 관계 시장 또는 군수의 의견을 들어야 한다.

③ 국토교통부장관은 시·도지사가 요청하는 경우에도 시·도지사와 공동으로 광역도시계획을 수립할 수 없다.

④ 시장 또는 군수는 광역도시계획을 수립하려면 도지사의 승인을 받아야 한다.

⑤ 시장 또는 군수는 광역도시계획을 변경하려면 미리 공청회를 열어야 한다.

해설

① 국토교통부장관이 광역계획권을 지정하려면 중앙도시계획위원회의 심의를 거쳐야 한다.

③ 중앙행정기관의 장은 국토교통부장관에게 광역계획권의 변경을 요청할 수 있다.

④ 시장 또는 군수가 광역도시계획을 수립하거나 변경하려면 도지사의 승인을 받아야 한다.

⑤ 광역계획권은 인접한 둘 이상의 특별시·광역시·시 또는 군의 관할 구역의 전부 또는 일부를 대상으로 지정할 수 있다.

정답 ②

해설

국토교통부장관은 시·도지사가 요청하는 경우에는 시·도지사와 공동으로 광역도시계획을 수립할 수 있다.

정답 ③

04 ──────────────── 난이도 ★★☆

국토의 계획 및 이용에 관한 법령상 광역도시계획에 관한 설명으로 틀린 것은? 제29회

① 중앙행정기관의 장, 시·도지사, 시장 또는 군수는 국토교통부장관이나 도지사에게 광역계획권의 변경을 요청할 수 있다.

② 둘 이상의 특별시·광역시·특별자치시·특별자치도·시 또는 군의 공간구조 및 기능을 상호 연계 시키고 환경을 보전하며 광역시설을 체계적으로 정비하기 위하여 필요한 경우에는 광역계획권을 지정할 수 있다.

③ 국가계획과 관련된 광역도시계획의 수립이 필요한 경우 광역도시계획의 수립권자는 국토교통부장관이다.

④ 광역계획권이 둘 이상의 시·도의 관할 구역에 걸쳐 있는 경우에는 관할 시·도지사가 공동으로 광역계획권을 지정하여야 한다.

⑤ 국토교통부장관, 시·도지사, 시장 또는 군수는 광역도시계획을 수립하려면 미리 공청회를 열어 주민과 관계 전문가 등으로부터 의견을 들어야 한다.

05 ──────────────── 난이도 ★★☆

국토의 계획 및 이용에 관한 법령상 광역도시계획에 관한 설명으로 틀린 것은? 제31회

① 도지사는 시장 또는 군수가 협의를 거쳐 요청하는 경우에는 단독으로 광역도시계획을 수립할 수 있다.

② 광역도시계획의 수립기준은 국토교통부장관이 정한다.

③ 광역도시계획의 수립을 위한 공청회는 광역계획권 단위로 개최하되, 필요한 경우에는 광역계획권을 여러 개의 지역으로 구분하여 개최할 수 있다.

④ 국토교통부장관은 광역도시계획을 수립하였을 때에는 직접 그 내용을 공고하고 일반이 열람할 수 있도록 하여야 한다.

⑤ 광역도시계획을 공동으로 수립하는 시·도지사는 그 내용에 관하여 서로 협의가 되지 아니하면 공동이나 단독으로 국토교통부장관에게 조정을 신청할 수 있다.

> **해설**
> 국토교통부장관은 직접 광역도시계획을 수립 또는 변경하거나 승인하였을 때에는 관계 중앙행정기관의 장과 시·도지사에게 관계 서류를 송부하여야 하며, 관계 서류를 받은 시·도지사는 지체 없이 해당 시·도의 공보와 인터넷 홈페이지에 그 내용을 공고하고, 관계 서류를 30일 이상 일반이 열람할 수 있도록 하여야 한다.

> **해설**
> 광역계획권이 둘 이상의 시·도의 관할 구역에 걸쳐 있는 경우에는 국토교통부장관이 광역계획권을 지정할 수 있다.

정답 ④

정답 ④

도시 · 군기본계획

1 도시 · 군기본계획의 수립

(1) 원칙

특별시장 · 광역시장 · 특별자치시장 · 특별자치도지사 · 시장 또는 군수는 관할 구역에 대하여 도시 · 군기본계획을 수립하여야 한다.

(2) 예외

다음의 시 또는 군은 도시 · 군기본계획을 수립하지 아니할 수 있다.

① 「수도권정비계획법」에 의한 수도권에 속하지 아니하고 광역시와 경계를 같이하지 아니한 시 또는 군으로서 인구 10만 명 이하인 시 또는 군

② 관할 구역 전부에 대하여 광역도시계획이 수립되어 있는 시 또는 군으로서 해당 광역도시계획에 도시 · 군기본계획에 포함될 사항이 모두 포함되어 있는 시 또는 군

(3) 연계수립

특별시장 · 광역시장 · 특별자치시장 · 특별자치도지사 · 시장 또는 군수는 지역 여건상 필요하다고 인정되면 인접한 특별시 · 광역시 · 특별자치시 · 특별자치도 · 시 또는 군의 관할 구역 전부 또는 일부를 포함하여 도시 · 군기본계획을 수립할 수 있다.

2 기초조사

(1) 기초조사의 내용에 토지적성평가와 재해취약성분석을 포함하여야 한다.

(2) 도시 · 군기본계획 입안일부터 5년 이내에 토지적성평가를 실시한 경우에는 토지적성평가를 하지 아니할 수 있다.

(3) 도시 · 군기본계획 입안일부터 5년 이내에 재해취약성분석을 실시한 경우에는 재해취약성분석을 하지 아니할 수 있다.

3 공청회

(1) 도시 · 군기본계획을 수립하거나 변경하는 경우에는 공청회를 생략할 수 없다.

(2) 도시 · 군기본계획을 수립하거나 변경하려면 미리 공청회를 열어 주민과 관계 전문가 등으로부터 의견을 들어야 하며, 공청회에서 제시된 의견이 타당하다고 인정하면 도시 · 군기본계획에 반영하여야 한다.

(3) 공청회 개최예정일 14일 전까지 일간신문, 관보, 공보, 인터넷 홈페이지 또는 방송 등의 방법으로 공고해야 한다.

4 도시 · 군기본계획의 확정 및 승인

(1) 특별시장 · 광역시장 · 특별자치시장 · 특별자치도지사는 국토교통부장관의 승인을 받지 아니하고 도시 · 군기본계획을 확정한다.

(2) 시장 또는 군수는 도지사의 승인을 받아야 한다.

5 타당성 검토

특별시장 · 광역시장 · 특별자치시장 · 특별자치도지사 · 시장 또는 군수는 5년마다 관할 구역의 도시 · 군기본계획에 대하여 타당성을 전반적으로 재검토하여 정비하여야 한다.

6 광역도시계획과 도시 · 군기본계획의 관계

광역도시계획의 내용이 도시 · 군기본계획의 내용과 다를 때에는 광역도시계획의 내용이 우선한다.

01
난이도 ★★☆

국토의 계획 및 이용에 관한 법령상 도시·군기본계획에 관한 설명으로 틀린 것은? 제31회

① 시장 또는 군수는 인접한 시 또는 군의 관할 구역을 포함하여 도시·군기본계획을 수립하려면 미리 그 시장 또는 군수와 협의하여야 한다.

② 도시·군기본계획 입안일부터 5년 이내에 토지적성평가를 실시한 경우에는 토지적성평가를 하지 아니할 수 있다.

③ 시장 또는 군수는 도시·군기본계획을 수립하려면 미리 그 시 또는 군 의회의 의견을 들어야 한다.

④ 시장 또는 군수는 도시·군기본계획을 변경하려면 도지사와 협의한 후 지방도시계획위원회의 심의를 거쳐야 한다.

⑤ 시장 또는 군수는 5년마다 관할 구역의 도시·군기본계획에 대하여 타당성을 전반적으로 재검토하여 정비하여야 한다.

해설

시장 또는 군수는 도시·군기본계획을 수립하거나 변경하려면 대통령령으로 정하는 바에 따라 도지사의 승인을 받아야 한다. 도지사는 도시·군기본계획을 승인하려면 관계 행정기관의 장과 협의한 후 지방도시계획위원회의 심의를 거쳐야 한다.

정답 ④

02
난이도 ★★☆

국토의 계획 및 이용에 관한 법령상 도시·군기본계획에 관한 설명으로 옳은 것은? 제24회

① 시장·군수는 관할 구역에 대해서만 도시·군기본계획을 수립할 수 있으며, 인접한 시 또는 군의 관할 구역을 포함하여 계획을 수립할 수 없다.

② 도시·군기본계획의 내용이 광역도시계획의 내용과 다를 때에는 국토교통부장관이 결정하는 바에 따른다.

③ 「수도권정비계획법」에 의한 수도권에 속하지 아니하고 광역시와 경계를 같이하지 아니한 인구 7만 명의 군은 도시·군기본계획을 수립하지 아니할 수 있다.

④ 도시·군기본계획을 변경하는 경우에는 공청회를 개최하지 아니할 수 있다.

⑤ 광역시장이 도시·군기본계획을 수립하려면 국토교통부장관의 승인을 받아야 한다.

해설

① 시장·군수는 지역 여건상 필요하다고 인정되면 인접한 시 또는 군의 관할 구역의 전부 또는 일부를 포함하여 도시·군기본계획을 수립할 수 있다.

② 도시·군기본계획의 내용이 광역도시계획의 내용과 다를 때에는 광역도시계획의 내용이 우선한다.

④ 도시·군기본계획을 수립하거나 변경하는 경우에는 공청회를 개최하여야 한다. 즉, 공청회를 생략할 수 없다.

⑤ 광역시장이 도시·군기본계획을 수립하려면 국토교통부장관의 승인을 받지 아니하고 확정한다.

정답 ③

03

국토의 계획 및 이용에 관한 법령상 도시 · 군기본계획의 수립 및 정비에 관한 조문의 일부이다. ( )에 들어갈 숫자를 옳게 연결한 것은? 제27회

> • 도시 · 군기본계획 입안일부터 (㉠)년 이내에 토지적성평가를 실시한 경우 등 대통령령으로 정하는 경우에는 토지적성평가 또는 재해취약성 분석을 하지 아니할 수 있다.
>
> • 시장 또는 군수는 (㉡)년마다 관할 구역의 도시 · 군기본계획에 대하여 그 타당성을 전반적으로 재검토하여 정비하여야 한다.

① ㉠ 2, ㉡ 5
② ㉠ 3, ㉡ 2
③ ㉠ 3, ㉡ 5
④ ㉠ 5, ㉡ 5
⑤ ㉠ 5, ㉡ 10

해설

• 도시 · 군기본계획 입안일부터 '5'년 이내에 토지적성평가를 실시한 경우 등 대통령령으로 정하는 경우에는 토지적성평가 또는 재해취약성분석을 하지 아니할 수 있다.
• 시장 또는 군수는 '5'년마다 관할 구역의 도시 · 군기본계획에 대하여 그 타당성을 전반적으로 재검토하여 정비하여야 한다.

정답 ④

04

국토의 계획 및 이용에 관한 법령상 도시 · 군기본계획에 관한 설명으로 틀린 것은? 제32회

① 「수도권정비계획법」에 의한 수도권에 속하고 광역시와 경계를 같이하지 아니한 시로서 인구 20만명 이하인 시는 도시 · 군기본계획을 수립하지 아니할 수 있다.
② 도시 · 군기본계획에는 기후변화 대응 및 에너지절약에 관한 사항에 대한 정책 방향이 포함되어야 한다.
③ 광역도시계획이 수립되어 있는 지역에 대하여 수립하는 도시 · 군기본계획은 그 광역도시계획에 부합되어야 한다.
④ 시장 또는 군수는 5년마다 관할 구역의 도시 · 군기본계획에 대하여 타당성을 전반적으로 재검토하여 정비하여야 한다.
⑤ 특별시장 · 광역시장 · 특별자치시장 또는 특별자치도지사는 도시 · 군기본계획을 변경하려면 관계 행정기관의 장(국토교통부장관을 포함)과 협의한 후 지방도시계획위원회의 심의를 거쳐야 한다.

해설

「수도권정비계획법」에 의한 수도권에 속하지 아니하고 광역시와 경계를 같이하지 아니한 시로서 인구 10만 명 이하인 시는 도시 · 군기본계획을 수립하지 아니할 수 있다.

정답 ①

03 도시 · 군관리계획

핵심이론 **도시 · 군관리계획의 입안 및 결정** 📋 기출 23회 / 24회 / 25회 / 26회 / 27회 / 28회 / 29회 / 31회 / 32회

1 도시 · 군관리계획의 입안 및 결정

(1) 내용

① 용도지역 · 용도지구의 지정 또는 변경
② 개발제한구역, 도시자연공원구역, 시가화조정구역, 수산자원보호구역의 지정 또는 변경
③ 기반시설의 설치 · 정비 또는 개량
④ 도시개발사업이나 정비사업
⑤ 지구단위계획구역의 지정(변경)과 지구단위계획
⑥ 입지규제최소구역의 지정 또는 변경과 입지규제최소구역계획

(2) 입안권자

① 원칙: 특별시장 · 광역시장 · 특별자치시장 · 특별자치도지사 · 시장 또는 군수
② 예외: 국토교통부장관(국가계획, 둘 이상의 시 · 도에 걸치는 용도지역 등, 국장의 조정요구에 따라 정비하지 아니한 경우), 도지사(둘 이상의 시 · 군에 걸치는 용도지역 등, 도지사가 직접 수립하는 사업계획)

(3) 결정권자

① 원칙: 시 · 도지사 또는 대도시 시장. 다만, 시장 · 군수가 입안한 지구단위계획구역과 지구단위계획은 시장 · 군수가 직접 결정한다.
② 예외: 국토교통부장관(수산자원보호구역의 지정 및 변경은 해양수산부장관)

⊙ 국토교통부장관이 입안한 도시 · 군관리계획
ⓒ 개발제한구역의 지정 및 변경
ⓒ 국가계획과 연계한 시가화조정구역의 지정 및 변경

2 기초조사 및 주민의 의견청취

(1) 기초조사

기초조사의 내용에는 토지적성평가 + 재해취약성분석 + 환경성 검토가 포함되어야 한다.

■ 환경성 검토, 토지적성평가, 재해취약성분석을 생략할 수 있는 사유

1. 해당 지구단위계획구역이 도심지(상업지역과 상업지역에 연접한 지역을 말한다)에 위치하는 경우
2. 해당 지구단위계획구역 안의 나대지 면적이 구역 면적의 2%에 미달하는 경우
3. 해당 지구단위계획구역 또는 도시 · 군계획시설부지가 다른 법률에 따라 지역 · 지구 등으로 지정되거나 개발계획이 수립된 경우
4. 해당 지구단위계획구역의 지정목적이 해당 구역을 정비 또는 관리하고자 하는 경우로서 지구단위계획구역의 내용에 너비 12m 이상 도로의 설치계획이 없는 경우
5. 기존의 용도지구를 폐지하고 지구단위계획을 수립 또는 변경하여 그 용도지구에 따른 건축물이나 그 밖의 시설의 용도 · 종류 및 규모 등의 제한을 그대로 대체하려는 경우
6. 해당 도시 · 군계획시설의 결정을 해제하려는 경우

■ 토지적성평가를 생략할 수 있는 사유

1. 도시 · 군관리계획 입안일부터 5년 이내에 토지적성평가를 실시한 경우
2. 주거지역 · 상업지역 또는 공업지역에 도시 · 군관리계획을 입안하는 경우
3. 개발제한구역 안에 기반시설을 설치하는 경우
4. 「도시개발법」에 따른 도시개발사업의 경우
5. 지구단위계획구역 또는 도시 · 군계획시설부지에서 도시 · 군관리계획을 입안하는 경우

(2) 주민의 의견청취: 공고 + 14일 이상 열람

3 주민의견청취 등의 생략사유

(1) 국방상 · 국가안전보장상 기밀을 지켜야 할 필요가 있는 사항(관계 중앙행정기관의 장이 요청하는 것만 해당) ⇨ 주민의견청취, 협의, 심의 절차를 생략할 수 있다.

(2) 도시지역의 축소에 따른 용도지역 · 용도지구 · 용도구역 또는 지구단위계획구역의 변경인 경우 ⇨ 주민의견청취, 지방의회 의견청취, 협의, 심의 절차를 생략할 수 있다.

4 동시입안

도시 · 군관리계획은 광역도시계획이나 도시 · 군기본계획과 함께 입안할 수 있다.

5 공동심의

시 · 도지사가 지구단위계획이나 지구단위계획으로 대체하는 용도지구 폐지에 관한 사항을 결정하려면 시 · 도에 두는 건축위원회와 도시계획위원회가 공동으로 하는 심의를 거쳐야 한다.

6 기득권 보호

시가화조정구역 또는 수산자원보호구역에서의 기득권 보호 ⇨ 착수 + 신고(3월 이내)

7 효력발생시기

도시 · 군관리계획 결정의 효력은 지형도면을 고시한 날부터 발생한다.

8 타당성 검토

특별시장 · 광역시장 · 특별자치시장 · 특별자치도지사 · 시장 · 군수는 5년마다 도시 · 군관리계획에 대하여 타당성을 전반적으로 재검토하여 정비하여야 한다.

꼭 풀어야 할 필수기출

01 ────────────────── 난이도 ★☆☆

국토의 계획 및 이용에 관한 법령상 도시 · 군관리계획 등에 관한 설명으로 옳은 것은? 제28회

① 시가화조정구역의 지정에 관한 도시 · 군관리계획 결정 당시 승인받은 사업이나 공사에 이미 착수한 자는 신고 없이 그 사업이나 공사를 계속할 수 있다.

② 국가계획과 연계하여 시가화조정구역의 지정이 필요한 경우 국토교통부장관이 직접 그 지정을 도시 · 군관리계획으로 결정할 수 있다.

③ 도시 · 군관리계획의 입안을 제안받은 자는 도시 · 군관리계획의 입안 및 결정에 필요한 비용을 제안자에게 부담시킬 수 없다.

④ 수산자원보호구역의 지정에 관한 도시 · 군관리계획은 국토교통부장관이 결정한다.

⑤ 도시 · 군관리계획 결정은 지형도면을 고시한 날의 다음 날부터 효력이 발생한다.

해설
① 시가화조정구역의 지정에 관한 도시 · 군관리계획 결정 당시 승인받은 사업이나 공사에 이미 착수한 자는 3개월 이내에 신고하고 그 사업이나 공사를 계속할 수 있다.
③ 도시 · 군관리계획의 입안을 제안받은 자는 도시 · 군관리계획의 입안 및 결정에 필요한 비용을 제안자에게 부담시킬 수 있다.
④ 수산자원보호구역의 지정에 관한 도시 · 군관리계획은 해양수산부장관이 결정한다.
⑤ 도시 · 군관리계획 결정은 지형도면을 고시한 날부터 효력이 발생한다.

정답 ②

02 난이도 ★☆☆

국토의 계획 및 이용에 관한 법령상 도시·군관리계획에 관한 설명으로 틀린 것은? 제32회

① 국토교통부장관은 국가계획과 관련된 경우 직접 도시·군관리계획을 입안할 수 있다.

② 주민은 산업·유통개발진흥지구의 지정에 관한 사항에 대하여 도시·군관리계획의 입안권자에게 도시·군관리계획의 입안을 제안할 수 있다.

③ 도시·군관리계획으로 입안하려는 지구단위계획구역이 상업지역에 위치하는 경우에는 재해취약성분석을 하지 아니할 수 있다.

④ 도시·군관리계획 결정의 효력은 지형도면을 고시한 다음 날부터 발생한다.

⑤ 인접한 특별시·광역시·특별자치시·특별자치도·시 또는 군의 관할 구역에 대한 도시·군관리계획은 관계 특별시장·광역시장·특별자치시장·특별 자치도지사·시장 또는 군수가 협의하여 공동으로 입안하거나 입안할 자를 정한다.

해설
도시·군관리계획 결정의 효력은 지형도면을 고시한 날부터 발생한다.

정답 ④

03 난이도 ★★☆

국토의 계획 및 이용에 관한 법령상 도시·군관리계획에 관한 설명으로 틀린 것은? 제24회

① 주민은 기반시설의 설치에 관한 사항에 대하여 도시·군관리계획의 입안권자에게 그 입안을 제안할 수 있다.

② 시가화조정구역의 지정에 관한 도시·군관리계획 결정이 있는 경우에는 결정 당시 이미 허가를 받아 사업을 하고 있는 자라도 허가를 다시 받아야 한다.

③ 국가계획과 관련되어 국토교통부장관이 입안한 도시·군관리계획은 국토교통부장관이 결정한다.

④ 공원·녹지·유원지 등의 공간시설의 설치에 관한 계획은 도시·군관리계획에 속한다.

⑤ 도시지역의 축소에 따른 용도지역의 변경을 내용으로 하는 도시·군관리계획을 입안하는 경우에는 주민의 의견청취를 생략할 수 있다.

해설
시가화조정구역의 지정에 관한 도시·군관리계획 결정이 있는 경우에는 3개월 이내에 특별시장·광역시장·특별자치시장·특별자치도지사·시장 또는 군수에게 신고하고 그 사업이나 공사를 계속할 수 있다.

정답 ②

04 ———————————— 난이도 ★☆☆

국토의 계획 및 이용에 관한 법령상 도시·군관리계획에 관한 설명으로 틀린 것은? 제26회

① 도시·군관리계획 결정의 효력은 지형도면을 고시한 날의 다음 날부터 발생한다.

② 용도지구의 지정은 도시·군관리계획으로 결정한다.

③ 주민은 기반시설의 설치·정비 또는 개량에 관한 사항에 대하여 입안권자에게 도시·군관리계획의 입안을 제안할 수 있다.

④ 도시·군관리계획은 광역도시계획과 도시·군기본계획에 부합되어야 한다.

⑤ 도시·군관리계획을 조속히 입안하여야 할 필요가 있다고 인정되면 도시·군기본계획을 수립할 때에 도시·군관리계획을 함께 입안할 수 있다.

해설

도시·군관리계획 결정의 효력은 지형도면을 고시한 날부터 발생한다.

정답 ①

05 ———————————— 난이도 ★★★

국토의 계획 및 이용에 관한 법령상 도시·군관리계획을 입안할 때 환경성 검토를 실시하지 않아도 되는 경우에 해당하는 것만을 모두 고른 것은? 제27회

> ㉠ 개발제한구역 안에 기반시설을 설치하는 경우
> ㉡ 「도시개발법」에 따른 도시개발사업의 경우
> ㉢ 해당 지구단위계획구역 안의 나대지 면적이 구역 면적의 2%에 미달하는 경우

① ㉠   ② ㉢

③ ㉠, ㉡   ④ ㉡, ㉢

⑤ ㉠, ㉡, ㉢

해설

㉠ 개발제한구역 안에 기반시설을 설치하는 경우에는 토지적성평가만 생략할 수 있다.

㉡ 「도시개발법」에 따른 도시개발사업의 경우에는 토지적성평가만 생략할 수 있다.

㉢ 해당 지구단위계획구역 안의 나대지 면적이 구역 면적의 2%에 미달하는 경우에는 환경성 검토를 생략할 수 있다. 이 경우 기초조사·토지적성평가·재해취약성분석도 생략할 수 있다.

플러스 이론➕ 환경성 검토를 생략할 수 있는 사유는 다음과 같다.

> 1. 해당 지구단위계획구역이 도심지(상업지역과 상업지역에 연 접한 지역을 말한다)에 위치하는 경우
> 2. 해당 지구단위계획구역 안의 나대지 면적이 구역 면적의 2%에 미달하는 경우
> 3. 해당 지구단위계획구역 또는 도시·군계획시설부지가 다른 법률에 따라 지역·지구 등으로 지정되거나 개발계획이 수립된 경우
> 4. 해당 지구단위계획구역의 지정목적이 해당 구역을 정비 또는 관리하고자 하는 경우로서 지구단위계획구역의 내용에 너비 12m 이상 도로의 설치계획이 없는 경우
> 5. 기존의 용도지구를 폐지하고 지구단위계획을 수립 또는 변경하여 그 용도지구에 따른 건축물이나 그 밖의 시설의 용도·종류 및 규모 등의 제한을 그대로 대체하려는 경우
> 6. 해당 도시·군계획시설의 결정을 해제하려는 경우
> 7. 전략환경영향평가 대상인 도시·군관리계획을 입안하는 경우

정답 ②

06 ─────────────── 난이도 ★★☆

국토의 계획 및 이용에 관한 법령상 도시·군관리계획으로 결정하여야 하는 사항만을 모두 고른 것은? 제26회

> ㉠ 도시자연공원구역의 지정
> ㉡ 개발밀도관리구역의 지정
> ㉢ 도시개발사업에 관한 계획
> ㉣ 기반시설의 정비에 관한 계획

① ㉡
② ㉢, ㉣
③ ㉠, ㉡, ㉢
④ ㉠, ㉡, ㉣
⑤ ㉠, ㉢, ㉣

해설

도시자연공원구역의 지정(㉠), 도시개발사업에 관한 계획(㉢), 기반시설의 정비에 관한 계획(㉣)이 도시·군관리계획의 내용에 해당하고, 개발밀도관리구역의 지정(㉡)은 도시·군관리계획의 내용에 해당하지 않는다.

플러스 이론⊕ 도시·군관리계획의 내용은 다음과 같다.

1. 용도지역·용도지구의 지정 또는 변경에 관한 계획
2. 개발제한구역·도시자연공원구역·시가화조정구역·수산자원보호구역의 지정 또는 변경에 관한 계획(㉠)
3. 기반시설의 설치·정비 또는 개량에 관한 계획 ⇨ 도시·군계획시설사업(㉣)
4. 도시개발사업이나 정비사업에 관한 계획 ⇨ 도시개발사업, 정비사업(㉢)
5. 지구단위계획구역의 지정 또는 변경에 관한 계획과 지구단위계획
6. 입지규제최소구역의 지정 또는 변경에 관한 계획과 입지규제최소구역계획

정답 ⑤

07 ─────────────── 난이도 ★★☆

국토의 계획 및 이용에 관한 법률상 도시·군관리계획의 결정에 관한 설명으로 틀린 것은? 제31회

① 시장 또는 군수가 입안한 지구단위계획구역의 지정·변경에 관한 도시·군관리계획은 시장 또는 군수가 직접 결정한다.
② 개발제한구역의 지정에 관한 도시·군관리계획은 국토교통부장관이 결정한다.
③ 시·도지사가 지구단위계획을 결정하려면「건축법」에 따라 시·도에 두는 건축위원회와 도시계획위원회가 공동으로 하는 심의를 거쳐야 한다.
④ 국토교통부장관은 관계 중앙행정기관의 장의 요청이 없어도 국가안전보장상 기밀을 지켜야 할 필요가 있다고 인정되면 중앙도시계획위원회의 심의를 거치지 않고 도시·군관리계획을 결정할 수 있다.
⑤ 도시·군관리계획 결정의 효력은 지형도면을 고시한 날부터 발생한다.

해설

국토교통부장관은 관계 중앙행정기관의 장이 요청하는 경우에만 국가안전보장상 기밀을 지켜야 할 필요가 있다고 인정되는 사항에 대해 중앙도시계획위원회의 심의를 거치지 않고 도시·군관리계획을 결정할 수 있다.

정답 ④

핵심이론 **주민의 입안제안**

기출 29회 / 30회 / 32회 / 34회

1 제안대상 및 동의요건

(1) **기반시설의 설치·정비 또는 개량**
   ⇨ 대상 토지면적의 5분의 4 이상의 동의

(2) **지구단위계획구역의 지정 및 변경과 지구단위계획의 수립 및 변경**
   ⇨ 대상 토지면적의 3분의 2 이상의 동의

(3) **산업·유통개발진흥지구의 지정 및 변경**
   ⇨ 대상 토지면적의 3분의 2 이상의 동의

   ① 면적은 1만㎡ 이상 3만㎡ 미만일 것
   ② 자연녹지지역, 계획관리지역, 생산관리지역일 것
   ③ 계획관리지역이 전체 면적의 100분의 50 이상일 것

(4) **용도지구 중 해당 용도지구에 따른 건축물이나 그 밖의 시설의 용도·종류·규모 등의 제한을 지구단위계획으로 대체하기 위한 용도지구의 지정 및 변경**
   ⇨ 대상 토지면적의 3분의 2 이상의 동의

(5) **입지규제최소구역의 지정 또는 변경에 관한 계획과 입지규제최소구역계획의 수립 및 변경에 관한 사항**
   ⇨ 대상 토지면적의 3분의 2 이상의 동의

추가➕ 동의대상 토지면적에서 국공유지는 제외한다.

2 결과통보

제안일로부터 45일 이내에 반영 여부를 제안자에게 통보하여야 한다. 다만, 부득이한 사정이 있는 경우에는 1회에 한하여 30일을 연장할 수 있다.

3 비용부담

도시·군관리계획의 입안을 제안받은 자는 제안자와 협의하여 제안된 도시·군관리계획의 입안 및 결정에 필요한 비용의 전부 또는 일부를 제안자에게 부담시킬 수 있다.

추가➕ 첨부서류: 제안서에는 도시·군관리계획도서와 계획설명서를 첨부하여야 한다.

꼭 풀어야 할 필수기출

01 ──────────────── 난이도 ★☆☆

국토의 계획 및 이용에 관한 법령상 주민이 도시·군관리계획의 입안을 제안하려는 경우 요구되는 제안 사항별 토지소유자의 동의요건으로 **틀린** 것은? (단, 동의대상 토지면적에서 국공유지는 제외함)
제29회

① 기반시설의 설치에 관한 사항: 대상 토지면적의 5분의 4 이상

② 기반시설의 정비에 관한 사항: 대상 토지면적의 3분의 2 이상

③ 지구단위계획구역의 지정과 지구단위계획의 수립에 관한 사항: 대상 토지면적의 3분의 2 이상

④ 산업·유통개발진흥지구의 지정에 관한 사항: 대상 토지면적의 3분의 2 이상

⑤ 용도지구 중 해당 용도지구에 따른 건축물이나 그 밖의 시설의 용도·종류 및 규모 등의 제한을 지구단위계획으로 대체하기 위한 용도지구의 지정에 관한 사항: 대상 토지면적의 3분의 2 이상

해설
주민이 기반시설의 정비에 관한 사항에 대하여 입안을 제안하려면 대상 토지면적의 5분의 4 이상의 토지소유자의 동의를 받아야 한다.

정답 ②

02 ─────────────── 난이도 ★☆☆

국토의 계획 및 이용에 관한 법령상 주민이 도시·군관리계획의 입안을 제안하는 경우에 관한 설명으로 틀린 것은? 제30회

① 도시·군관리계획의 입안을 제안받은 자는 제안자와 협의하여 제안된 도시·군관리계획의 입안 및 결정에 필요한 비용의 전부 또는 일부를 제안자에게 부담시킬 수 있다.

② 제안서에는 도시·군관리계획도서뿐만 아니라 계획설명서도 첨부하여야 한다.

③ 도시·군관리계획의 입안을 제안받은 자는 그 처리 결과를 제안자에게 알려야 한다.

④ 산업·유통개발진흥지구의 지정 및 변경에 관한 사항은 입안제안의 대상에 해당하지 않는다.

⑤ 도시·군관리계획의 입안을 제안하려는 자가 토지소유자의 동의를 받아야 하는 경우 국·공유지는 동의대상 토지면적에서 제외된다.

03 ─────────────── 난이도 ★☆☆

국토의 계획 및 이용에 관한 법령상 주민이 도시·군관리계획의 입안권자에게 그 입안을 제안할 수 있는 사항이 <u>아닌</u> 것은? 제34회

① 입지규제최소구역의 지정 및 변경과 입지규제최소구역계획의 수립 및 변경에 관한 사항

② 지구단위계획구역의 지정 및 변경과 지구단위계획의 수립 및 변경에 관한 사항

③ 기반시설의 설치·정비 또는 개량에 관한 사항

④ 산업·유통개발진흥지구의 변경에 관한 사항

⑤ 시가화조정구역의 지정 및 변경에 관한 사항

해설
산업·유통개발진흥지구의 지정 및 변경에 관한 사항은 입안제안의 대상에 해당한다.

정답 ④

해설
시가화조정구역의 지정 및 변경에 관한 사항은 주민이 입안을 제안할 수 있는 사항에 해당하지 않는다.

정답 ⑤

04 용도지역

1 용도지역의 종류

(1) 용도지역의 종류
도시지역, 관리지역, 농림지역, 자연환경보전지역

(2) 용도지역의 세분
① 도시지역

> ㉠ 주거지역(전용, 일반, 준주거지역)
> ㉡ 상업지역(중심, 일반, 유통, 근린상업지역)
> ㉢ 공업지역(전용, 일반, 준공업지역)
> ㉣ 녹지지역(보전, 생산, 자연녹지지역)

② 관리지역: 보전관리지역, 생산관리지역, 계획관리지역

2 용도지역의 지정절차

(1) 공유수면의 매립목적이 이웃하고 있는 용도지역의 내용과 **같으면** 도시·군관리계획의 입안 및 결정절차 없이 해당 매립준공구역은 이웃하고 있는 용도지역으로 지정된 것으로 **본다**.

(2) 공유수면의 매립목적이 이웃하고 있는 용도지역의 내용과 **다른 경우** 및 둘 이상의 용도지역에 걸쳐 있거나 이웃하고 있는 경우 그 매립구역이 속할 용도지역은 **도시·군관리계획 결정으로 지정**하여야 한다.

(3) 다음의 구역 등으로 지정·고시된 지역은 **도시지역으로 결정·고시**된 것으로 본다.
① 항만구역으로서 **도시지역**에 연접한 공유수면
② 어항구역으로서 **도시지역**에 연접한 공유수면
③ 국가산업단지·일반산업단지·도시첨단산업단지(농공단지는 제외)
④ 택지개발지구 ⇨ 택지개발사업의 **완료**로 택지개발지구 지정이 해제되더라도 지구 지정 이전의 용도지역으로 **환원되지 않는다.**

⑤ 전원개발사업구역 및 예정구역(수력발전소 또는 송·변전설비만을 설치하기 위한 구역은 제외)

(4) 관리지역에서의 특례
① 관리지역에서 **농업진흥지역**으로 지정·고시된 지역은 농림지역으로 결정·고시된 것으로 본다.
② 관리지역에서 **보전산지**로 지정·고시된 지역은 농림지역 또는 **자연환경보전지역**으로 결정·고시된 것으로 본다.

3 용도지역이 미지정(미세분)된 지역에서의 행위제한

(1) 도시지역, 관리지역, 농림지역 또는 자연환경보전지역으로 용도가 지정되지 아니한 지역에 대하여는 건축제한, 건폐율, 용적률의 규정을 적용할 때에 **자연환경보전지역**에 관한 규정을 적용한다.

(2) 도시지역 또는 관리지역이 세부 용도지역으로 지정되지 아니한 경우에는 건축제한, 건폐율, 용적률의 규정을 적용할 때에 해당 용도지역이 도시지역인 경우에는 **보전녹지지역**에 관한 규정을 적용하고, 관리지역인 경우에는 **보전관리지역**에 관한 규정을 적용한다.

> 추가➕ 도시지역에서는 다음의 규정을 적용하지 아니할 수 있다.
> ① 도로법에 따른 접도구역
> ② 농지법에 따른 농지취득자격증명. 다만, 녹지지역의 농지로서 도시·군계획시설사업에 필요하지 아니한 농지는 그러하지 아니하다.

01
난이도 ★★☆

국토의 계획 및 이용에 관한 법령상 용도지역에 관한 설명으로 틀린 것은?
제26회

① 도시지역의 축소에 따른 용도지역의 변경을 도시·군관리계획으로 입안하는 경우에는 주민 및 지방의회의 의견청취절차를 생략할 수 있다.

② 「택지개발촉진법」에 따른 택지개발지구로 지정·고시되었다가 택지개발사업의 완료로 지구 지정이 해제되면 그 지역은 지구 지정 이전의 용도지역으로 환원된 것으로 본다.

③ 관리지역에서 「농지법」에 따른 농업진흥지역으로 지정·고시된 지역은 「국토의 계획 및 이용에 관한 법률」에 따른 농림지역으로 결정·고시된 것으로 본다.

④ 용도지역을 다시 세부 용도지역으로 나누어 지정하려면 도시·군관리계획으로 결정하여야 한다.

⑤ 도시지역이 세부 용도지역으로 지정되지 아니한 경우에는 용도지역의 용적률 규정을 적용할 때에 보전녹지지역에 관한 규정을 적용한다.

해설

「택지개발촉진법」에 따른 택지개발지구로 지정·고시되었다가 택지개발사업의 완료로 지구 지정이 해제되는 경우에도 지구 지정 이전의 용도지역으로 환원된 것으로 보지 않는다.

정답 ②

02
난이도 ★★★

국토의 계획 및 이용에 관한 법령상 용도지역·용도지구·용도구역에 관한 설명으로 옳은 것은?
(단, 조례는 고려하지 않음)
제33회

① 대도시 시장은 유통상업지역에 복합용도지구를 지정할 수 있다.

② 대도시 시장은 재해의 반복발생이 우려되는 지역에 대해서는 특정용도제한지구를 지정하여야 한다.

③ 용도지역 안에서의 건축물의 용도·종류 및 규모의 제한에 대한 규정은 도시·군계획시설에 대해서도 적용된다.

④ 공유수면의 매립목적이 그 매립구역과 이웃하고 있는 용도지역의 내용과 다른 경우, 그 매립준공구역은 이와 이웃하고 있는 용도지역으로 지정된 것으로 본다.

⑤ 「택지개발촉진법」에 따른 택지개발지구로 지정·고시된 지역은 「국토의 계획 및 이용에 관한 법률」에 따른 도시지역으로 결정·고시된 것으로 본다.

해설

① 대도시 시장은 유통상업지역에 복합용도지구를 지정할 수 없다.

② 재해의 반복발생이 우려되는 지역은 특정용도제한지구 지정대상에 해당하지 않는다.

③ 용도지역 안에서의 건축물의 용도·종류 및 규모의 제한에 대한 규정은 도시·군계획시설에 대해서도 적용하지 아니한다.

④ 공유수면의 매립목적이 그 매립구역과 이웃하고 있는 용도지역의 내용과 다른 경우, 그 매립준공구역은 도시·군관리계획 결정으로 지정하여야 한다.

정답 ⑤

핵심이론 　**건축제한**　　　　　　　　　　　　　目 기출 23회 / 24회 / 29회 / 30회

1 제2종 전용주거지역(공동주택 + 양호한 주거환경)

(1) 단독주택, 공동주택, 제1종 근린생활시설 + 1천m² 미만(대통령령)

(2) 제2종 근린생활시설 중 종교집회장(조례)

2 제1종 일반주거지역(저층주택 + 편리한 주거환경)

(1) 단독주택, 공동주택(아파트 제외), 제1종 근린생활시설, 교육연구시설 중 유치원, 초등학교, 중학교, 고등학교, 노유자시설(대통령령)

(2) 제2종 근린생활시설(단란주점 및 안마시술소는 제외), 문화 및 집회시설(공연장 및 관람장은 제외), 의료시설(격리병원은 제외), 업무시설 중 오피스텔(3,000m² 미만인 것), 주유소, 석유판매소, 액화가스 취급소·판매소, 자동차 관련 시설 중 주차장 및 세차장(조례)

3 제2종 일반주거지역(중층주택 + 편리한 주거환경)

(1) 단독주택, 공동주택, 제1종 근린생활시설, 종교시설, 교육연구시설 중 유치원, 초등학교, 중학교, 고등학교, 노유자시설(대통령령)

(2) 제2종 근린생활시설(단란주점 및 안마시술소는 제외), 문화 및 집회시설(관람장은 제외), 의료시설(격리병원은 제외), 업무시설 중 오피스텔, 금융업소, 사무소 및 공공업무시설(3,000m² 미만인 것), 주유소, 석유판매소, 액화가스 취급소·판매소, 자동차 관련 시설 중 차고 및 주기장과 주차장 및 세차장(조례)

4 제3종 일반주거지역(중·고층주택 + 편리한 주거환경)

(1) 단독주택, 공동주택, 제1종 근린생활시설, 종교시설, 교육연구시설 중 유치원, 초등학교, 중학교, 고등학교, 노유자시설(대통령령)

(2) 제2종 근린생활시설(단란주점 및 안마시술소는 제외), 문화 및 집회시설(관람장은 제외), 의료시설(격리병원은 제외), 업무시설(3,000m² 이하인 것), 주유소, 석유판매소, 액화가스 취급소·판매소, 자동차 관련 시설 중 차고 및 주기장과 주차장 및 세차장(조례)

추가 ◆ 아파트를 건축할 수 있는 지역은 제2종 전용주거지역, 제2종 일반주거지역, 제3종 일반주거지역, 준주거지역, 준공업지역, 상업지역(유통상업지역은 제외)이다.

01

난이도 ★★☆

국토의 계획 및 이용에 관한 법령상 아파트를 건축할 수 있는 용도지역은?

제29회

① 계획관리지역
② 일반공업지역
③ 유통상업지역
④ 제1종 일반주거지역
⑤ 제2종 전용주거지역

해설

제2종 전용주거지역은 공동주택 중심의 양호한 주거환경을 보호하기 위하여 지정하는 지역이기 때문에 아파트를 건축할 수 있지만, 계획관리지역 · 일반공업지역 · 유통상업지역 · 제1종 일반주거지역은 아파트를 건축할 수 없는 용도지역이다.

정답 ⑤

02

난이도 ★★★

국토의 계획 및 이용에 관한 법령상 제3종 일반주거지역 안에서 도시 · 군계획조례가 정하는 바에 의하여 건축할 수 있는 건축물은? (단, 건축물의 종류는 건축법 시행령 [별표 1]에 규정된 용도별 건축물의 종류에 따름)

제30회

① 제2종 근린생활시설 중 단란주점
② 의료시설 중 격리병원
③ 문화 및 집회시설 중 관람장
④ 위험물저장 및 처리시설 중 액화가스 취급소 · 판매소
⑤ 업무시설로서 그 용도에 쓰이는 바닥면적의 합계가 4,000m²인 것

해설

위험물저장 및 처리시설 중 액화가스 취급소 · 판매소는 제3종 일반주거지역 안에서 도시 · 군계획조례가 정하는 바에 의하여 건축할 수 있는 건축물에 해당한다.

정답 ④

03

난이도 ⭐⭐⭐

국토의 계획 및 이용에 관한 법령상 준주거지역 안에서 건축할 수 있는 건축물은? 제24회

① 고물상

② 격리병원

③ 일반숙박시설

④ 체육관으로서 관람석의 바닥면적이 1,000m² 미만인 것

⑤ 단란주점으로서 같은 건축물에 해당 용도로 쓰는 바닥면적의 합계가 150m² 미만인 것

04

난이도 ⭐⭐⭐

국토의 계획 및 이용에 관한 법령상 용도지역의 세분 중 '편리한 주거환경을 조성하기 위하여 필요한 지역'에 건축할 수 있는 건축물이 아닌 것은? (단, 건축물은 4층 이하이고, 조례는 고려하지 않음)
제27회

① 동물미용실 　　　② 기숙사

③ 고등학교 　　　　④ 양수장

⑤ 단독주택

해설

준주거지역에서는 고물상, 격리병원, 일반숙박시설, 단란주점으로서 같은 건축물에 해당 용도로 쓰는 바닥면적의 합계가 150m² 미만인 것은 건축할 수 없고, 체육관으로서 관람석의 바닥면적이 1,000m² 미만인 운동시설을 설치할 수 있다.

정답 ④

해설

4층 이하의 편리한 주거환경을 조성하기 위하여 필요한 지역이란 제1종 일반주거지역을 말한다. 제1종 일반주거지역에서는 단독주택, 공동주택(아파트는 제외), 제1종 근린생활시설, 교육연구시설 중 유치원·초등학교·중학교 및 고등학교, 노유자시설을 건축할 수 있고, 제2종 근린생활시설인 동물미용실은 건축할 수 없다.

정답 ①

핵심이론 건폐율의 최대한도

目 기출 24회 / 25회 / 27회 / 29회 / 30회

(1) **주거지역**

① 제1종 전용주거지역 : 50%

② 제2종 전용주거지역 : 50%

③ 제1종 일반주거지역 : 60%

④ 제2종 일반주거지역 : 60%

⑤ 제3종 일반주거지역 : 50%

⑥ 준주거지역 : 70%

(2) **상업지역**

① 중심상업지역 : 90%

② 일반상업지역 : 80%

③ 유통상업지역 : 80%

④ 근린상업지역 : 70%

(3) **공업지역**

① 전용공업지역 : 70%

② 일반공업지역 : 70%

③ 준공업지역 : 70%

(4) **보전녹지지역** : 20%

(5) **생산녹지지역** : 20%

(6) **자연녹지지역** : 20%

(7) **보전관리지역** : 20%

(8) **생산관리지역** : 20%

(9) **계획관리지역** : 40%

(10) **농림지역** : 20%

(11) **자연환경보전지역** : 20%

> 추가➕ 도시·군계획조례로 정할 수 있는 건폐율
> • 자연취락지구 : 60% 이하
> • 도시지역 외의 지역에 지정된 개발진흥지구 : 40% 이하
> • 자연녹지지역에 지정된 개발진흥지구 : 30% 이하
> • 수산자원보호구역 : 40% 이하
> • 자연공원 : 60% 이하
> • 농공단지 : 70% 이하
> • 공업지역에 있는 국가산업단지, 일반산업단지, 도시첨단산업단지 및 준산업단지 : 80% 이하

핵심이론 용적률의 최대한도

目 기출 28회 / 30회 / 32회 / 33회

(1) **주거지역**

① 제1종 전용주거지역 : 100%

② 제2종 전용주거지역 : 150%

③ 제1종 일반주거지역 : 200%

④ 제2종 일반주거지역 : 250%

⑤ 제3종 일반주거지역 : 300%

⑥ 준주거지역 : 500%

(2) **상업지역**

① 중심상업지역 : 1,500%

② 일반상업지역 : 1,300%

③ 유통상업지역 : 1,100%

④ 근린상업지역 : 900%

(3) **공업지역**

① 전용공업지역 : 300%

② 일반공업지역 : 350%

③ 준공업지역 : 400%

(4) **보전녹지지역** : 80%

(5) **생산녹지지역** : 100%

(6) **자연녹지지역** : 100%

(7) **보전관리지역** : 80%

(8) **생산관리지역** : 80%

(9) **계획관리지역** : 100%

(10) **농림지역** : 80%

(11) **자연환경보전지역** : 80%

> 추가➕ 도시·군계획조례로 정할 수 있는 용적률
> • 도시지역 외의 지역에 지정된 개발진흥지구 : 100% 이하
> • 도시지역 외의 지역에 지정된 농공단지 : 150% 이하
> • 자연공원 : 100% 이하
> • 수산자원보호구역 : 80% 이하

01 ────────────── 난이도 ★★☆

국토의 계획 및 이용에 관한 법령상 도시지역 중 건폐율의 최대한도가 낮은 지역부터 높은 지역 순으로 옳게 나열한 것은? (단, 조례 등 기타 강화·완화조건은 고려하지 않음) 제27회

① 전용공업지역 − 중심상업지역 − 제1종 전용주거지역
② 보전녹지지역 − 유통상업지역 − 준공업지역
③ 자연녹지지역 − 일반상업지역 − 준주거지역
④ 일반상업지역 − 준공업지역 − 제2종 일반주거지역
⑤ 생산녹지지역 − 근린상업지역 − 유통상업지역

02 ────────────── 난이도 ★★★

국토의 계획 및 이용에 관한 법령상 도시·군계획조례로 정할 수 있는 건폐율의 최대한도가 다음 중 가장 큰 지역은? 제29회

① 자연환경보전지역에 있는 「자연공원법」에 따른 자연공원
② 계획관리지역에 있는 「산업입지 및 개발에 관한 법률」에 따른 농공단지
③ 수산자원보호구역
④ 도시지역 외의 지역에 지정된 개발진흥지구
⑤ 자연녹지지역에 지정된 개발진흥지구

해설
① 전용공업지역(70%) − 중심상업지역(90%) − 제1종 전용주거지역(50%)
② 보전녹지지역(20%) − 유통상업지역(80%) − 준공업지역(70%)
③ 자연녹지지역(20%) − 일반상업지역(80%) − 준주거지역(70%)
④ 일반상업지역(80%) − 준공업지역(70%) − 제2종 일반주거지역(60%)
⑤ 생산녹지지역(20%) − 근린상업지역(70%) − 유통상업지역(80%)

정답 ⑤

해설
국토의 계획 및 이용에 관한 법령상 도시·군계획조례로 정할 수 있는 건폐율의 최대한도는 다음과 같다.
① 자연환경보전지역에 있는 「자연공원법」에 따른 자연공원: 60%
② 계획관리지역에 있는 「산업입지 및 개발에 관한 법률」에 따른 농공단지: 70%
③ 수산자원보호구역: 40%
④ 도시지역 외의 지역에 지정된 개발진흥지구: 40%
⑤ 자연녹지지역에 지정된 개발진흥지구: 30%

정답 ②

03 ⸻ 난이도 ★☆☆

국토의 계획 및 이용에 관한 법령상 건폐율의 최대 한도가 큰 용도지역부터 나열한 것은? (단, 조례는 고려하지 않음) 제25회

> ㉠ 제2종 전용주거지역
> ㉡ 제1종 일반주거지역
> ㉢ 준공업지역
> ㉣ 계획관리지역

① ㉠ - ㉡ - ㉣ - ㉢
② ㉡ - ㉠ - ㉢ - ㉣
③ ㉡ - ㉢ - ㉣ - ㉠
④ ㉢ - ㉠ - ㉣ - ㉡
⑤ ㉢ - ㉡ - ㉠ - ㉣

해설

용도지역별 건폐율의 최대한도는 다음과 같다.
㉠ 제2종 전용주거지역 : 50%
㉡ 제1종 일반주거지역 : 60%
㉢ 준공업지역 : 70%
㉣ 계획관리지역 : 40%
따라서 건폐율의 최대한도가 큰 용도지역부터 나열하면 준공업지역(㉢), 제1종 일반주거지역(㉡), 제2종 전용주거지역(㉠), 계획관리지역(㉣)이 된다.

정답 ⑤

04 ⸻ 난이도 ★★☆

국토의 계획 및 이용에 관한 법령상 용적률의 최대 한도가 낮은 지역부터 높은 지역까지 순서대로 나열한 것은? (단, 조례 등 기타 강화·완화조건은 고려하지 않음) 제28회

> ㉠ 준주거지역
> ㉡ 준공업지역
> ㉢ 일반공업지역
> ㉣ 제3종 일반주거지역

① ㉠ - ㉡ - ㉢ - ㉣
② ㉠ - ㉣ - ㉢ - ㉡
③ ㉡ - ㉢ - ㉣ - ㉠
④ ㉢ - ㉣ - ㉠ - ㉡
⑤ ㉣ - ㉢ - ㉡ - ㉠

해설

용도지역별 용적률의 최대한도는 다음과 같다.
㉠ 준주거지역 : 500%
㉡ 준공업지역 : 400%
㉢ 일반공업지역 : 350%
㉣ 제3종 일반주거지역 : 300%
따라서 용적률의 최대한도가 낮은 지역부터 높은 지역까지 순서대로 나열하면 '제3종 일반주거지역(㉣) - 일반공업지역(㉢) - 준공업지역(㉡) - 준주거지역(㉠)' 순이 된다.

정답 ⑤

05 ─────────────── 난이도 ★☆☆

국토의 계획 및 이용에 관한 법령상 용도지역별 용적률의 최대한도가 다음 중 가장 큰 것은? (단, 조례 등 기타 강화·완화조건은 고려하지 않음) 제30회

① 제1종 전용주거지역
② 제3종 일반주거지역
③ 준주거지역
④ 일반공업지역
⑤ 준공업지역

06 ─────────────── 난이도 ★★☆

국토의 계획 및 이용에 관한 법령상 용도지역별 용적률의 최대한도가 큰 순서대로 나열한 것은? (단, 조례 기타 강화·완화조건은 고려하지 않음) 제32회

㉠ 근린상업지역	㉡ 준공업지역
㉢ 준주거지역	㉣ 보전녹지지역
㉤ 계획관리지역	

① ㉠ - ㉡ - ㉢ - ㉣ - ㉤
② ㉠ - ㉢ - ㉡ - ㉤ - ㉣
③ ㉡ - ㉤ - ㉠ - ㉣ - ㉢
④ ㉢ - ㉠ - ㉣ - ㉡ - ㉤
⑤ ㉢ - ㉡ - ㉠ - ㉤ - ㉣

해설

용도지역별 용적률의 최대한도는 다음과 같다.
① 제1종 전용주거지역: 100%
② 제3종 일반주거지역: 300%
③ 준주거지역: 500%
④ 일반공업지역: 350%
⑤ 준공업지역: 400%

정답 ③

해설

용도지역별 용적률의 최대한도는 다음과 같다.
㉠ 근린상업지역: 900%
㉡ 준공업지역: 400%
㉢ 준주거지역: 500%
㉣ 보전녹지지역: 80%
㉤ 계획관리지역: 100%
따라서 용적률의 최대한도가 큰 용도지역부터 나열하면 '근린상업지역(㉠) - 준주거지역(㉢) - 준공업지역(㉡) - 계획관리지역(㉤) - 보전녹지지역(㉣)' 순이 된다.

정답 ②

핵심이론 용도지구

기출 24회 / 26회 / 27회 / 28회 / 31회 / 32회 / 33회 / 34회

1 용도지구의 세분

(1) 용도지구의 세분

> ⊙ 경관지구: 자연, 시가지, 특화
> ⊙ 보호지구: 역사문화환경, 중요시설물, 생태계
> ⊙ 개발진흥지구: 주거, 산업 · 유통, 관광 · 휴양, 복합, 특정
> ⊙ 취락지구: 자연(녹지지역, 관리지역, 농림지역, 자연환경보전지역), 집단(개발제한구역)
> ⊙ 방재지구: 시가지, 자연

(2) 시 · 도지사 또는 대도시 시장은 지역 여건상 필요한 때에는 조례로 정하는 바에 따라 경관지구를 추가적으로 세분하거나 중요시설물보호지구 및 특정용도제한지구를 세분하여 지정할 수 있다.

2 용도지구에서의 건축제한

(1) 원칙: 도시 · 군계획조례

(2) 예외

① **고도지구:** 도시 · 군관리계획으로 정하는 높이를 초과하는 건축물을 건축할 수 없다.

② **개발진흥지구:** 지구단위계획 또는 관계 법률에 따른 개발계획에 위반하여 건축물을 건축할 수 없다. 다만, 지구단위계획 또는 관계 법률에 따른 개발계획을 수립하지 아니하는 개발진흥지구에서는 개발진흥지구의 지정목적 범위에서 해당 용도지역에서 허용되는 건축물을 건축할 수 있다.

③ **자연취락지구:** 4층 이하의 건축물로서 단독주택, 제1종 근린생활시설, 제2종 근린생활시설(휴게음식점, 일반음식점, 제과점, 단란주점, 안마시술소는 제외), 운동시설, 동물 및 식물 관련 시설, 국방 · 군사 시설, 창고(농업 · 임업 · 축산업 · 수산업용만 허용), 방송통신시설, 발전시설을 건축할 수 있다.

④ **집단취락지구:** 개발제한구역의 지정 및 관리에 관한 특별조치법령이 정하는 바에 의한다.

(3) 복합용도지구에서의 건축제한

① **일반주거지역에 지정된 복합용도지구:** 안마시술소, 관람장, 공장, 위험물 저장 및 처리시설, 동물 및 식물 관련 시설, 장례시설은 건축할 수 없다.

② **일반공업지역에 지정된 복합용도지구:** 아파트, 단란주점 및 안마시술소, 노유자시설은 건축할 수 없다.

③ **계획관리지역에 지정된 복합용도지구:** 판매시설, 유원시설업의 시설은 건축할 수 있다.

3 건축제한의 특례

(1) 용도지역 · 용도지구 안에서의 도시 · 군계획시설에 대하여는 용도지역 · 용도지구 안에서의 건축제한에 관한 규정을 적용하지 아니한다.

(2) 경관지구 또는 고도지구 안에서의 「건축법 시행령」에 따른 리모델링이 필요한 건축물에 대해서는 건축물의 높이 · 규모 등의 제한을 완화하여 제한할 수 있다.

(3) 방재지구

① 재해저감대책을 포함하여야 한다.

② 1층 전부를 필로티 구조로 하는 경우 필로티 부분은 층수에서 제외한다.

③ 풍수해, 산사태 등의 동일한 재해가 최근 10년 이내 2회 이상 발생하여 인명피해를 입은 지역으로서 향후 동일한 재해 발생으로 인한 상당한 피해가 우려되는 지역에 대하여는 방재지구의 지정 또는 변경을 도시 · 군관리계획으로 결정하여야 한다.

꼭 풀어야 할 필수기출

01

난이도 ★★★

국토의 계획 및 이용에 관한 법령상 용도지구 안에서의 건축제한 등에 관한 설명으로 **틀린** 것은? (단, 건축물은 도시·군계획시설이 아니며, 조례는 고려하지 않음) 제29회

① 지구단위계획 또는 관계 법률에 따른 개발계획을 수립하지 아니하는 개발진흥지구에서는 개발진흥지구의 지정목적 범위에서 해당 용도지역에서 허용되는 건축물을 건축할 수 있다.

② 고도지구 안에서는 도시·군관리계획으로 정하는 높이를 초과하는 건축물을 건축할 수 없다.

③ 일반주거지역에 지정된 복합용도지구 안에서는 장례시설을 건축할 수 있다.

④ 방재지구 안에서는 용도지역 안에서의 층수 제한에 있어 1층 전부를 필로티 구조로 하는 경우 필로티 부분을 층수에서 제외한다.

⑤ 자연취락지구 안에서는 4층 이하의 방송통신시설을 건축할 수 있다.

02

난이도 ★★★

국토의 계획 및 이용에 관한 법령상 자연취락지구 안에서 건축할 수 있는 건축물에 해당하지 **않는** 것은? (단, 4층 이하의 건축물이고, 조례는 고려하지 않음) 제31회

① 동물 전용의 장례식장

② 단독주택

③ 도축장

④ 마을회관

⑤ 한의원

해설

② 단독주택, ③ 도축장(동물 및 식물 관련 시설), ④ 마을회관(제1종 근린생활시설), ⑤ 한의원(제1종 근린생활시설)은 자연취락지구에 건축할 수 있는 건축물에 해당한다. 그러나 ① 동물 전용의 장례식장은 자연취락지구에 건축할 수 있는 건축물에 해당하지 않는다.

정답 ①

해설

일반주거지역에 지정된 복합용도지구 안에서는 장례시설을 건축할 수 없다.

정답 ③

03 ────────────────── 난이도 ★☆☆

국토의 계획 및 이용에 관한 법령상 용도지구에 관한 설명이다. (   )에 들어갈 내용으로 옳은 것은? 제34회

> - 집단취락지구: (㉠) 안의 취락을 정비하기 위하여 필요한 지구
> - 복합개발진흥지구: 주거기능, (㉡)기능, 유통·물류기능 및 관광·휴양기능 중 2 이상의 기능을 중심으로 개발·정비할 필요가 있는 지구

① ㉠: 개발제한구역,　㉡: 공업
② ㉠: 자연취락지구,　㉡: 상업
③ ㉠: 개발제한구역,　㉡: 상업
④ ㉠: 관리지역,　　　㉡: 공업
⑤ ㉠: 관리지역,　　　㉡: 교통

해설

- 집단취락지구: 개발제한구역 안의 취락을 정비하기 위하여 필요한 지구
- 복합개발진흥지구: 주거기능, 공업기능, 유통·물류기능 및 관광·휴양기능 중 2 이상의 기능을 중심으로 개발·정비할 필요가 있는 지구

정답 ①

04 ────────────────── 난이도 ★★★

국토의 계획 및 이용에 관한 법령상 용도지구와 그 세분(細分)이 바르게 연결된 것만을 모두 고른 것은? 제30회

> ㉠ 보호지구 - 역사문화환경보호지구, 중요시설물보호지구, 생태계보호지구
> ㉡ 방재지구 - 자연방재지구, 시가지방재지구, 특정개발방재지구
> ㉢ 경관지구 - 자연경관지구, 주거경관지구, 시가지경관지구
> ㉣ 취락지구 - 자연취락지구, 농어촌취락지구, 집단취락지구

① ㉠　　　　　　　　　② ㉣
③ ㉠, ㉢　　　　　　　④ ㉡, ㉣
⑤ ㉢, ㉣

해설

용도지구는 다음과 같이 세분할 수 있다.
㉠ 보호지구 - 역사문화환경보호지구, 중요시설물보호지구, 생태계보호지구
㉡ 방재지구 - 자연방재지구, 시가지방재지구
㉢ 경관지구 - 자연경관지구, 시가지경관지구, 특화경관지구
㉣ 취락지구 - 자연취락지구, 집단취락지구

정답 ①

핵심이론 **용도구역**

1 개발제한구역

(1) 지정권자 : 국토교통부장관

(2) 지정목적

도시의 무질서한 확산을 방지하고 도시주변의 자연환경을 보전하여 도시민의 건전한 생활환경 확보 또는 국방부장관의 요청이 있어 보안상 도시의 개발을 제한할 필요가 있다고 인정되면 개발제한구역의 지정 또는 변경을 도시·군관리계획으로 결정할 수 있다.

2 도시자연공원구역

(1) 지정권자 : 시·도지사, 대도시 시장

(2) 지정목적

식생이 양호한 산지의 개발을 제한할 필요가 있다고 인정하면 도시자연공원구역의 지정 또는 변경을 도시·군관리계획으로 결정할 수 있다.

3 시가화조정구역

(1) 지정권자 : 시·도지사(국가계획과 연계하여 지정할 필요가 있다고 인정하는 경우에는 국토교통부장관)

(2) 지정목적

무질서한 시가화를 방지하고 계획적·단계적인 개발을 도모하기 위하여 5년 이상 20년 이내의 기간 동안 시가를 유보할 필요가 있다고 인정되면 시가화조정구역의 지정 또는 변경을 도시·군관리계획으로 결정할 수 있다. ⇨ 유보기간이 끝난 날의 다음 날부터 그 효력을 잃는다.

(3) 행위제한

① 도시·군계획사업 : 국방상·공익상 불가피한 것 + 중앙행정기관의 장의 요청 + 국토교통부장관이 인정하는 사업만 시행할 수 있다.

② 비도시·군계획사업 : 허가를 받아 그 행위를 할 수 있다.

4 수산자원보호구역

(1) 지정권자 : 해양수산부장관

(2) 지정목적

수산자원을 보호·육성하기 위하여 필요한 공유수면이나 그에 인접한 토지에 대한 수산자원보호구역의 지정 또는 변경을 도시·군관리계획으로 결정할 수 있다. ⇨ 수산자원보호구역 안에서의 건축제한에 관하여는 「수산자원관리법」에서 정하는 바에 따른다.

5 입지규제최소구역

(1) 지정권자 : 도시·군관리계획 결정권자

(2) 지정대상

① 도시·군기본계획에 따른 도심·부도심 또는 생활권의 중심지역

② 철도역사, 터미널 등의 기반시설 중 지역의 거점 역할을 수행하는 시설을 중심으로 주변지역을 집중적으로 정비할 필요가 있는 지역

③ 세 개 이상의 노선이 교차하는 대중교통 결절지로부터 1km 이내에 위치한 지역

④ 「도시 및 주거환경정비법」에 따른 노후·불량 건축물이 밀집한 주거지역 또는 공업지역으로 정비가 시급한 지역

⑤ 「도시재생 활성화 및 지원에 관한 특별법」에 따른 도시재생활성화지역 중 도시경제기반형 활성화계획을 수립하는 지역

⑥ 도시첨단산업단지, 소규모주택정비사업의 시행구역, 근린재생형 활성화계획을 수립하는 지역

(3) 협의기간

협의요청을 받은 기관의 장은 요청을 받은 날부터 10일 이내에 의견을 회신하여야 한다.

(4) 지정제한

다른 법률에서 도시·군관리계획의 결정을 의제하고 있는 경우에도 「국토의 계획 및 이용에 관한 법률」에 따르지 아니하고 입지규제최소구역을 지정하거나 입지규제최소구역계획을 결정할 수 없다.

(5) **적용배제**

입지규제최소구역에 대하여는 다음의 법률 규정을 적용하지 아니할 수 있다.

> ① 부설주차장의 설치
> ② 건축물에 대한 미술작품의 설치
> ③ 공개공지 등의 확보
> ④ 주택법에 따른 주택의 배치, 부대·복리시설의 설치기준 및 대지조성기준

(6) **지정의제**

입지규제최소구역으로 지정된 지역은 특별건축구역으로 지정된 것으로 본다.

꼭 풀어야 할 필수기출

01 ───────────── 난이도 ★★☆

국토의 계획 및 이용에 관한 법령상 용도지역·용도지구·용도구역에 관한 설명으로 틀린 것은? 제28회

① 국토교통부장관이 용도지역을 지정하는 경우에는 도시·군관리계획으로 결정한다.

② 시·도지사는 도시자연공원구역의 변경을 도시·군관리계획으로 결정할 수 있다.

③ 시·도지사는 법률에서 정하고 있는 용도지구 외에 새로운 용도지구를 신설할 수 없다.

④ 집단취락지구란 개발제한구역 안의 취락을 정비하기 위하여 필요한 지구를 말한다.

⑤ 방재지구의 지정을 도시·군관리계획으로 결정하는 경우 도시·군관리계획의 내용에는 해당 방재지구의 재해저감대책을 포함하여야 한다.

해설

시·도지사는 법률에서 정하고 있는 용도지구 외에 새로운 용도지구를 신설할 수 있다.

정답 ③

02 ──────────── 난이도 ★★☆

국토의 계획 및 이용에 관한 법령상 시가화조정구역에 관한 설명으로 옳은 것은? 제32회

① 시가화조정구역은 도시지역과 그 주변지역의 무질서한 시가화를 방지하고 계획적·단계적인 개발을 도모하기 위하여 시·도지사가 도시·군기본 계획으로 결정하여 지정하는 용도구역이다.

② 시가화유보기간은 5년 이상 20년 이내의 기간이다.

③ 시가화유보기간이 끝나면 국토교통부장관 또는 시·도지사는 이를 고시하여야 하고, 시가화조정구역 지정 결정은 그 고시일 다음 날부터 그 효력을 잃는다.

④ 공익상 그 구역 안에서의 사업시행이 불가피한 것으로서 주민의 요청에 의하여 시·도지사가 시가화조정구역의 지정목적 달성에 지장이 없다고 인정한 도시·군계획사업은 시가화조정구역에서 시행할 수 있다.

⑤ 시가화조정구역에서 입목의 벌채, 조림, 육림 행위는 허가 없이 할 수 있다.

해설

① 시가화조정구역은 도시지역과 그 주변지역의 무질서한 시가화를 방지하고 계획적·단계적인 개발을 도모하기 위하여 시·도지사가 도시·군관리계획으로 결정하여 지정하는 용도구역이다.

③ 시가화조정구역의 지정에 관한 도시·군관리계획의 결정은 시가화유보기간이 끝난 날의 다음 날부터 그 효력을 잃는다.

④ 공익상 시가화조정구역 안에서의 사업시행이 불가피한 것으로서 중앙행정기관의 장의 요청에 의하여 국토교통부장관이 시가화조정구역의 지정목적 달성에 지장이 없다고 인정한 도시·군계획사업은 시가화조정구역에서 시행할 수 있다.

⑤ 시가화조정구역에서 입목의 벌채, 조림, 육림 행위는 허가를 받아야 할 수 있다.

정답 ②

03 ──────────── 난이도 ★★★

국토의 계획 및 이용에 관한 법령상 시가화조정구역 안에서 특별시장·광역시장·특별자치시장·특별자치도지사·시장 또는 군수의 허가를 받아 할 수 있는 행위에 해당하지 않는 것은? (단, 도시·군계획사업은 고려하지 않음) 제33회

① 농업·임업 또는 어업을 영위하는 자가 관리용 건축물로서 기존 관리용 건축물의 면적을 제외하고 33m² 를 초과하는 것을 건축하는 행위

② 주택의 증축(기존 주택의 면적을 포함하여 100m² 이하에 해당하는 면적의 증축을 말한다)

③ 마을공동시설로서 정자 등 간이휴게소의 설치

④ 마을공동시설로서 농로·제방 및 사방시설의 설치

⑤ 마을공동시설로서 농기계수리소 및 농기계용 유류판매소(개인소유의 것을 포함한다)의 설치

해설

농업·임업 또는 어업을 영위하는 자가 관리용 건축물로서 기존 관리용 건축물의 면적을 포함하여 33m² 이하인 것을 건축하는 행위가 허가를 받아 할 수 있는 행위에 해당한다.

정답 ①

04 ━━━━━━━━━━━━━━ 난이도 ★★☆

국토의 계획 및 이용에 관한 법령상 입지규제최소구역의 지정대상으로 명시되지 <u>않은</u> 것은? 제34회

① 「산업입지 및 개발에 관한 법률」에 따른 도시첨단산업단지
② 「도시재정비 촉진을 위한 특별법」에 따른 고밀복합형 재정비촉진지구로 지정된 지역
③ 「빈집 및 소규모주택 정비에 관한 특례법」에 따른 소규모주택정비사업의 시행구역
④ 「도시재생 활성화 및 지원에 관한 특별법」에 따른 근린재생형 활성화계획을 수립하는 지역
⑤ 「도시 및 주거환경정비법」에 따른 노후·불량건축물이 밀집한 주거지역 또는 공업지역으로 정비가 시급한 지역

05 ━━━━━━━━━━━━━━ 난이도 ★☆☆

국토의 계획 및 이용에 관한 법령상 입지규제최소구역에 관한 설명으로 옳은 것을 모두 고른 것은?
제31회

> ㉠ 도시·군관리계획의 결정권자는 도시·군기본계획에 따른 도심·부도심 또는 생활권의 중심지역과 그 주변지역의 전부 또는 일부를 입지규제최소구역으로 지정할 수 있다.
> ㉡ 입지규제최소구역에 대하여는 「주차장법」에 따른 부설주차장의 설치에 관한 규정을 적용하지 아니할 수 있다.
> ㉢ 다른 법률에서 도시·군관리계획의 결정을 의제 하고 있는 경우에는 「국토의 계획 및 이용에 관한 법률」에 따르지 아니하고 입지규제최소구역을 지정할 수 있다.

① ㉠
② ㉠, ㉡
③ ㉠, ㉢
④ ㉡, ㉢
⑤ ㉠, ㉡, ㉢

해설

「도시재정비 촉진을 위한 특별법」에 따른 고밀복합형 재정비촉진지구로 지정된 지역은 입지규제최소구역의 지정대상에 해당하지 않는다.

정답 ②

해설

㉢ 다른 법률에서 도시·군관리계획의 결정을 의제하고 있는 경우에도 「국토의 계획 및 이용에 관한 법률」에 따르지 아니하고 입지규제최소구역을 지정할 수 없다.

정답 ②

핵심이론 기반시설 및 광역시설   目기출 25회 / 26회 / 28회 / 32회 / 33회

1 기반시설의 종류

(1) 교통시설

도로·철도·항만·공항·주차장·자동차정류장·궤도·차량 검사 및 면허시설

(2) 공간시설

광장·공원·녹지·유원지·공공공지

(3) 유통·공급시설

유통업무설비, 수도·전기·가스·열공급설비, 방송·통신시설, 공동구, 시장, 유류저장 및 송유설비

(4) 공공·문화체육시설

학교·공공청사·문화시설·공공필요성이 인정되는 체육시설·연구시설·사회복지시설·공공직업훈련시설·청소년수련시설

(5) 방재시설

하천·유수지·저수지·방화설비·방풍설비·방수설비·사방설비·방조설비

(6) 보건위생시설

장사시설·도축장·종합의료시설

(7) 환경기초시설

하수도·폐기물처리 및 재활용시설·빗물저장 및 이용시설·수질오염방지시설·폐차장

추가◆ 도시·군관리계획으로 결정하지 않아도 되는 기반시설은 주차장, 사회복지시설, 장사시설, 종합의료시설, 빗물저장 및 이용시설, 폐차장, 차량검사 및 면허시설, 방송통신시설, 시장, 공공청사, 문화시설, 연구시설, 공공직업훈련시설, 청소년수련시설, 저수지, 공원 안의 기반시설이다.

2 광역시설의 설치 및 관리 등

(1) 광역시설의 의의

'광역시설'이란 기반시설 중 광역적인 정비체계가 필요한 다음의 시설을 말한다.

① 둘 이상의 특별시·광역시·특별자치시·특별자치도·시 또는 군의 관할 구역에 걸쳐 있는 시설: 도로·철도·광장·녹지, 수도·전기·가스·열공급설비, 방송·통신시설, 공동구, 유류저장 및 송유설비, 하천·하수도(하수종말처리시설은 제외)

② 둘 이상의 특별시·광역시·특별자치시·특별자치도·시 또는 군이 공동으로 이용하는 시설: 항만·공항·자동차정류장·공원·유원지·유통업무설비·문화시설·공공필요성이 인정되는 체육시설·사회복지시설·공공직업훈련시설·청소년수련시설·유수지·장사시설·도축장·하수도(하수종말처리시설에 한함)·폐기물처리 및 재활용시설·수질오염방지시설·폐차장

(2) 광역시설의 설치 및 관리

① 원칙: 광역시설의 설치 및 관리는 도시·군계획시설의 설치·관리에 관한 규정에 따른다.

② 예외

> ㉠ 관계 특별시장·광역시장·특별자치시장·특별자치도지사·시장 또는 군수는 협약을 체결하거나 협의회를 구성하여 광역시설을 설치·관리할 수 있다.
>
> ㉡ 국가계획으로 설치하는 광역시설은 그 광역시설의 설치·관리를 사업목적 또는 사업종목으로 하여 다른 법률에 따라 설립된 법인이 설치·관리할 수 있다.

꼭 풀어야 할 필수기출

01
난이도 ★★☆

국토의 계획 및 이용에 관한 법령상 기반시설의 종류와 그 해당 시설의 연결이 틀린 것은? 제32회

① 교통시설 – 차량 검사 및 면허시설
② 공간시설 – 녹지
③ 유통·공급시설 – 방송·통신시설
④ 공공·문화체육시설 – 학교
⑤ 보건위생시설 – 폐기물처리 및 재활용시설

해설

폐기물처리 및 재활용시설은 보건위생시설이 아니라 환경기초시설에 해당한다.

정답 ⑤

02
난이도 ★★★

국토의 계획 및 이용에 관한 법령상 광역계획권과 광역시설에 관한 설명으로 틀린 것은? 제28회

① 국토교통부장관은 인접한 둘 이상의 특별시·광역시·특별자치시의 관할 구역 전부 또는 일부를 광역계획권으로 지정할 수 있다.
② 광역시설의 설치 및 관리는 공동구의 설치에 관한 규정에 따른다.
③ 장사시설, 도축장은 광역시설이 될 수 있다.
④ 관계 특별시장·광역시장·특별자치시장·특별자치도지사는 협약을 체결하거나 협의회 등을 구성하여 광역시설을 설치·관리할 수 있다.
⑤ 국가계획으로 설치하는 광역시설은 그 광역시설의 설치·관리를 사업목적 또는 사업종목으로 하여 다른 법률에 따라 설립된 법인이 설치·관리할 수 있다.

해설

광역시설의 설치 및 관리는 도시·군계획시설의 설치·관리에 관한 규정에 따른다.

플러스 이론 광역시설의 설치·관리 등에 관한 규정은 다음과 같다.

1. 광역시설의 설치 및 관리는 도시·군계획시설의 설치·관리에 관한 규정에 따른다.
2. 관계 특별시장·광역시장·특별자치시장·특별자치도지사·시장 또는 군수는 협약을 체결하거나 협의회 등을 구성하여 광역시설을 설치·관리할 수 있다. 다만, 협약의 체결이나 협의회 등의 구성이 이루어지지 아니하는 경우 그 시 또는 군이 같은 도에 속할 때에는 관할 도지사가 광역시설을 설치·관리할 수 있다.
3. 국가계획으로 설치하는 광역시설은 그 광역시설의 설치·관리를 사업목적 또는 사업종목으로 하여 다른 법률에 따라 설립된 법인이 설치·관리할 수 있다.

정답 ②

핵심이론 공동구

(1) **설치의무자**

다음에 해당하는 지역 등이 200만㎡를 초과하는 경우 해당 구역의 개발사업시행자는 공동구를 설치하여야 한다.

① 도시개발구역	② 택지개발지구
③ 경제자유구역	④ 정비구역
⑤ 도청이전신도시	⑥ 공공주택지구

(2) **설치비용**

공동구 설치비용은 공동구 점용예정자와 사업시행자가 부담한다.

(3) **관리의무**

공동구관리자는 5년마다 해당 공동구의 안전 및 유지 관리계획을 수립·시행하여야 한다.

(4) **분할납부**

공동구관리자는 공동구 관리에 소요되는 비용을 연 2회 분할하여 납부하게 하여야 한다.

(5) **납부시기**

부담금의 납부통지를 받은 공동구 점용예정자는 공동구 설치공사가 착수되기 전에 부담액의 3분의 1 이상을 납부하여야 하며, 그 나머지 금액은 점용공사기간 만료일 전까지 납부하여야 한다.

(6) **심의사항**

가스관, 하수도관은 공동구협의회의 심의를 거쳐 공동구에 수용할 수 있다.

(7) **개별통지**

사업시행자는 공동구 설치공사를 완료한 때에는 지체 없이 공동구에 수용할 수 있는 시설의 종류와 공동구 설치위치 등을 공동구 점용예정자에게 개별적으로 통지하여야 한다.

꼭 풀어야 할 필수기출

01 ──────────────── 난이도 ⭐⭐⭐

국토의 계획 및 이용에 관한 법령상 공동구에 관한 설명으로 틀린 것은? 제25회

① 사업시행자는 공동구의 설치공사를 완료한 때에는 지체 없이 공동구에 수용할 수 있는 시설의 종류와 공동구 설치위치를 일간신문에 공시하여야 한다.

② 공동구 점용예정자는 공동구에 수용될 시설을 공동구에 수용함으로써 용도가 폐지된 종래의 시설은 사업시행자가 지정하는 기간 내에 철거하여야 하고, 도로는 원상으로 회복하여야 한다.

③ 사업시행자는 공동구의 설치가 포함되는 개발사업의 실시계획인가 등이 있은 후 지체 없이 공동구 점용예정자에게 부담금의 납부를 통지하여야 한다.

④ 공동구관리자가 공동구의 안전 및 유지관리계획을 변경하려면 미리 관계 행정기관의 장과 협의한 후 공동구협의회의 심의를 거쳐야 한다.

⑤ 공동구관리자는 대통령령으로 정하는 바에 따라 1년에 1회 이상 공동구의 안전점검을 실시하여야 한다.

해설

사업시행자는 공동구의 설치공사를 완료한 때에는 지체 없이 공동구에 수용할 수 있는 시설의 종류와 공동구 설치위치를 공동구 점용예정자에게 개별적으로 통지하여야 한다.

정답 ①

02 ──────── 난이도 ★★☆

국토의 계획 및 이용에 관한 법령상 공동구가 설치된 경우 공동구에 수용하기 위하여 공동구협의 회의 심의를 거쳐야 하는 시설은? 제26회

① 전선로
② 수도관
③ 열수송관
④ 가스관
⑤ 통신선로

03 ──────── 난이도 ★★☆

국토의 계획 및 이용에 관한 법령상 사업시행자가 공동구를 설치하여야 하는 지역등을 모두 고른 것은? (단, 지역등의 규모는 200만 제곱미터를 초과함) 제31회

> ㉠ 「공공주택 특별법」에 따른 공공주택지구
> ㉡ 「도시 및 주거환경정비법」에 따른 정비구역
> ㉢ 「산업입지 및 개발에 관한 법률」에 따른 일반산업단지
> ㉣ 「도청이전을 위한 도시건설 및 지원에 관한 특별법」에 따른 도청이전신도시

① ㉠, ㉡, ㉢
② ㉠, ㉡, ㉣
③ ㉠, ㉢, ㉣
④ ㉡, ㉢, ㉣
⑤ ㉠, ㉡, ㉢, ㉣

해설

㉢ 「산업입지 및 개발에 관한 법률」에 따른 일반산업단지는 공동구를 설치하여야 하는 대상지역에 해당하지 않는다.

플러스 이론 ➊ 다음에 해당하는 지역·지구·구역 등(이하 '지역등'이라 한다)이 200만m²를 초과하는 경우에는 해당 지역등에서 개발사업을 시행하는 자(이하 '사업시행자'라 한다)는 공동구를 설치하여야 한다.

1. 「도시개발법」에 따른 도시개발구역
2. 「택지개발촉진법」에 따른 택지개발지구
3. 「경제자유구역의 지정 및 운영에 관한 특별법」에 따른 경제자유구역
4. 「도시 및 주거환경정비법」에 따른 정비구역(㉡)
5. 「공공주택 특별법」에 따른 공공주택지구(㉠)
6. 「도청이전을 위한 도시건설 및 지원에 관한 특별법」에 따른 도청이전신도시(㉣)

해설

가스관, 하수도관은 공동구협의회의 심의를 거쳐 공동구에 수용할 수 있다.

정답 ④

정답 ②

핵심이론 도시 · 군계획시설사업의 시행

1 단계별 집행계획

(1) 수립시기

3개월 이내에 단계별 집행계획을 수립하여야 한다. 다만, 도정법에 따라 의제되는 경우에는 2년 이내.

(2) 구 분

1단계 집행계획(3년 이내) + 2단계 집행계획(3년 이후)

(3) 절 차

협의 + 지방의회 의견청취(심의×)

2 도시 · 군계획시설사업 시행자

(1) 원칙: 행정청인 시행자

① 특별시장 · 광역시장 · 특별자치시장 · 특별자치도지사 · 시장 또는 군수는 「국토의 계획 및 이용에 관한 법률」 또는 다른 법률에 특별한 규정이 있는 경우 외에는 관할 구역의 도시 · 군계획시설사업을 시행한다.

② 국가계획과 관련된 경우에는 **국토교통부장관**이 사업을 시행할 수 있다.

③ 광역도시계획과 관련된 경우에는 도지사가 사업을 시행할 수 있다.

(2) 예외: 비행정청인 시행자

⇨ 시행자로 지정받은 자 중에서 **한국토지주택공사** 등은 면적 3분의 2 이상 소유 + 총수 2분의 1 이상의 동의를 받지 않아도 된다.

3 도시 · 군계획시설사업의 시행

(1) 실시계획 인가

시행자 ⇨ 국토교통부장관, 시 · 도지사 또는 대도시 시장

> **추가➕ 경미한 변경: 인가를 받지 않아도 된다.**
> ① 사업명칭의 변경
> ② 구역 경계의 변경이 없는 범위 안에서 행하는 건축물의 연면적 10% 미만의 변경
> ③ 학교시설의 변경

(2) 조건부 인가

국토교통부장관, 시 · 도지사 또는 대도시 시장은 기반시설의 설치나 그에 필요한 용지의 확보, 위해방지, 환경오염 방지, 경관 조성, 조경 등의 조치를 할 것을 조건으로 실시계획을 인가할 수 있다.

(3) 이행보증금 예치

국가 · 지방자치단체, 대통령령으로 정하는 공공기관, 「지방공기업법」에 의한 지방공사 및 지방공단은 이행보증금 예치대상에서 제외한다.

(4) 사업의 분할시행

사업시행 대상지역 또는 대상시설을 둘 이상으로 분할하여 도시 · 군계획시설사업을 시행할 수 있다.

(5) 서류의 무료열람

시행자는 필요하면 등기소나 그 밖의 관계 행정기관의 장에게 필요한 서류의 열람 또는 복사나 그 등본 또는 초본의 발급을 무료로 청구할 수 있다.

(6) 공시송달

시행자는 이해관계인에게 서류를 송달할 필요가 있으나 이해관계인의 주소 또는 거소(居所)가 불분명하거나 그 밖의 사유로 서류를 송달할 수 없는 경우에는 서류의 송달을 갈음하여 그 내용을 공시할 수 있다.

(7) 사업인정 및 고시(의제)

실시계획의 고시가 있은 때에는 사업인정 및 고시가 있었던 것으로 본다.

(8) 토지 등의 수용 및 사용

도시 · 군계획시설사업의 시행자는 도시 · 군계획시설사업에 필요한 토지 등을 수용하거나 사용할 수 있다. ⇨ 인접한 토지 등은 일시 사용할 수 있다.

(9) 국공유지 처분제한

국공유지 = 도시 · 군관리계획으로 정해진 목적 외의 목적으로 매각하거나 양도할 수 없다. ⇨ 위반시 무효

(10) 행정심판

도시 · 군계획시설사업 시행자(행정청 + 비행정청)의 처분에 대하여 행정심판을 제기할 수 있다. 이 경우 시행자가 비행정청인 경우에는 시행자를 지정한 자에게 행정심판을 제기하여야 한다.

01

난이도 ★☆☆

국토의 계획 및 이용에 관한 법령상 도시·군계획시설사업의 시행 등에 관한 설명으로 틀린 것은?

제28회

① 지방자치단체가 직접 시행하는 경우에는 이행보증금을 예치하여야 한다.

② 광역시장이 단계별 집행계획을 수립하고자 하는 때에는 미리 관계 행정기관의 장과 협의하여야 하며, 해당 지방의회의 의견을 들어야 한다.

③ 둘 이상의 시 또는 군의 관할 구역에 걸쳐 시행되는 도시·군계획시설사업이 광역도시계획과 관련된 경우, 도지사는 관계 시장 또는 군수의 의견을 들어 직접 시행할 수 있다.

④ 시행자는 도시·군계획시설사업을 효율적으로 추진하기 위하여 필요하다고 인정되면 사업시행대상지역을 둘 이상으로 분할하여 시행할 수 있다.

⑤ 행정청인 시행자는 이해관계인의 주소 또는 거소(居所)가 불분명하여 서류를 송달할 수 없는 경우 그 서류의 송달을 갈음하여 그 내용을 공시할 수 있다.

해설

지방자치단체가 직접 시행하는 경우에는 이행보증금 예치대상에서 제외된다.

정답 ①

02

난이도 ★★☆

국토의 계획 및 이용에 관한 법령상 도시·군계획시설사업의 시행에 관한 설명으로 옳은 것은?

제34회

① 「도시 및 주거환경정비법」에 따라 도시·군관리계획의 결정이 의제되는 경우에는 해당 도시·군계획시설 결정의 고시일부터 3개월 이내에 도시·군계획시설에 대하여 단계별 집행계획을 수립하여야 한다.

② 5년 이내에 시행하는 도시·군계획시설사업은 단계별 집행계획 중 제1단계 집행계획에 포함되어야 한다.

③ 한국토지주택공사가 도시·군계획시설사업의 시행자로 지정을 받으려면 토지소유자 총수의 3분의 2 이상에 해당하는 자의 동의를 얻어야 한다.

④ 국토교통부장관은 국가계획과 관련되거나 그 밖에 특히 필요하다고 인정되는 경우에는 관계 특별시장·광역시장·특별자치시장·특별자치도지사·시장 또는 군수의 의견을 들어 직접 도시·군계획시설사업을 시행할 수 있다.

⑤ 사업시행자는 도시·군계획시설사업 대상시설을 둘 이상으로 분할하여 도시·군계획시설사업을 시행하여서는 아니 된다.

해설

① 「도시 및 주거환경정비법」에 따라 도시·군관리계획의 결정이 의제되는 경우에는 해당 도시·군계획시설 결정의 고시일부터 2년 이내에 도시·군계획시설에 대하여 단계별 집행계획을 수립하여야 한다.

② 3년 이내에 시행하는 도시·군계획시설사업은 단계별 집행계획 중 제1단계 집행계획에 포함되어야 한다.

③ 한국토지주택공사가 도시·군계획시설사업의 시행자로 지정을 받으려면 토지소유자 총수의 3분의 2 이상에 해당하는 자의 동의를 받지 않아도 된다.

⑤ 사업시행자는 도시·군계획시설사업 대상시설을 둘 이상으로 분할하여 도시·군계획시설사업을 시행할 수 있다.

정답 ④

03

난이도 ★☆☆

국토의 계획 및 이용에 관한 법령상 도시·군계획시설사업에 관한 설명으로 틀린 것은? 제27회

① 도시·군관리계획으로 결정된 하천의 정비사업은 도시·군계획시설사업에 해당한다.

② 한국토지주택공사가 도시·군계획시설사업의 시행자로 지정받으려면 사업대상 토지면적의 3분의 2 이상의 토지소유자의 동의를 얻어야 한다.

③ 도시·군계획시설사업의 시행자는 도시·군계획시설사업에 필요한 토지나 건축물을 수용할 수 있다.

④ 행정청인 도시·군계획시설사업의 시행자가 도시·군계획시설사업에 의하여 새로 공공시설을 설치한 경우 새로 설치된 공공시설은 그 시설을 관리할 관리청에 무상으로 귀속된다.

⑤ 도시·군계획시설결정의 고시일부터 20년이 지날 때까지 그 시설의 설치에 관한 도시·군계획시설사업이 시행되지 아니하는 경우, 그 도시·군계획시설결정은 그 고시일부터 20년이 되는 날의 다음 날에 효력을 잃는다.

해설

한국토지주택공사는 동의를 받지 아니하고도 도시·군계획시설사업의 시행자로 지정을 받을 수 있다.

정답 ②

04

난이도 ★☆☆

국토의 계획 및 이용에 관한 법령상 도시·군계획시설사업에 관한 설명으로 틀린 것은? 제32회

① 도시·군계획시설은 기반시설 중 도시·군관리계획으로 결정된 시설이다.

② 도시·군계획시설사업이 같은 도의 관할 구역에 속하는 둘 이상의 시 또는 군에 걸쳐 시행되는 경우에는 국토교통부장관이 시행자를 정한다.

③ 한국토지주택공사는 도시·군계획시설사업 대상 토지소유자 동의 요건을 갖추지 않아도 도시·군계획시설사업의 시행자로 지정을 받을 수 있다.

④ 도시·군계획시설사업 실시계획에는 사업의 착수예정일 및 준공예정일도 포함되어야 한다.

⑤ 도시·군계획시설사업 실시계획 인가 내용과 다르게 도시·군계획시설사업을 하여 토지의 원상회복 명령을 받은 자가 원상회복을 하지 아니하면 「행정대집행법」에 따른 행정대집행에 따라 원상회복을 할 수 있다.

해설

도시·군계획시설사업이 같은 도의 관할 구역에 속하는 둘 이상의 시 또는 군에 걸쳐 시행되는 경우에는 시장 또는 군수가 서로 협의하여 시행자를 정한다. 협의가 성립되지 아니한 경우에는 도지사가 시행자를 지정한다.

정답 ②

THEME 07 도시 · 군계획시설부지의 매수청구

 핵심이론 **매수청구**

目 기출 23회 / 24회 / 25회 / 26회 / 27회 / 30회 / 32회

1 매수청구권자 및 매수의무자

(1) **매수청구권자**

10년 이내에 미집행 + 지목이 대(垈)인 토지(건축물 및 정착물을 포함)의 소유자

⇨ 실시계획인가가 진행된 경우에는 매수를 청구할 수 없다.

(2) **매수의무자**

① 특별시장 · 광역시장 · 특별자치시장 · 특별자치도지사 · 시장 · 군수

② 사업시행자

③ 설치의무자 또는 관리의무자(서로 다른 경우에는 설치의무자)

2 매수절차

(1) **매수 여부 결정**

매수의무자는 매수청구를 받은 날부터 6개월 이내에 매수 여부를 결정하여 토지소유자와 특별시장 · 광역시장 · 특별자치시장 · 특별자치도지사 · 시장 · 군수에게 알려야 한다.

(2) **매수기간**

매수하기로 결정한 토지는 매수 결정을 알린 날부터 2년 이내에 매수하여야 한다.

3 매수가격

「공익사업을 위한 토지 등의 취득 및 보상에 관한 법률」을 준용한다.

4 매수방법

(1) **원칙** : 현금

(2) **예외** : 도시 · 군계획시설채권 ⇨ 매수의무자가 지방자치단체인 경우로서 ① 토지소유자가 원하는 경우 또는 ② 부재부동산 소유자의 토지 또는 비업무용 토지로서 매수대금이 3천만원을 초과하는 경우 그 초과하는 금액에 대하여 채권을 발행할 수 있다.

5 상환기간

10년 이내로 한다.

6 매수 거부 또는 지연 시 조치

매수청구를 한 토지의 소유자는 허가를 받아 다음의 건축물 또는 공작물을 설치할 수 있다.

(1) 3층 이하의 단독주택

(2) 3층 이하의 제1종 근린생활시설

(3) 3층 이하의 제2종 근린생활시설(단란주점, 안마시술소, 노래연습장, 다중생활시설은 제외)

(4) 공작물

7 도시 · 군계획시설결정의 실효

고시일부터 20년이 되는 날의 다음 날에 효력을 잃는다.

8 지방의회 해제권고

(1) **해제권고기간**

보고를 받은 지방의회는 보고가 지방의회에 접수된 날부터 90일 이내에 도시 · 군계획시설결정의 해제를 권고할 수 있다.

(2) 해제결정기간

해제를 권고받은 지방자치단체의 장은 해제할 수 없다고 인정하는 특별한 사유가 있는 경우를 제외하고는 도시·군계획시설 등의 해제권고를 받은 날부터 1년 이내에 해제를 위한 도시·군관리계획을 결정하여야 한다.

⇨ 해제할 수 없다고 인정하는 특별한 사유를 6개월 이내에 소명하여야 한다.

(3) 해제결정 신청

시장 또는 군수는 도지사가 결정한 도시·군관리계획의 해제가 필요한 경우에는 도지사에게 그 결정을 신청하여야 한다. ⇨ 도지사는 특별한 사유가 없으면 신청을 받은 날부터 1년 이내에 해제를 위한 도시·군관리계획결정을 하여야 한다.

꼭 풀어야 할 필수기출

01 ────────────────────── 난이도 ★★☆

甲 소유의 토지는 A광역시 B구에 소재한 지목이 대(垈)인 토지로서 한국토지주택공사를 사업시행자로 하는 도시·군계획시설부지이다. 甲의 토지에 대해 국토의 계획 및 이용에 관한 법령상 도시·군계획시설부지의 매수청구권이 인정되는 경우, 이에 관한 설명으로 옳은 것은? (단, 도시·군계획시설의 설치의무자는 사업시행자이며, 조례는 고려하지 않음) 제27회

① 甲의 토지의 매수의무자는 B구청장이다.

② 甲이 매수청구를 할 수 있는 대상은 토지이며, 그 토지에 있는 건축물은 포함되지 않는다.

③ 甲이 원하는 경우 매수의무자는 도시·군계획시설채권을 발행하여 그 대금을 지급할 수 있다.

④ 매수의무자는 매수청구를 받은 날부터 6개월 이내에 매수 여부를 결정하여 甲과 A광역시장에게 알려야 한다.

⑤ 매수청구에 대해 매수의무자가 매수하지 아니하기로 결정한 경우 甲은 자신의 토지에 2층의 다세대주택을 건축할 수 있다.

해설

① 甲의 토지의 매수의무자는 한국토지주택공사이다. 구청장은 매수의무자가 될 수 없다.

② 건축물도 매수청구대상에 포함된다.

③ 매수의무자가 지방자치단체인 경우에만 채권을 발행할 수 있다.

⑤ 다세대주택은 공동주택이기 때문에 건축할 수 없다.

정답 ④

02

국토의 계획 및 이용에 관한 법령상 도시·군계획시설에 관한 설명으로 틀린 것은? (단, 조례는 고려하지 않음)

제32회

① 도시·군계획시설 부지의 매수의무자인 지방공사는 도시·군계획시설채권을 발행하여 그 대금을 지급할 수 있다.

② 도시·군계획시설 부지의 매수의무자는 매수하기로 결정한 토지를 매수 결정을 알린 날부터 2년 이내에 매수하여야 한다.

③ 200만m²를 초과하는 「도시개발법」에 따른 도시개발구역에서 개발사업을 시행하는 자는 공동구를 설치하여야 한다.

④ 국가계획으로 설치하는 광역시설은 그 광역시설의 설치·관리를 사업종목으로 하여 다른 법률에 따라 설립된 법인이 설치·관리할 수 있다.

⑤ 도시·군계획시설채권의 상환기간은 10년 이내로 한다.

해설

도시·군계획시설 부지의 매수의무자가 지방자치단체인 경우에 도시·군계획시설채권을 발행하여 그 대금을 지급할 수 있다. 지방공사는 지방자치단체가 아니므로 도시·군계획시설채권을 발행하여 그 대금을 지급할 수 없다.

정답 ①

03

국토의 계획 및 이용에 관한 법령상 도시·군계획시설에 관한 설명으로 옳은 것은?

제26회

① 도시지역에서 사회복지시설을 설치하려면 미리 도시·군관리계획으로 결정하여야 한다.

② 도시·군계획시설 부지에 대한 매수청구의 대상은 지목이 대(垈)인 토지에 한정되며, 그 토지에 있는 건축물은 포함되지 않는다.

③ 용도지역 안에서의 건축물의 용도·종류 및 규모의 제한에 대한 규정은 도시·군계획시설에 대해서도 적용된다.

④ 도시·군계획시설 부지에서 도시·군관리계획을 입안하는 경우에는 그 계획의 입안을 위한 토지적성평가를 실시하지 아니할 수 있다.

⑤ 도시·군계획시설사업의 시행자가 행정청인 경우, 시행자의 처분에 대해서는 행정심판을 제기할 수 없다.

해설

① 도시지역에 사회복지시설을 설치하려면 도시·군관리계획으로 결정하지 않아도 된다.

② 도시·군계획시설 부지에서의 매수청구의 대상은 토지에 있는 건축물과 정착물을 포함한다.

③ 용도지역·용도지구 안에서의 도시·군계획시설에 대하여는 용도지역·용도지구 안에서의 건축제한에 관한 규정을 적용하지 아니한다.

⑤ 도시·군계획시설사업의 시행자가 행정청인 경우, 시행자의 처분에 대해서는 행정심판을 제기할 수 있다.

정답 ④

04 — 난이도 ★★★

국토의 계획 및 이용에 관한 법령상 도시·군계획시설결정의 실효 등에 관한 설명으로 옳은 것은?
제23회 수정

① 도시·군계획시설결정이 고시된 도시·군계획시설에 대하여 고시일부터 10년이 지날 때까지 그 시설의 설치에 관한 사업이 시행되지 아니하는 경우 그 결정은 효력을 잃는다.

② 지방의회는 도시·군계획시설결정 고시일부터 10년이 지날 때까지 해당 시설의 설치에 관한 사업이 시행되지 아니하는 경우에는 그 현황과 단계별 집행계획을 수립하여야 한다.

③ 장기미집행 도시·군계획시설결정의 해제를 권고받은 시장 또는 군수는 그 시설의 해제를 위한 도시·군관리계획의 결정을 국토교통부장관에게 신청하여야 한다.

④ 장기미집행 도시·군계획시설의 해제를 신청받은 도지사는 특별한 사유가 없으면 신청을 받은 날부터 1년 이내에 해당 도시·군계획시설의 해제를 위한 도시·군관리계획결정을 하여야 한다.

⑤ 시장 또는 군수는 도시·군계획시설결정이 효력을 잃으면 지체 없이 그 사실을 고시하여야 한다.

05 — 난이도 ★★☆

국토의 계획 및 이용에 관한 법령상 도시·군계획시설에 관한 설명으로 옳은 것은?
제28회

① 도시·군계획시설결정의 고시일부터 5년 이내에 도시·군계획시설사업이 시행되지 아니하는 경우 그 도시·군계획시설의 부지 중 지목이 대(垈)인 토지의 소유자는 그 토지의 매수를 청구할 수 있다.

② 도시개발구역의 규모가 150만㎡인 경우 해당 구역의 개발사업시행자는 공동구를 설치하여야 한다.

③ 공동구가 설치된 경우 하수도관은 공동구협의회의 심의를 거쳐 공동구에 수용할 수 있다.

④ 공동구관리자는 매년 해당 공동구의 안전 및 유지관리계획을 수립·시행하여야 한다.

⑤ 도시·군계획시설결정은 고시일부터 10년 이내에 도시·군계획시설사업이 시행되지 아니하는 경우 그 고시일부터 10년이 되는 날의 다음 날에 그 효력을 잃는다.

해설

① 도시·군계획시설결정이 고시된 도시·군계획시설에 대하여 고시일부터 20년이 지날 때까지 그 시설의 설치에 관한 사업이 시행되지 아니하는 경우 그 결정은 효력을 잃는다.

② 특별시장·광역시장·특별자치시장·특별자치도지사·시장 또는 군수는 도시·군계획시설결정이 고시된 도시·군계획시설(국토교통부장관이 결정·고시한 도시·군계획시설 중 관계 중앙행정기관의 장이 직접 설치하기로 한 시설은 제외)을 설치할 필요성이 없어진 경우 또는 그 고시일부터 10년이 지날 때까지 해당 시설의 설치에 관한 도시·군계획시설사업이 시행되지 아니하는 경우에는 그 현황과 단계별 집행계획을 해당 지방의회에 보고하여야 한다.

③ 장기미집행 도시·군계획시설결정의 해제를 권고받은 시장 또는 군수는 그 시설의 해제를 위한 도시·군관리계획의 결정을 도지사에게 신청하여야 한다.

⑤ 국토교통부장관, 시·도지사 또는 대도시 시장은 도시·군계획시설결정이 효력을 잃으면 지체 없이 그 사실을 고시하여야 한다.

정답 ④

해설

① 도시·군계획시설결정의 고시일부터 10년 이내에 도시·군계획시설사업이 시행되지 아니하는 경우 그 도시·군계획시설의 부지 중 지목이 대(垈)인 토지의 소유자는 그 토지의 매수를 청구할 수 있다.

② 도시개발구역의 규모가 200만㎡를 초과하는 경우 해당 구역의 개발사업시행자는 공동구를 설치하여야 한다.

④ 공동구관리자는 5년마다 해당 공동구의 안전 및 유지관리계획을 수립·시행하여야 한다.

⑤ 도시·군계획시설결정은 고시일부터 20년이 지날 때까지 도시·군계획시설사업이 시행되지 아니하는 경우 그 고시일부터 20년이 되는 날의 다음 날에 그 효력을 잃는다.

정답 ③

핵심이론 취락지구 지원 및 비용부담

1 취락지구에 대한 지원

국가나 지방자치단체는 대통령령으로 정하는 바에 따라 취락지구 주민의 생활 편익과 복지 증진 등을 위한 사업을 시행하거나 그 사업을 지원할 수 있다.

(1) 자연취락지구 안에 있거나 자연취락지구에 연결되는 도로·수도공급설비·하수도 등의 정비

(2) 어린이놀이터·공원·녹지·주차장·학교·마을회관 등의 설치·정비

(3) 쓰레기처리장·하수처리시설 등의 설치·개량

(4) 하천정비 등 재해방지를 위한 시설의 설치·개량

(5) 주택의 신축·개량

2 비용부담 ⇨ 시행자 부담(원칙)

(1) 국토교통부장관, 시·도지사, 시장 또는 군수는 그가 시행한 도시·군계획시설사업으로 현저히 이익을 받은 다른 지방자치단체에 비용의 일부를 부담시킬 수 있다.

(2) 비용부담에 대하여 협의가 성립되지 아니하는 경우 다른 지방자치단체가 같은 도에 속할 때에는 관할 도지사가 결정하는 바에 따르며, 다른 시·도에 속할 때에는 행정안전부장관이 결정하는 바에 따른다.

(3) 보조 또는 융자
　① 시행자가 행정청(조사비, 측량비, 설계비 및 관리비는 제외): 50% 범위 안에서 국가예산으로 보조 또는 융자할 수 있다.
　② 시행자가 비행정청(조사비, 측량비, 설계비 및 관리비는 제외): 3분의 1 이하의 범위에서 국가 또는 지방자치단체가 보조 또는 융자할 수 있다.
　③ 기초조사 또는 지형도면의 작성에 소요되는 비용은 그 비용의 80% 이하의 범위 안에서 국가예산으로 보조할 수 있다.

꼭 풀어야 할 필수기출

01 ──────────────── 난이도 🌟🌟🌟

국토의 계획 및 이용에 관한 법령상 도시·군계획시설에 관한 설명으로 옳은 것은? 　제24회 수정

① 도시지역에서 장사시설·종합의료시설·폐차장 등의 기반시설을 설치하고자 하는 경우에는 미리 도시·군관리계획으로 결정하여야 한다.

② 도시·군계획시설결정의 고시일부터 10년 이내에 도시·군계획시설사업에 관한 실시계획의 인가만 있고 사업이 시행되지 아니하는 경우에는 그 시설부지의 매수청구권이 인정된다.

③ 지방의회로부터 장기미집행시설의 해제권고를 받은 시장·군수는 도지사가 결정한 도시·군관리계획의 해제를 도시·군관리계획으로 결정할 수 있다.

④ 도지사가 시행한 도시·군계획시설사업으로 그 도에 속하지 않는 군이 현저히 이익을 받는 경우, 해당 도지사와 군수 간의 비용부담에 관한 협의가 성립되지 아니하는 때에는 행정안전부장관이 결정하는 바에 따른다.

⑤ 도시·군계획시설사업이 둘 이상의 지방자치단체의 관할 구역에 걸쳐 시행되는 경우, 사업시행자에 대한 협의가 성립되지 아니하는 때에는 사업면적이 가장 큰 지방자치단체가 사업시행자가 된다.

해설

① 도시지역에서 장사시설·종합의료시설·폐차장 등의 기반시설을 설치하고자 하는 경우에는 미리 도시·군관리계획으로 결정하지 않아도 된다.

② 도시·군계획시설결정의 고시일부터 10년 이내에 도시·군계획시설사업에 관한 실시계획의 인가가 있는 경우에는 그 시설부지는 매수청구대상에서 제외한다.

③ 지방의회로부터 장기미집행시설의 해제권고를 받은 시장 또는 군수는 도지사가 결정한 도시·군관리계획의 해제가 필요한 경우에는 도지사에게 그 해제결정을 신청하여야 한다.

⑤ 도시·군계획시설사업이 둘 이상의 지방자치단체의 관할 구역에 걸쳐 시행되는 경우, 사업시행자에 대한 협의가 성립되지 아니하는 때에는 도시·군계획시설사업을 시행하려는 구역이 같은 도의 관할 구역에 속하는 경우에는 관할 도지사가 시행자를 지정하고, 둘 이상의 시·도의 관할 구역에 걸치는 때에는 국토교통부장관이 시행자를 지정한다.

정답 ④

08 지구단위계획구역과 지구단위계획

핵심이론 지구단위계획구역과 지구단위계획 ☰ 기출 24회 / 25회 / 26회 / 27회 / 28회 / 29회 / 32회 / 34회

1 지구단위계획구역

(1) 재량적 지정대상지역

국토교통부장관, 시·도지사, 시장 또는 군수는 다음에 해당하는 지역의 **전부 또는 일부**를 지구단위계획구역으로 **지정할 수 있다.**

① 용도지구

② 도시개발구역, 정비구역

③ 택지개발지구, 대지조성사업지구

④ 산업단지와 준산업단지, 관광단지와 관광특구

⑤ 개발제한구역, 도시자연공원구역, 시가화조정구역, 공원에서 해제되는 구역

⑥ 녹지지역에서 주거·상업·공업지역으로 변경되는 지역

⑦ 복합적 토지이용을 증진시킬 필요가 있는 지역(세 개 이상의 노선이 교차하는 대중교통 결절지(結節地)로부터 1km 이내에 위치한 지역)

(2) 의무적 지정대상지역

국토교통부장관, 시·도지사, 시장 또는 군수는 다음에 해당하는 지역을 지구단위계획구역으로 지정하여야 한다.

① 정비구역 및 택지개발지구에서 시행되는 사업이 끝난 후 10년이 지난 지역

② 녹지지역에서 주거지역·상업지역·공업지역으로 변경되는 지역으로서 면적이 30만m² 이상인 지역

(3) 도시지역 외의 지역 중 지정대상지역

① 계획관리지역(구역 면적의 50% 이상) : 아파트 또는 연립주택 건설계획이 포함되는 경우로서 자연보전권역인 경우에는 10만m² 이상인 지역

② 개발진흥지구로서 다음의 요건에 해당하는 지역

> ㉠ 주거개발진흥지구, 특정개발진흥지구 및 복합개발 진흥지구(주거기능이 포함된 경우) : 계획관리지역에 위치할 것
> ㉡ 산업·유통개발진흥지구 및 복합개발진흥지구(주거기능이 포함되지 아니한 경우) : 계획관리지역, 생산관리지역, 농림지역에 위치할 것
> ㉢ 관광·휴양개발진흥지구 : 관리지역, 농림지역, 자연환경보전지역에 위치할 것

③ 용도지구를 폐지하고 그 용도지구에서의 행위제한 등을 지구단위계획으로 **대체**하려는 지역

2 지구단위계획

(1) 지구단위계획의 수립

① 수립기준 : 국토교통부장관이 정한다.

② 수립내용 : 지구단위계획에는 다음의 사항이 포함되어야 한다.

> ㉠ 기반시설의 배치와 규모
> ㉡ 건축물의 용도제한, 건축물의 건폐율, 용적률, 건축물 높이의 최고한도 또는 최저한도

(2) 법률 규정의 완화 적용

도시지역 내의 지역	① 건축물의 용도·종류 및 규모 ② 건폐율의 완화: 150% ③ 용적률의 완화: 200% ④ 건축물 높이제한: 120% 이내에서 완화 (도시지역 + 개발진흥지구)할 수 있다. ⑤ 주차장 설치기준(한옥마을 보존, 차 없는 거리 조성): 100%까지 완화할 수 있다. ⑥ 채광의 확보를 위한 높이제한: 200% 이내 ※ 도시지역에 개발진흥지구를 지정하고 해 당 지구를 지구단위계획구역으로 지정한 경우 해당 용도지역에 적용되는 용적률의 120% 이내에서 완화하여 적용할 수 있다.
도시지역 외의 지역	① 건축물의 용도·종류 및 규모 ② 건폐율의 완화: 150% ③ 용적률의 완화: 200% ※ 개발진흥지구(계획관리지역에 지정된 경 우는 제외)에 지정된 지구단위계획구역에 대하여는 아파트 및 연립주택은 허용되지 않는다.

(3) 실 효

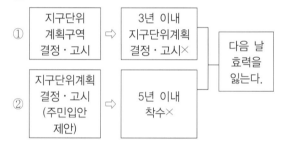

① 지구단위계획구역 결정·고시 ⇨ 3년 이내 지구단위계획 결정·고시× ⇨ 다음 날 효력을 잃는다.

② 지구단위계획 결정·고시(주민입안제안) ⇨ 5년 이내 착수× ⇨ 다음 날 효력을 잃는다.

(4) 지구단위계획구역에서의 건축

지구단위계획구역에서 건축물(일정 기간 내 철거
가 예상되는 가설건축물은 제외)의 건축 또는 용
도변경하거나 공작물을 설치하려면 지구단위계획
에 맞게 하여야 한다.

---

01 ─────────── 난이도 ★★☆

국토의 계획 및 이용에 관한 법령상 지구단위계획
에 관한 설명으로 틀린 것은? 제27회

① 지구단위계획은 도시·군관리계획으로 결정한다.
② 두 개의 노선이 교차하는 대중교통 결절지로부터
2km 이내에 위치한 지역은 지구단위계획구역으로
지정하여야 한다.
③ 시·도지사는 「도시개발법」에 따라 지정된 도시
개발구역의 전부 또는 일부에 대하여 지구단위계
획구역을 지정할 수 있다.
④ 지구단위계획의 수립기준은 국토교통부장관이 정
한다.
⑤ 「택지개발촉진법」에 따라 지정된 택지개발지구에
서 시행되는 사업이 끝난 후 10년이 지난 지역으
로서 관계 법률에 따른 토지 이용과 건축에 관한
계획이 수립되어 있지 않은 지역은 지구단위계획
구역으로 지정하여야 한다.

해설
도시지역 내 주거·상업·업무 등의 기능을 결합하는 등 복합
적으로 증진할 필요가 있는 지역으로서 세 개 이상의 노선이
교차하는 대중교통 결절지로부터 1km 이내에 위치한 지역은
지구단위계획구역으로 지정할 수 있다.

정답 ②

02 ─────────────────────── 난이도 ★☆☆

국토의 계획 및 이용에 관한 법령상 지구단위계획 등에 관한 설명으로 틀린 것은? 제28회

① 「관광진흥법」에 따라 지정된 관광특구에 대하여 지구단위계획구역을 지정할 수 있다.

② 도시지역 외의 지역도 지구단위계획구역으로 지정될 수 있다.

③ 건축물의 형태·색채에 관한 계획도 지구단위계획의 내용으로 포함될 수 있다.

④ 지구단위계획으로 차량진입금지구간을 지정한 경우 「주차장법」에 따른 주차장 설치기준을 최대 80%까지 완화하여 적용할 수 있다.

⑤ 주민은 시장 또는 군수에게 지구단위계획구역의 지정에 관한 사항에 대하여 도시·군관리계획의 입안을 제안할 수 있다.

해설
지구단위계획으로 차량진입금지구간을 지정한 경우 「주차장법」에 따른 주차장 설치기준을 최대 100%까지 완화하여 적용할 수 있다.

정답 ④

03 ─────────────────────── 난이도 ★★☆

국토의 계획 및 이용에 관한 법령상 지구단위계획구역과 지구단위계획에 관한 설명으로 틀린 것은? (단, 조례는 고려하지 않음) 제32회

① 지구단위계획이 수립되어 있는 지구단위계획구역에서 공사기간 중 이용하는 공사용 가설건축물을 건축하려면 그 지구단위계획에 맞게 하여야 한다.

② 지구단위계획은 해당 용도지역의 특성을 고려하여 수립한다.

③ 시장 또는 군수가 입안한 지구단위계획구역의 지정·변경에 관한 도시·군관리계획은 시장 또는 군수가 직접 결정한다.

④ 지구단위계획구역 및 지구단위계획은 도시·군관리계획으로 결정한다.

⑤ 「관광진흥법」에 따라 지정된 관광단지의 전부 또는 일부에 대하여 지구단위계획구역을 지정할 수 있다.

해설
지구단위계획이 수립되어 있는 지구단위계획구역에서 공사기간 중 이용하는 공사용 가설건축물은 일정기간 내 철거가 예상되기 때문에 지구단위계획에 맞게 건축하지 않아도 된다.

정답 ①

04 ★☆☆

국토의 계획 및 이용에 관한 법령상 지구단위계획 및 지구단위계획구역에 관한 설명으로 틀린 것은?

제25회

① 주민은 도시·군관리계획 입안권자에게 지구단위계획의 변경에 관한 도시·군관리계획의 입안을 제안할 수 있다.

② 개발제한구역에서 해제되는 구역 중 계획적인 개발 또는 관리가 필요한 지역은 지구단위계획구역으로 지정될 수 있다.

③ 시장 또는 군수가 입안한 지구단위계획의 수립·변경에 관한 도시·군관리계획은 해당 시장 또는 군수가 직접 결정한다.

④ 지구단위계획의 수립기준은 시·도지사가 국토교통부장관과 협의하여 정한다.

⑤ 도시지역 외의 지역으로서 용도지구를 폐지하고 그 용도지구에서의 행위제한 등을 지구단위계획으로 대체하려는 지역은 지구단위계획구역으로 지정될 수 있다.

05 ★★★

국토의 계획 및 이용에 관한 법령상 도시지역 외 지구단위계획구역에서 지구단위계획에 의한 건폐율 등의 완화적용에 관한 설명으로 틀린 것은?

제29회

① 해당 용도지역 또는 개발진흥지구에 적용되는 건폐율의 150% 이내에서 건폐율을 완화하여 적용할 수 있다.

② 해당 용도지역 또는 개발진흥지구에 적용되는 용적률의 200% 이내에서 용적률을 완화하여 적용할 수 있다.

③ 해당 용도지역에 적용되는 건축물 높이의 120% 이내에서 높이제한을 완화하여 적용할 수 있다.

④ 계획관리지역에 지정된 개발진흥지구 내의 지구단위계획구역에서는 건축물의 용도·종류 및 규모 등을 완화하여 적용할 수 있다.

⑤ 계획관리지역 외의 지역에 지정된 개발진흥지구 내의 지구단위계획구역에서는 건축물의 용도·종류 및 규모 등을 완화하여 적용할 경우 아파트 및 연립주택은 허용되지 아니한다.

해설

지구단위계획의 수립기준은 국토교통부장관이 정한다.

정답 ④

해설

해당 용도지역에 적용되는 건축물 높이의 120% 이내에서 높이제한을 완화하여 적용할 수 있는 것은 도시지역 내에 지정하는 지구단위계획구역이다.

정답 ③

1 허가대상 개발행위

(1) 건축물의 건축

(2) 공작물의 설치

(3) 토지의 형질변경

(4) 토석의 채취

(5) 토지 분할

(6) 물건을 쌓아놓는 행위(녹지지역·관리지역 또는 자연환경보전지역 안에서 건축물의 울타리 안에 위치하지 아니한 토지에 물건을 1개월 이상 쌓아 놓는 행위)

추가➕ 토지 분할과 물건을 쌓아놓는 행위는 준공검사 대상이 아니다.

2 허가를 받지 않고 할 수 있는 행위

(1) 도시·군계획사업(도시·군계획시설사업 + 도시개발사업 + 정비사업)

(2) 경작을 위한 토지의 형질변경

(3) 재해복구를 위한 응급조치(1개월 이내에 신고)

(4) 토지의 일부를 공공용지로 하기 위한 토지 분할

3 경미한 변경

(1) 사업기간 단축 또는 부지면적 5% 범위 안에서 축소 ⇨ 변경허가를 받지 않아도 된다.

(2) 사업기간 연장 또는 부지면적 확장 ⇨ 변경허가를 받아야 한다.

4 개발행위허가의 절차

(1) 개발행위허가의 신청

① 원칙: 개발행위를 하려는 자는 기반시설의 설치,

위해방지, 환경오염방지, 경관, 조경 등에 관한 계획서를 첨부한 신청서를 제출하여야 한다.

② 예외: 개발밀도관리구역 안에서는 기반시설의 설치나 그에 필요한 용지의 확보계획을 제출하지 아니한다.

(2) 개발행위허가의 절차

허가권자가 개발행위를 허가하려면 그 개발행위가 도시·군계획사업의 시행에 지장을 주는지에 관하여 해당 지역에서 시행되는 도시·군계획사업의 시행자의 의견을 들어야 한다.

(3) 도시계획위원회의 심의

다음의 하나에 해당하는 개발행위는 도시계획위원회의 심의를 거치지 아니한다.

① 지구단위계획 또는 성장관리계획을 수립한 지역에서 하는 개발행위는 도시계획위원회의 심의를 거치지 아니한다.

② 「환경영향평가법」에 따라 환경영향평가를 받은 개발행위

(4) 허가 또는 불허가처분

허가권자는 특별한 사유가 없으면 15일(심의나 협의를 거쳐야 하는 기간은 제외) 이내에 허가 또는 부허가의 처분을 하여야 한다.

(5) 조건부 허가

① 허가권자는 개발행위에 따른 기반시설의 설치 또는 그에 필요한 용지의 확보, 위해 방지, 환경오염 방지, 경관, 조경 등에 관한 조치를 할 것을 조건으로 개발행위허가를 할 수 있다.

② 허가권자는 개발행위허가에 조건을 붙이려는 때에는 미리 개발행위허가를 신청한 자의 의견을 들어야 한다.

(6) 이행보증금 예치

국가 또는 지방자치단체, 공공기관, 공공단체는 이행보증금 예치대상에서 제외한다.

01

난이도 ★☆☆

국토의 계획 및 이용에 관한 법령상 개발행위허가에 관한 설명으로 옳은 것은? (단, 다른 법령은 고려하지 않음)

제30회

① 재해복구를 위한 응급조치로서 공작물의 설치를 하려는 자는 도시·군계획사업에 의한 행위가 아닌 한 개발행위허가를 받아야 한다.

② 국가나 지방자치단체가 시행하는 개발행위에도 이행보증금을 예치하게 하여야 한다.

③ 환경오염 방지조치를 할 것을 조건으로 개발행위허가를 하려는 경우에는 미리 개발행위허가를 신청한 자의 의견을 들어야 한다.

④ 개발행위허가를 받은 자가 행정청인 경우, 그가 기존의 공공시설에 대체되는 공공시설을 설치하면 기존의 공공시설은 대체되는 공공시설의 설치비용에 상당하는 범위 안에서 개발행위허가를 받은 자에게 무상으로 양도될 수 있다.

⑤ 개발행위허가를 받은 자가 행정청이 아닌 경우, 개발행위로 용도가 폐지되는 공공시설은 개발행위허가를 받은 자에게 전부 무상으로 귀속된다.

해설

① 재해복구를 위한 응급조치로서 공작물의 설치를 하려는 자는 개발행위허가를 받지 않아도 된다.

② 국가나 지방자치단체가 시행하는 개발행위는 이행보증금을 예치하지 않아도 된다.

④ 개발행위허가를 받은 자가 행정청인 경우, 그가 기존의 공공시설에 대체되는 공공시설을 설치하면 기존의 공공시설은 개발행위허가를 받은 자에게 전부 무상으로 귀속된다.

⑤ 개발행위허가를 받은 자가 행정청이 아닌 경우, 개발행위로 용도가 폐지되는 공공시설은 새로 설치한 공공시설의 설치비용에 상당하는 범위에서 개발행위허가를 받은 자에게 무상으로 양도 될 수 있다.

정답 ③

02

난이도 ★☆☆

국토의 계획 및 이용에 관한 법령상 개발행위허가에 관한 설명으로 틀린 것은? (단, 조례는 고려하지 않음)

제26회

① 토지 분할에 대해 개발행위허가를 받은 자가 그 개발행위를 마치면 관할 행정청의 준공검사를 받아야 한다.

② 건축물의 건축에 대해 개발행위허가를 받은 후 건축물 연면적을 5% 범위 안에서 확대하려면 변경허가를 받아야 한다.

③ 개발행위허가를 하는 경우 미리 허가신청자의 의견을 들어 경관 등에 관한 조치를 할 것을 조건으로 허가할 수 있다.

④ 도시·군관리계획의 시행을 위한 「도시개발법」에 따른 도시개발사업에 의해 건축물을 건축하는 경우에는 개발행위허가를 받지 않아도 된다.

⑤ 토지의 일부를 공공용지로 하기 위해 토지를 분할하는 경우에는 개발행위허가를 받지 않아도 된다.

해설

토지 분할은 준공검사대상에서 제외한다.

정답 ①

03 ── 난이도 ★☆☆

국토의 계획 및 이용에 관한 법령상 개발행위의 허가에 관한 설명으로 틀린 것은? 제25회 수정

① 개발행위허가를 받은 사업면적을 5% 범위 안에서 확대 또는 축소하는 경우에는 변경허가를 받지 않아도 된다.

② 허가권자가 개발행위허가를 하면서 환경오염 방지 등의 조치를 할 것을 조건으로 붙이려는 때에는 미리 개발행위허가를 신청한 자의 의견을 들어야 한다.

③ 개발행위허가의 신청 내용이 성장관리계획의 내용에 어긋나는 경우에는 개발행위허가를 하여서는 아니 된다.

④ 자연녹지지역에서는 도시계획위원회의 심의를 통하여 개발행위허가의 기준을 강화 또는 완화하여 적용할 수 있다.

⑤ 건축물 건축에 대해 개발행위허가를 받은 자가 건축을 완료하고 그 건축물에 대해 「건축법」상 사용승인을 받은 경우에는 따로 준공검사를 받지 않아도 된다.

해설

개발행위허가를 받은 사업면적을 5% 범위 안에서 축소하는 경우에는 변경허가를 받지 않아도 되지만, 확대하는 경우에는 변경허가를 받아야 한다.

정답 ①

04 ── 난이도 ★★☆

국토의 계획 및 이용에 관한 법령상 개발행위허가에 관한 설명으로 옳은 것은? (단, 조례는 고려하지 않음) 제33회

① 「사방사업법」에 따른 사방사업을 위한 개발행위를 허가하려면 지방도시계획위원회의 심의를 거쳐야 한다.

② 토지의 일부가 도시·군계획시설로 지형도면 고시가 된 당해 토지의 분할은 개발행위허가를 받아야 한다.

③ 국토교통부장관은 개발행위로 인하여 주변의 환경이 크게 오염될 우려가 있는 지역에서 개발행위허가를 제한하고자 하는 경우, 중앙도시계획위원회의 심의를 거쳐야 한다.

④ 시·도지사는 기반시설부담구역으로 지정된 지역에 대해서는 10년간 개발행위허가를 제한할 수 있다.

⑤ 토지분할을 위한 개발행위허가를 받은 자는 그 개발행위를 마치면 시·도지사의 준공검사를 받아야 한다.

해설

① 「사방사업법」에 따른 사방사업을 위한 개발행위를 허가하려면 지방도시계획위원회의 심의를 거치자 않아도 된다.

② 토지의 일부가 도시·군계획시설로 지형도면 고시가 된 당해 토지의 분할은 개발행위허가를 받지 않아도 된다.

④ 시·도지사는 기반시설부담구역으로 지정된 지역에 대해서는 최장 5년간 개발행위허가를 제한할 수 있다.

⑤ 토지분할은 준공검사 대상에서 제외된다.

정답 ③

05 ——————— 난이도 ★★☆

국토의 계획 및 이용에 관한 법령상 개발행위에 따른 공공시설 등의 귀속에 관한 설명으로 틀린 것은? 제32회

① 개발행위허가를 받은 행정청이 기존의 공공시설에 대체되는 공공시설을 설치한 경우에는 새로 설치된 공공시설은 그 시설을 관리할 관리청에 무상으로 귀속된다.

② 개발행위허가를 받은 행정청은 개발행위가 끝나 준공검사를 마친 때에는 해당 시설의 관리청에 공공시설의 종류와 토지의 세목을 통지하여야 한다.

③ 개발행위허가를 받은 자가 행정청이 아닌 경우 개발행위허가를 받은 자가 새로 설치한 공공시설은 그 시설을 관리할 관리청에 무상으로 귀속된다.

④ 개발행위허가를 받은 행정청이 기존의 공공시설에 대체되는 공공시설을 설치한 경우에는 종래의 공공시설은 그 행정청에게 무상으로 귀속된다.

⑤ 개발행위허가를 받은 자가 행정청이 아닌 경우 개발행위로 용도가 폐지되는 공공시설은 개발행위허가를 받은 자에게 무상으로 귀속된다.

06 ——————— 난이도 ★★☆

국토의 계획 및 이용에 관한 법령상 개발행위허가에 관한 설명으로 틀린 것은? 제34회

① 농림지역에 물건을 1개월 이상 쌓아놓는 행위는 개발행위허가의 대상이 아니다.

② 「사방사업법」에 따른 사방사업을 위한 개발행위에 대하여 허가를 하는 경우 중앙도시계획위원회와 지방도시계획위원회의 심의를 거치지 아니한다.

③ 일정 기간 동안 개발행위허가를 제한할 수 있는 대상지역에 지구단위계획구역은 포함되지 않는다.

④ 기반시설부담구역으로 지정된 지역에 대해서는 중앙도시계획위원회나 지방도시계획위원회의 심의를 거치지 아니하고 개발행위허가의 제한을 연장할 수 있다.

⑤ 개발행위허가의 제한을 연장하는 경우, 그 연장기간은 2년을 넘을 수 없다.

해설

개발행위허가를 받은 자가 행정청이 아닌 경우 개발행위로 용도가 폐지되는 공공시설은 새로 설치한 공공시설의 설치비용에 상당하는 범위에서 개발행위허가를 받은 자에게 무상으로 양도할 수 있다.

정답 ⑤

해설

일정 기간 동안 개발행위허가를 제한할 수 있는 대상지역에 지구단위계획구역은 포함된다.

정답 ③

핵심이론 개발행위허가 기준 등

1 개발행위허가의 기준(자금×)

(1) 개발행위의 규모
① 주거지역·상업지역·자연녹지지역·생산녹지지역: 1만m² 미만
② 공업지역·관리지역·농림지역: 3만m² 미만
③ 보전녹지지역·자연환경보전지역: 5천m² 미만

(2) 개발행위허가의 대상인 토지가 2 이상의 용도지역에 걸치는 경우에는 각각의 규정을 적용한다.

(3) 개발행위허가 기준을 강화 또는 완화하여 적용할 수 있는 지역(유보용도)은 계획관리지역, 생산관리지역, 자연녹지지역이다.

2 개발행위허가의 제한

(1) **제한권자**: 국장, 시·도지사, 시장 또는 군수

(2) **제한기간**: 1회에 한하여 3년 이내

(3) **연장기간**: ③, ④, ⑤는 1회에 한하여 2년 이내의 기간 동안 제한기간을 연장(심의×)할 수 있다.
① 녹지지역이나 계획관리지역으로서 수목이 집단적으로 자라고 있거나 조수류 등이 집단적으로 서식하고 있는 지역 또는 우량농지로 보전할 필요가 있는 지역
② 개발행위로 인하여 주변의 환경·경관·미관·국가유산 등이 크게 오염되거나 손상될 우려가 있는 지역
③ 도시·군기본계획이나 도시·군관리계획을 수립하고 있는 지역
④ 지구단위계획구역으로 지정된 지역
⑤ 기반시설부담구역으로 지정된 지역

3 공공시설의 귀속

(1) **새로운 공공시설**
그 시설을 관리할 관리청에 무상으로 귀속된다.

(2) **종래의 공공시설**
① 개발행위자가 행정청인 경우: 개발행위허가를 받은 자에게 무상으로 귀속된다.
② 개발행위자가 비행정청인 경우: 용도폐지되는 공공시설은 새로 설치한 공공시설의 설치비용에 상당하는 범위 안에서 개발행위허가를 받은 자에게 무상으로 양도할 수 있다.

4 성장관리계획구역 및 성장관리계획

(1) **성장관리계획구역**
① 지정대상지역: 특별시장·광역시장·특별자치시장·특별자치도지사·시장 또는 군수는 녹지지역, 관리지역, 농림지역 및 자연환경보전지역 중 다음의 어느 하나에 해당하는 지역의 전부 또는 일부에 대하여 성장관리계획구역을 지정할 수 있다.

> ㉠ 개발수요가 많아 무질서한 개발이 진행되고 있거나 진행될 것으로 예상되는 지역
> ㉡ 주변의 토지이용이나 교통 여건 변화 등으로 향후 시가화가 예상되는 지역
> ㉢ 주변지역과 연계하여 체계적인 관리가 필요한 지역
> ㉣「토지이용규제 기본법」에 따른 지역·지구 등의 변경으로 토지이용에 대한 행위제한이 완화되는 지역

② 지정절차

> ㉠ 의견청취 + 협의 + 심의: 특별시장·광역시장·특별자치시장·특별자치도지사·시장 또는 군수는 성장관리계획구역을 지정하거나 이를 변경하려면 미리 주민(14일 이상 열람)과 해당 지방의회의 의견을 들어야 하며, 관계 행정기관과의 협의 및 지방도시계획위원회의 심의를 거쳐야 한다.
> ㉡ 지방의회 의견제시: 60일 이내에 의견을 제시하여야 한다.
> ㉢ 협의기간: 협의 요청을 받은 관계 행정기관의 장은 특별한 사유가 없으면 요청을 받은 날부터 30일 이내에 의견을 제시하여야 한다.

(2) 성장관리계획

① 내용: 특별시장·광역시장·특별자치시장·특별자치도지사·시장 또는 군수는 성장관리계획구역을 지정할 때에는 다음의 사항 중 그 성장관리계획구역의 지정목적을 이루는 데 필요한 사항을 포함하여 성장관리계획을 수립하여야 한다.

> ㉠ 도로, 공원 등 기반시설의 배치와 규모에 관한 사항
> ㉡ 건축물의 용도제한, 건축물의 건폐율 또는 용적률
> ㉢ 건축물의 배치, 형태, 색채 및 높이
> ㉣ 환경관리 및 경관계획

② 건폐율 완화규정: 성장관리계획구역에서는 다음의 구분에 따른 범위에서 성장관리계획으로 정하는 바에 따라 특별시·광역시·특별자치시·특별자치도·시 또는 군의 조례로 정하는 비율까지 건폐율을 완화하여 적용할 수 있다.

> ㉠ 계획관리지역: 50% 이하
> ㉡ 생산관리지역·농림지역 및 자연녹지지역·생산녹지지역: 30% 이하

③ 용적률 완화규정: 성장관리계획구역 내 계획관리지역에서는 125% 이하의 범위에서 성장관리계획으로 정하는 바에 따라 특별시·광역시·특별자치시·특별자치도·시 또는 군의 조례로 정하는 비율까지 용적률을 완화하여 적용할 수 있다.

④ 타당성 검토: 특별시장·광역시장·특별자치시장·특별자치도지사·시장 또는 군수는 5년마다 관할 구역 내 수립된 성장관리계획에 대하여 대통령령으로 정하는 바에 따라 그 타당성을 전반적으로 재검토하여 정비하여야 한다.

⑤ 건축제한: 성장관리계획구역에서 개발행위 또는 건축물의 용도변경을 하려면 그 성장관리계획에 맞게 하여야 한다.

꼭 풀어야 할 필수기출

01 ──────────── 난이도 ★★☆

국토의 계획 및 이용에 관한 법령상 성장관리계획구역으로 지정할 수 있는 지역에 해당하지 **않는** 것은? 제29회, 제32회

① 주변지역과 연계하여 체계적인 관리가 필요한 주거지역
② 개발수요가 많아 무질서한 개발이 진행되고 있는 계획관리지역
③ 개발수요가 많아 무질서한 개발이 진행될 것으로 예상되는 생산관리지역
④ 주변의 토지이용 변화 등으로 향후 시가화가 예상되는 농림지역
⑤ 교통 여건 변화 등으로 향후 시가화가 예상되는 자연환경보전지역

해설

주변지역과 연계하여 체계적인 관리가 필요한 '주거지역'은 성장관리계획구역으로 지정할 수 있는 지역에 해당하지 않는다.

플러스 이론 특별시장·광역시장·특별자치시장·특별자치도지사·시장 또는 군수는 녹지지역, 관리지역, 농림지역 및 자연환경보전지역 중 다음의 어느 하나에 해당하는 지역의 전부 또는 일부에 대하여 성장관리계획구역을 지정할 수 있다.

> 1. 개발수요가 많아 무질서한 개발이 진행되고 있거나 진행될 것으로 예상되는 지역
> 2. 주변의 토지이용이나 교통 여건 변화 등으로 향후 시가화가 예상되는 지역
> 3. 주변지역과 연계하여 체계적인 관리가 필요한 지역
> 4. 「토지이용규제 기본법」에 따른 지역·지구 등의 변경으로 토지이용에 대한 행위제한이 완화되는 지역
> 5. 그 밖에 난개발의 방지와 체계적인 관리가 필요한 지역으로서 대통령령으로 정하는 지역

정답 ①

02 ─────────────────── 난이도 ★★★

국토의 계획 및 이용에 관한 법령상 개발행위허가의 기준에 해당하지 않는 것은? (단, 관련 인·허가 등의 의제는 고려하지 않음) 제31회

① 자금조달계획이 목적사업의 실현에 적합하도록 수립되어 있을 것
② 도시·군계획으로 경관계획이 수립되어 있는 경우에는 그에 적합할 것
③ 공유수면매립의 경우 매립목적이 도시·군계획에 적합할 것
④ 토지의 분할 및 물건을 쌓아놓는 행위에 입목의 벌채가 수반되지 아니할 것
⑤ 도시·군계획조례로 정하는 도로의 너비에 관한 기준에 적합할 것

해설

자금조달계획이 목적사업의 실현에 적합하도록 수립되어 있어야 한다는 사항은 개발행위허가의 기준에 해당하지 않는다.

정답 ①

03 ─────────────────── 난이도 ★★☆

국토의 계획 및 이용에 관한 법령상 성장관리계획에 관한 설명으로 옳은 것은? (단, 조례, 기타 강화·완화 조건은 고려하지 않음) 제33회

① 시장 또는 군수는 공업지역 중 향후 시가화가 예상되는 지역의 전부 또는 일부에 대하여 성장관리계획구역을 지정할 수 있다.
② 성장관리계획구역 내 생산녹지지역에서는 30% 이하의 범위에서 성장관리계획으로 정하는 바에 따라 건폐율을 완화하여 적용할 수 있다.
③ 성장관리계획구역 내 보전관리지역에서는 125% 이하의 범위에서 성장관리계획으로 정하는 바에 따라 용적률을 완화하여 적용할 수 있다.
④ 시장 또는 군수는 성장관리계획구역을 지정할 때에는 도시·군관리계획의 결정으로 하여야 한다.
⑤ 시장 또는 군수는 성장관리계획구역을 지정하려면 성장관리계획구역안을 7일간 일반이 열람할 수 있도록 해야 한다.

해설

① 시장 또는 군수는 공업지역 중 향후 시가화가 예상되는 지역의 전부 또는 일부에 대하여 성장관리계획구역을 지정할 수 없다.
③ 성장관리계획구역 내 계획관리지역에서는 125% 이하의 범위에서 성장관리계획으로 정하는 바에 따라 용적률을 완화하여 적용할 수 있다.
④ 시장 또는 군수는 성장관리계획구역을 지정할 때에는 도시·군관리계획의 결정으로 하여야 하는 사항이 아니다.
⑤ 시장 또는 군수는 성장관리계획구역을 지정하려면 성장관리계획구역안을 14일 이상 일반이 열람할 수 있도록 해야 한다.

정답 ②

개발밀도관리구역과 기반시설부담구역

 핵심이론 **개발밀도관리구역**

目 기출 23회 / 24회 / 26회 / 29회 / 30회 / 32회 / 33회

1 지정권자

특별시장·광역시장·특별자치시장·특별자치도지사·시장 또는 군수는 주거·상업 또는 공업지역에서의 개발행위로 기반시설의 처리·공급 또는 수용능력이 부족할 것으로 예상되는 지역 중 기반시설의 설치가 곤란한 지역을 개발밀도관리구역으로 지정할 수 있다.

2 지정기준

개발밀도관리구역의 지정기준, 개발밀도관리구역의 관리 등에 관하여 필요한 사항은 다음을 종합적으로 고려하여 국토교통부장관이 정한다.

(1) 개발밀도관리구역은 도로·수도공급설비·하수도·학교 등 기반시설의 용량이 부족할 것으로 예상되는 지역 중 기반시설의 설치가 곤란한 지역으로서 다음에 해당하는 지역에 대하여 지정할 수 있도록 할 것

① 해당 지역의 도로서비스 수준이 매우 낮아 차량통행이 현저하게 지체되는 지역(이 경우 도로서비스 수준의 측정에 관하여는 도시교통정비 촉진법에 따른 교통영향평가의 예에 따름)

② 해당 지역의 도로율이 국토교통부령이 정하는 용도지역별 도로율에 20% 이상 미달하는 지역

③ 향후 2년 이내에 해당 지역의 수도에 대한 수요량이 수도시설의 시설용량을 초과할 것으로 예상되는 지역

④ 향후 2년 이내에 해당 지역의 하수발생량이 하수시설의 시설용량을 초과할 것으로 예상되는 지역

⑤ 향후 2년 이내에 해당 지역의 학생 수가 학교 수용 능력을 20% 이상 초과할 것으로 예상되는 지역

(2) 개발밀도관리구역의 경계는 도로·하천, 그 밖에 특색 있는 지형지물을 이용하거나 용도지역의 경계선을 따라 설정하는 등 경계선이 분명하게 구분되도록 할 것

(3) 용적률의 강화범위는 해당 용도지역에 적용되는 용적률의 최대한도의 50% 범위 안에서 기반시설의 부족 정도를 감안하여 결정할 것

(4) 개발밀도관리구역 안의 기반시설의 변화를 주기적으로 검토하여 용적률을 강화 또는 완화하거나 개발밀도관리구역을 해제하는 등 필요한 조치를 취하도록 할 것

3 지정절차

지방도시계획위원회의 심의(주민의견청취×)

4 지정의 효과

(1) 개발밀도관리구역에서는 건폐율 또는 용적률을 강화하여 적용한다.

(2) 개발밀도관리구역에서는 해당 용도지역에 적용되는 용적률의 최대한도의 50% 범위 안에서 용적률을 강화하여 적용한다.

01

난이도 ★★☆

국토의 계획 및 이용에 관한 법령상 시장 또는 군수가 주민의 의견을 들어야 하는 경우로 명시되어 있지 않은 것은? (단, 국토교통부장관이 따로 정하는 경우는 고려하지 않음) 제30회 수정

① 광역도시계획을 수립하려는 경우
② 성장관리계획구역을 지정하려는 경우
③ 시범도시사업계획을 수립하려는 경우
④ 기반시설부담구역을 지정하려는 경우
⑤ 개발밀도관리구역을 지정하려는 경우

02

난이도 ★★☆

국토의 계획 및 이용에 관한 법령상 개발밀도관리구역에 관한 설명으로 틀린 것은? 제34회

① 도시·군계획시설사업의 시행자인 시장 또는 군수는 개발밀도관리구역에 관한 기초조사를 하기 위하여 필요하면 타인의 토지에 출입할 수 있다.
② 개발밀도관리구역의 지정기준, 개발밀도관리구역의 관리 등에 관하여 필요한 사항은 대통령령으로 정하는 바에 따라 국토교통부장관이 정한다.
③ 개발밀도관리구역에서는 해당 용도지역에 적용되는 용적률의 최대한도의 50% 범위에서 용적률을 강화하여 적용한다.
④ 시장 또는 군수는 개발밀도관리구역을 지정하거나 변경하려면 해당 지방자치단체에 설치된 지방도시계획위원회의 심의를 거쳐야 한다.
⑤ 기반시설을 설치하거나 그에 필요한 용지를 확보하게 하기 위하여 개발밀도관리구역에 기반시설부담구역을 지정할 수 있다.

해설

시장 또는 군수가 개발밀도관리구역을 지정하려는 경우에는 주민의 의견을 듣는 절차는 없고, 지방도시계획위원회의 심의만 거치면 된다.

정답 ⑤

해설

기반시설을 설치하거나 그에 필요한 용지를 확보하게 하기 위하여 개발밀도관리구역에 기반시설부담구역을 지정할 수 없다.

정답 ⑤

핵심이론 기반시설부담구역

1 의무적 지정대상지역

특별시장 · 광역시장 · 특별자치시장 · 특별자치도지사 · 시장 또는 군수는 다음에 해당하는 지역에 대하여 기반시설부담구역으로 지정하여야 한다.

(1) 「국토의 계획 및 이용에 관한 법률」 또는 다른 법령의 제정 · 개정으로 인하여 행위제한이 완화되거나 해제되는 지역

(2) 「국토의 계획 및 이용에 관한 법률」 또는 다른 법령에 따라 지정된 용도지역 등이 변경되거나 해제되어 행위제한이 완화되는 지역

(3) 해당 지역의 전년도 개발행위허가 건수가 전전년도 개발행위허가 건수보다 20% 이상 증가한 지역

(4) 해당 지역의 전년도 인구증가율이 그 지역이 속하는 특별시 · 광역시 · 특별자치시 · 특별자치도 · 시 또는 군(광역시의 관할 구역에 있는 군은 제외)의 전년도 인구증가율보다 20% 이상 높은 지역

2 지정절차

주민의견청취 ▷ 지방도시계획위원회의 심의

3 기반시설설치계획

기반시설부담구역을 지정하면 기반시설설치계획을 수립하여야 하며, 이를 도시 · 군관리계획에 반영하여야 한다.

4 해제

기반시설부담구역의 지정고시일부터 1년이 되는 날까지 기반시설설치계획을 수립하지 아니하면 그 1년이 되는 날의 다음 날에 기반시설부담구역의 지정은 해제된 것으로 본다.

5 지정기준

기반시설부담구역은 최소 10만m² 이상의 규모가 되도록 지정한다.

6 중복지정

개발밀도관리구역과 기반시설부담구역은 중복하여 지정할 수 없다.

> 추가 ➕ 대학은 기반시설부담구역에서 설치가 필요한 기반시설에서 제외한다.

7 의제

지구단위계획을 수립한 경우에는 기반시설설치계획을 수립한 것으로 본다.

꼭 풀어야 할 필수기출

01 ──────────────── 난이도 ★☆☆

국토의 계획 및 이용에 관한 법령상 광역시의 기반시설부담구역에 관한 설명으로 틀린 것은? 제30회

① 기반시설부담구역이 지정되면 광역시장은 대통령령으로 정하는 바에 따라 기반시설설치계획을 수립하여야 하며, 이를 도시·군관리계획에 반영하여야 한다.

② 기반시설부담구역의 지정은 해당 광역시에 설치된 지방도시계획위원회의 심의대상이다.

③ 광역시장은 「국토의 계획 및 이용에 관한 법률」의 개정으로 인하여 행위제한이 완화되는 지역에 대하여는 이를 기반시설부담구역으로 지정할 수 없다.

④ 지구단위계획을 수립한 경우에는 기반시설설치계획을 수립한 것으로 본다.

⑤ 기반시설부담구역의 지정고시일부터 1년이 되는 날까지 광역시장이 기반시설설치계획을 수립하지 아니하면 그 1년이 되는 날의 다음 날에 기반시설부담구역의 지정은 해제된 것으로 본다.

해설

광역시장은 「국토의 계획 및 이용에 관한 법률」의 개정으로 인하여 행위제한이 완화되는 지역에 대하여는 이를 기반시설부담구역으로 지정하여야 한다.

정답 ③

02 ──────────────── 난이도 ★★☆

국토의 계획 및 이용에 관한 법령상 개발밀도관리구역 및 기반시설부담구역에 관한 설명으로 옳은 것은? 제29회 수정

① 개발밀도관리구역에서는 해당 용도지역에 적용되는 건폐율 또는 용적률을 강화 또는 완화하여 적용할 수 있다.

② 군수가 개발밀도관리구역을 지정하려면 지방도시계획위원회의 심의를 거쳐 도지사의 승인을 받아야 한다.

③ 주거지역·상업지역에서의 개발행위로 기반시설의 수용능력이 부족할 것으로 예상되는 지역 중 기반시설의 설치가 곤란한 지역은 기반시설부담구역으로 지정할 수 있다.

④ 시장은 기반시설부담구역을 지정하면 기반시설설치계획을 수립하여야 하며, 이를 도시·군관리계획에 반영하여야 한다.

⑤ 기반시설부담구역에서 개발행위를 허가받고자 하는 자에게는 기반시설설치비용을 부과하여야 한다.

해설

① 개발밀도관리구역에서는 해당 용도지역에 적용되는 건폐율 또는 용적률을 강화하여 적용한다.

② 군수가 개발밀도관리구역을 지정하려면 도지사의 승인을 받지 않아도 된다.

③ 주거지역·상업지역에서의 개발행위로 기반시설의 수용능력이 부족할 것으로 예상되는 지역 중 기반시설의 설치가 곤란한 지역은 개발밀도관리구역으로 지정할 수 있다.

⑤ 기반시설부담구역에서 기반시설설치비용의 부과대상인 건축행위는 단독주택 및 숙박시설 등 대통령령으로 정하는 시설로서 200m²를 초과하는 건축물의 신축·증축 행위로 한다. 다만, 기존 건축물을 철거하고 신축하는 경우에는 기존 건축물의 건축 연면적을 초과하는 건축행위만 부과대상으로 한다.

정답 ④

핵심이론 기반시설설치비용

기출 28회 / 30회 / 31회 / 32회

1 기반시설유발계수

(1) 위락시설: 2.1

(2) 관광휴게시설: 1.9

(3) 제2종 근린생활시설: 1.6

(4) 종교시설, 운수시설, 문화 및 집회시설, 자원순환 관련 시설: 1.4

(5) 제1종 근린생활시설, 판매시설: 1.3

(6) 숙박시설: 1.0

(7) 의료시설: 0.9

(8) 방송통신시설: 0.8

(9) 단독주택, 공동주택, 교육연구시설, 노유자시설, 수련시설, 운동시설, 업무시설, 장례시설: 0.7

2 기반시설설치비용

(1) 부과대상

기반시설부담구역에서 기반시설설치비용의 부과 대상인 건축행위는 단독주택 및 숙박시설 등의 시설로서 200m²를 초과하는 건축물의 신축·증축 행위로 한다. 다만, 기존 건축물을 철거하고 신축 하는 경우에는 기존 건축물의 건축연면적을 초과 하는 건축행위만 부과대상으로 한다.

(2) 부과시기

건축허가를 받은 날부터 2개월 이내에 부과하여 야 한다.

(3) 납부시기

사용승인(사용승인 등이 의제되는 경우에는 준공 검사) 신청 시까지 기반시설설치비용을 내야 한다.

(4) 납부방법

기반시설설치비용은 현금, 신용카드 또는 직불카 드로 납부하도록 하되, 부과대상 토지 및 이와 비 슷한 토지로 하는 납부(물납)를 인정할 수 있다.

(5) 특별회계 설치

기반시설설치비용의 관리 및 운용을 위하여 기반 시설부담구역별로 특별회계를 설치하여야 한다.

핵심이론 타인 토지에의 출입

기출 33회 / 34회

1 출입사유

(1) 도시·군계획, 광역도시계획에 관한 기초조사

(2) 개발밀도관리구역, 기반시설부담구역 및 기반시 설설치계획에 관한 조사

2 출입 절차

(1) 행정청: 출입하려는 날의 7일 전까지 토지소유 자·점유자 또는 관리인에게 통지하여야 한다.

(2) 비행정청: 허가 + 7일 전까지 토지소유자·점유 자 또는 관리인에게 통지하여야 한다.

3 일시사용 등

(1) 타인 토지를 재료 적치장 등으로 일시 사용하거나 장애물 변경 또는 제거하려는 자는 토지소유자· 점유자 또는 관리인의 동의를 받아야 한다.

(2) 토지소유자·점유자 또는 관리인의 동의를 받을 수 없는 경우에는 행정청인 시행자는 특별시장· 광역시장·자치시장·지치도지사·시장·군수에 게 통지하여야 하고, 비행정청인 시행자는 미리 특별시장·광역시장·자치시장·지치도지사·시 장·군수의 허가를 받아야 한다.

(3) 토지를 일시 사용하거나 장애물을 변경 또는 제거 하려는 날의 3일 전까지 토지소유자·점유자 또 는 관리인에게 통지하여야 한다.

4 출입의 제한

일출 전이나 일몰 후에는 그 토지 점유자의 승낙 없 이 택지나 담장 또는 울타리로 둘러싸인 토지에 출입 할 수 없다.

5 수인 의무

토지의 점유자는 정당한 사유 없이 타인토지의 출입 등의 행위를 방해하거나 거부하지 못한다.

꼭 풀어야 할 필수기출

01 ——————————— 난이도 ★★☆

국토의 계획 및 이용에 관한 법령상 기반시설부담구역에서의 기반시설설치비용에 관한 설명으로 틀린 것은? 제28회

① 기반시설설치비용 산정 시 기반시설을 설치하는 데 필요한 용지비용도 산입된다.

② 기반시설설치비용 납부 시 물납이 인정될 수 있다.

③ 기반시설설치비용의 관리 및 운용을 위하여 기반시설부담구역별로 특별회계가 설치되어야 한다.

④ 의료시설과 교육연구시설의 기반시설유발계수는 같다.

⑤ 기반시설설치비용을 부과받은 납부의무자는 납부기일의 연기 또는 분할납부가 인정되지 않는 한 사용승인(준공검사 등 사용승인이 의제되는 경우에는 그 준공검사) 신청 시까지 기반시설설치비용을 내야 한다.

02 ——————————— 난이도 ★☆☆

국토의 계획 및 이용에 관한 법령상 개발행위에 따른 기반시설의 설치에 관한 설명으로 틀린 것은? (단, 조례는 고려하지 않음) 제33회

① 개발밀도관리구역에서는 해당 용도지역에 적용되는 용적률의 최대한도의 50% 범위에서 강화하여 적용한다.

② 기반시설의 설치가 필요하다가 인정하는 지역으로서, 해당 지역의 전년도 개발행위허가 건수가 전전년도 개발행위허가 건수보다 20% 이상 증가한 지역에 대하여는 기반시설부담구역으로 지정하여야 한다.

③ 기반시설부담구역이 지정되면 기반시설설치계획을 수립하여야 하며, 이를 도시·군관리계획에 반영하여야 한다.

④ 기반시설설치계획은 기반시설부담구역의 지정고시일부터 3년이 되는 날까지 수립하여야 한다.

⑤ 기반시설설치비용의 관리 및 운용을 위하여 기반시설부담구역별로 특별회계를 설치하여야 한다.

해설

의료시설(0.9)과 교육연구시설(0.7)의 기반시설유발계수는 다르다.

정답 ④

해설

기반시설설치계획은 기반시설부담구역의 지정고시일부터 1년이 되는 날까지 수립하여야 한다.

정답 ④

03 ─────────── 난이도 ★★★

국토의 계획 및 이용에 관한 법령상 건축물별 기반시설유발계수가 다음 중 가장 큰 것은? 제30회

① 단독주택
② 장례시설
③ 관광휴게시설
④ 제2종 근린생활시설
⑤ 비금속 광물제품 제조공장

04 ─────────── 난이도 ★★☆

국토의 계획 및 이용에 관한 법령상 개발행위에 따른 기반시설의 설치에 관한 설명으로 옳은 것은?
(단, 조례는 고려하지 않음) 제32회

① 시장 또는 군수가 개발밀도관리구역을 변경하는 경우 관할 지방도시계획위원회의 심의를 거치지 않아도 된다.
② 기반시설부담구역의 지정고시일부터 2년이 되는 날까지 기반시설설치계획을 수립하지 아니하면 그 2년이 되는 날에 기반시설부담구역의 지정은 해제된 것으로 본다.
③ 시장 또는 군수는 기반시설설치비용 납부의무자가 지방자치단체로부터 건축허가를 받은 날부터 3개월 이내에 기반시설설치비용을 부과하여야 한다.
④ 시장 또는 군수는 개발밀도관리구역에서는 해당 용도지역에 적용되는 용적률의 최대한도의 50% 범위에서 용적률을 강화하여 적용한다.
⑤ 기반시설설치비용 납부의무자는 사용승인 신청 후 7일까지 그 비용을 내야 한다.

해설

건축물별 기반시설유발계수는 다음과 같다.
① 단독주택 : 0.7
② 장례시설 : 0.7
③ 관광휴게시설 : 1.9
④ 제2종 근린생활시설 : 1.6
⑤ 비금속 광물제품 제조공장 : 1.3

정답 ③

해설

① 시장 또는 군수가 개발밀도관리구역을 변경하는 경우 관할 지방도시계획위원회의 심의를 거쳐야 한다.
② 기반시설부담구역의 지정고시일부터 1년이 되는 날까지 기반시설설치계획을 수립하지 아니하면 그 1년이 되는 날의 다음 날에 기반시설부담구역의 지정은 해제된 것으로 본다.
③ 시장 또는 군수는 기반시설설치비용 납부의무자가 지방자치단체로부터 건축허가를 받은 날부터 2개월 이내에 기반시설설치비용을 부과하여야 한다.
⑤ 기반시설설치비용 납부의무자는 사용승인 신청 시까지 그 비용을 내야 한다.

정답 ④

도시개발법 체계도

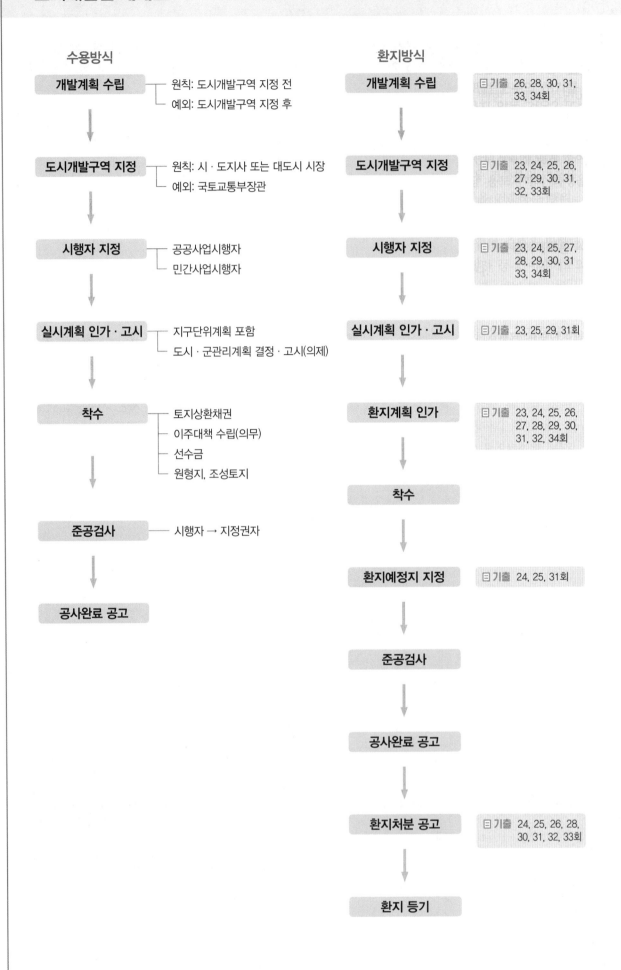

수용방식

개발계획 수립 ── 원칙: 도시개발구역 지정 전
　　　　　　　　└─ 예외: 도시개발구역 지정 후

↓

도시개발구역 지정 ── 원칙: 시·도지사 또는 대도시 시장
　　　　　　　　　└─ 예외: 국토교통부장관

↓

시행자 지정 ── 공공사업시행자
　　　　　　└─ 민간사업시행자

↓

실시계획 인가·고시 ── 지구단위계획 포함
　　　　　　　　　└─ 도시·군관리계획 결정·고시(의제)

↓

착수 ── 토지상환채권
　　　├─ 이주대책 수립(의무)
　　　├─ 선수금
　　　└─ 원형지, 조성토지

↓

준공검사 ── 시행자 → 지정권자

↓

공사완료 공고

환지방식

개발계획 수립　　目 기출 26, 28, 30, 31, 33, 34회

↓

도시개발구역 지정　　目 기출 23, 24, 25, 26, 27, 29, 30, 31, 32, 33회

↓

시행자 지정　　目 기출 23, 24, 25, 27, 28, 29, 30, 31, 33, 34회

↓

실시계획 인가·고시　　目 기출 23, 25, 29, 31회

↓

환지계획 인가　　目 기출 23, 24, 25, 26, 27, 28, 29, 30, 31, 32, 34회

↓

착수

↓

환지예정지 지정　　目 기출 24, 25, 31회

↓

준공검사

↓

공사완료 공고

↓

환지처분 공고　　目 기출 24, 25, 26, 28, 30, 31, 32, 33회

↓

환지 등기

01 개발계획 및 도시개발구역

핵심이론 개발계획의 수립

1 도시개발구역 지정 후 개발계획을 수립할 수 있는 경우

(1) 개발계획을 공모하는 경우

(2) 자연녹지지역

(3) 생산녹지지역(도시개발구역의 지정면적의 100분의 30 이하인 경우만 해당)

(4) 도시지역 외의 지역

(5) 국토교통부장관이 지역균형발전을 위하여 지정하려는 지역(자연환경보전지역은 제외)

(6) 주거지역·상업지역·공업지역의 면적의 합계가 전체 면적의 100분의 30 이하인 지역

2 개발계획 수립 시 동의

(1) 지정권자는 환지(換地)방식의 도시개발사업에 대한 개발계획을 수립하려면 환지방식이 적용되는 지역의 토지면적의 3분의 2 이상에 해당하는 토지소유자와 그 지역의 토지소유자 총수의 2분의 1 이상의 동의를 받아야 한다.

(2) 지정권자는 도시개발사업을 환지방식으로 시행하려고 개발계획을 수립하거나 변경할 때에 도시개발사업의 시행자가 국가 또는 지방자치단체인 경우에는 토지소유자의 동의를 받을 필요가 없다.

3 동의자 수 산정방법

(1) 도시개발구역의 토지면적을 산정하는 경우: 국공유지를 포함하여 산정할 것

(2) 토지소유권을 여러 명이 공유하는 경우: 다른 공유자의 동의를 받은 대표 공유자 1인을 해당 토지소유자로 볼 것(다만, 구분소유자는 각각을 토지소유자 1인으로 본다)

(3) 도시개발구역의 지정이 제안되기 전에 또는 도시개발구역에 대한 개발계획의 변경을 요청받기 전에 동의를 철회하는 사람이 있는 경우: 그 사람은 동의자 수에서 제외할 것

(4) 도시개발구역의 지정이 제안된 후부터 개발계획이 수립되기 전까지의 사이에 토지소유자가 변경된 경우: 기존 토지소유자의 동의서를 기준으로 할 것

(5) 국공유지를 제외한 전체 사유 토지면적 및 토지소유자에 대하여 동의요건 이상으로 동의를 받은 후에 그 토지 면적 및 토지소유자의 수가 법적 동의요건에 미달하게 된 경우: 국공유지 관리청의 동의를 받을 것

4 도시개발구역 지정 후 개발계획에 포함시킬 수 있는 사항

(1) 도시개발구역 밖에 기반시설을 설치하여야 하는 경우에는 그 시설의 설치에 필요한 비용의 부담계획

(2) 수용(收用) 또는 사용의 대상이 되는 토지·건축물 또는 토지에 정착한 물건과 이에 관한 소유권 외의 권리, 광업권, 어업권, 양식업권, 물의 사용에 관한 권리가 있는 경우에는 그 세부목록

(3) 임대주택건설계획 등 세입자의 주거 및 생활안정대책

(4) 순환개발 등 단계적 사업추진이 필요한 경우 사업추진계획 등에 관한 사항

5 광역도시계획 등에 부합

광역도시계획이나 도시·군기본계획이 수립되어 있는 지역에 대하여 개발계획을 수립하려면 개발계획의 내용이 해당 광역도시계획이나 도시·군기본계획에 들어맞도록 하여야 한다.

추가 ➕ 복합기능의 도시: 330만m² 이상

01

난이도 ★★☆

도시개발법령상 도시개발구역의 지정과 개발계획에 관한 설명으로 틀린 것은? 제26회, 제34회

① 지정권자는 도시개발사업의 효율적 추진을 위하여 필요하다고 인정하는 경우 서로 떨어진 둘 이상의 지역을 결합하여 하나의 도시개발구역으로 지정할 수 있다.

② 도시개발구역을 둘 이상의 사업시행지구로 분할하는 경우 분할 후 사업시행지구의 면적은 각각 1만m² 이상이어야 한다.

③ 임대주택건설계획 등 세입자의 주거 및 생활안정대책에 관한 사항은 도시개발구역을 지정한 후에 개발계획의 내용으로 포함시킬 수 있다.

④ 지정권자는 도시개발사업을 환지방식으로 시행하려고 개발계획을 수립할 때 시행자가 지방자치단체인 경우 토지소유자의 동의를 받아야 한다.

⑤ 도시·군기본계획이 수립되어 있는 지역에 대하여 개발계획을 수립하려면 개발계획의 내용이 해당 도시·군기본계획에 들어맞도록 하여야 한다.

해설

지정권자는 도시개발사업을 환지방식으로 시행하려고 개발계획을 수립할 때 시행자가 지방자치단체인 경우 토지소유자의 동의를 받을 필요가 없다.

정답 ④

02

난이도 ★☆☆

도시개발법령상 도시개발구역을 지정한 후에 개발계획을 수립할 수 있는 경우가 아닌 것은? 제26회

① 개발계획을 공모하는 경우

② 자연녹지지역에 도시개발구역을 지정할 때

③ 도시지역 외의 지역에 도시개발구역을 지정할 때

④ 국토교통부장관이 지역균형발전을 위하여 관계 중앙행정기관의 장과 협의하여 상업지역에 도시개발구역을 지정할 때

⑤ 해당 도시개발구역에 포함되는 주거지역이 전체 도시개발구역 지정 면적의 100분의 40인 지역을 도시개발구역으로 지정할 때

해설

해당 도시개발구역에 포함되는 주거지역·상업지역·공업지역의 면적의 합계가 전체 도시개발구역 지정 면적의 100분의 30 이하인 지역을 지정하는 경우에는 도시개발구역을 지정한 후에 개발계획을 수립할 수 있다.

정답 ⑤

03

난이도 ★★★

도시개발법령상 도시개발사업의 일부를 환지방식으로 시행하기 위하여 개발계획을 변경할 때 토지소유자의 동의가 필요한 경우는? (단, 시행자는 한국토지주택공사이며, 다른 조건은 고려하지 않음)

제28회

① 너비가 10m인 도로를 폐지하는 경우
② 도로를 제외한 기반시설의 면적이 종전보다 100분의 4 증가하는 경우
③ 기반시설을 제외한 도시개발구역의 용적률이 종전보다 100분의 4 증가하는 경우
④ 사업시행지구를 분할하거나 분할된 사업시행지구를 통합하는 경우
⑤ 수용예정인구가 종전보다 100분의 5 증가하여 2천 6백 명이 되는 경우

해설

개발계획을 변경할 때 다음에 해당하는 경우에는 토지소유자의 동의를 받아야 한다.

1. 너비가 12m 이상인 도로를 신설 또는 폐지하는 경우
2. 도로를 제외한 기반시설의 면적이 종전보다 100분의 10 이상으로 증가하는 경우
3. 기반시설을 제외한 도시개발구역의 용적률이 종전보다 100분의 5 이상 증가하는 경우
4. 사업시행지구를 분할하거나 분할된 사업시행지구를 통합하는 경우(④)
5. 수용예정인구가 종전보다 100분의 10 이상 증감하는 경우 (변경 이후 수용예정인구가 3천 명 미만인 경우는 제외)

정답 ④

04

난이도 ★★☆

도시개발법령상 환지방식의 도시개발사업에 대한 개발계획의 수립·변경을 위한 동의자 수 산정방법으로 옳은 것은?

제22회

① 「집합건물의 소유 및 관리에 관한 법률」에 따른 구분소유자는 대표 구분소유자 1인만을 토지소유자로 본다.
② 개발계획 변경 시 개발계획의 변경을 요청받기 전에 동의를 철회하는 사람이 있는 경우 그 사람은 동의자 수에서 제외한다.
③ 개발구역의 지정이 제안된 후부터 개발계획이 수립되기 전까지의 사이에 토지소유자가 변경된 경우 변경된 토지소유자의 동의서를 기준으로 한다.
④ 개발계획의 변경을 요청받은 후부터 개발계획이 변경되기 전까지의 사이에 토지소유자가 변경된 경우 변경된 토지소유자의 동의서를 기준으로 한다.
⑤ 도시개발구역의 토지면적을 산정하는 경우 국공유지는 제외한다.

해설

① 「집합건물의 소유 및 관리에 관한 법률」에 따른 구분소유자는 구분소유자 각각을 토지소유자로 본다.
③ 개발구역의 지정이 제안된 후부터 개발계획이 수립되기 전까지의 사이에 토지소유자가 변경된 경우 변경 전의 토지소유자의 동의서를 기준으로 한다.
④ 개발계획의 변경을 요청받은 후부터 개발계획이 변경되기 전까지의 사이에 토지소유자가 변경된 경우 변경 전의 토지소유자의 동의서를 기준으로 한다.
⑤ 도시개발구역의 토지면적을 산정하는 경우 국공유지를 포함한다.

정답 ②

핵심이론 도시개발구역의 지정

기출 23회 / 24회 / 25회 / 26회 / 27회 / 29회 / 30회 / 31회 / 32회 / 33회

1 지정권자

(1) **원칙**: 시 · 도지사 또는 대도시 시장

(2) **예외**: 국토교통부장관
① 국가가 도시개발사업을 실시할 필요가 있는 경우
② 관계 중앙행정기관의 장이 요청하는 경우
③ 공공기관의 장(지방공사×) 또는 정부출연기 관의 장이 30만㎡ 이상으로 국가계획과 밀접한 관련이 있는 도시개발구역의 지정을 제안하는 경우
④ 둘 이상의 시 · 도 또는 대도시의 행정구역에 걸치는 경우로서 시 · 도지사 또는 대도시 시장의 협의가 성립되지 아니한 경우
⑤ 천재지변, 그 밖의 사유로 인하여 도시개발사업을 긴급하게 할 필요가 있는 경우

2 지정제안

(1) **국가 · 지방자치단체 · 조합을 제외한 시행자가 될 수 있는 자** ⇨ 특별자치도지사 · 시장 · 군수 · 구청장

(2) **민간사업시행자**: 면적 3분의 2 이상의 토지소유자의 동의를 받아야 한다.

(3) **결과통보**: 1개월 이내(1개월 이내에서 연장 가능)

(4) **비용부담**: 비용의 전부 또는 일부를 제안자에게 부담시킬 수 있다.

3 지정규모(보전녹지지역×)

(1) **주거지역 · 상업지역 · 자연녹지지역 · 생산녹지지역**: 1만㎡ 이상이어야 한다.

(2) **공업지역**: 3만㎡ 이상이어야 한다.

> 추가➕ 도시개발구역의 분할: 분할 후 사업시행지구의 면적이 각각 1만㎡ 이상이어야 한다.

4 지정효과

도시지역과 지구단위계획구역으로 결정 · 고시된 것으로 본다. 다만, 도시지역 외의 지역에 지정된 지구단위계획구역 및 취락지구는 그러하지 아니하다.

5 도시개발구역에서의 행위제한

허가대상	① 건축물(가설건축물을 포함)의 건축, 대수선 또는 용도변경 ② 공작물의 설치 ③ 토지의 형질변경(공유수면의 매립) ④ 토석의 채취 ⑤ 토지 분할 ⑥ 물건을 1개월 이상 쌓아놓는 행위 ⑦ 죽목의 벌채 및 식재
허용사항	① 재해복구 또는 재난수습을 위한 응급조치 ② 간이공작물 설치(비닐하우스 설치) ③ 경작을 위한 토지의 형질변경 ④ 도시개발구역의 개발에 지장을 주지 아니하고 자연경관을 손상하지 아니하는 범위에서의 토석채취 ⑤ 도시개발구역에 남겨두기로 결정한 대지에 물건을 쌓아놓는 행위 ⑥ 관상용 죽목의 임시식재(경작지에서의 임시식재는 허가를 요함)

6 도시개발구역 지정해제

(1) 도시개발구역의 지정은 다음에 규정된 날의 다음 날에 해제된 것으로 본다.
① 도시개발구역이 지정 · 고시된 날부터 3년이 되는 날까지 실시계획의 인가를 신청하지 아니하는 경우에는 그 3년이 되는 날
② 도시개발사업의 공사완료(환지방식에 따른 사업인 경우에는 그 환지처분) 공고일

(2) 도시개발구역을 지정한 후에 개발계획을 수립한 경우에는 다음에 규정된 날의 다음 날에 도시개발구역의 지정이 해제된 것으로 본다.
① 도시개발구역이 지정 · 고시된 날부터 2년이 되는 날까지 개발계획을 수립하지 아니하는 경우에는 그 2년이 되는 날. 다만, 도시개발구역의 면적이 330만㎡ 이상인 경우에는 5년으로 한다.

② 개발계획을 수립·고시한 날부터 3년이 되는 날까지 실시계획 인가를 신청하지 아니하는 경우에는 그 3년이 되는 날. 다만, 도시개발구역의 면적이 330만m² 이상인 경우에는 5년으로 한다.

```
                2년              3년
도시개발구역 ──→ 개발계획수립 ──→ 실시계획인가
         다음 날           다음 날
    ↓
면적이 330만m²
이상이면 5년
```

(3) **공사완료로 해제된 경우**: 도시개발구역 지정 전의 용도지역으로 환원되거나 폐지된 것으로 보지 아니한다.

꼭 풀어야 할 필수기출

01 ─────────────── 난이도 ★★☆

도시개발법령상 도시개발구역의 지정에 관한 설명으로 옳은 것은? (단, 특례는 고려하지 않음)
제30회

① 대도시 시장은 직접 도시개발구역을 지정할 수 없고, 도지사에게 그 지정을 요청하여야 한다.
② 도시개발사업이 필요하다고 인정되는 지역이 둘 이상의 도의 행정구역에 걸치는 경우에는 해당 면적이 더 넓은 행정구역의 도지사가 도시개발구역을 지정하여야 한다.
③ 천재지변으로 인하여 도시개발사업을 긴급하게 할 필요가 있는 경우 국토교통부장관이 도시개발구역을 지정할 수 있다.
④ 도시개발구역의 총면적이 1만m² 미만인 경우 둘 이상의 사업시행지구로 분할하여 지정할 수 있다.
⑤ 자연녹지지역에서 도시개발구역을 지정한 이후 도시개발사업의 계획을 수립하는 것은 허용하지 아니한다.

해설
① 대도시 시장은 직접 도시개발구역을 지정할 수 있다.
② 도시개발사업이 필요하다고 인정되는 지역이 둘 이상의 도의 행정구역에 걸치는 경우에는 도지사가 협의하여 지정할 자를 정한다.
④ 도시개발구역의 총면적이 1만m² 미만인 경우 둘 이상의 사업시행지구로 분할하여 지정할 수 없다.
⑤ 자연녹지지역에서 도시개발구역을 지정한 이후 도시개발사업의 계획을 수립하는 것은 허용된다.

정답 ③

02 ——————————— 난이도 ★★☆

도시개발법령상 도시개발구역의 지정에 관한 설명으로 옳은 것은? 제24회

① 서로 떨어진 둘 이상의 지역은 결합하여 하나의 도시개발구역으로 지정될 수 없다.

② 국가가 도시개발사업의 시행자인 경우 환지방식의 사업에 대한 개발계획을 수립하려면 토지소유자의 동의를 받아야 한다.

③ 광역시장이 개발계획을 변경하는 경우 군수 또는 구청장은 광역시장으로부터 송부받은 관계 서류를 일반인에게 공람시키지 않아도 된다.

④ 도시개발구역의 지정은 도시개발사업의 공사완료의 공고일에 해제된 것으로 본다.

⑤ 도시개발사업의 공사완료로 도시개발구역의 지정이 해제의제된 경우에는 도시개발구역의 용도지역은 해당 도시개발구역 지정 전의 용도지역으로 환원되거나 폐지된 것으로 보지 아니한다.

해설

① 서로 떨어진 둘 이상의 지역은 결합하여 하나의 도시개발구역으로 지정할 수 있다.

② 국가 또는 지방자치단체가 도시개발사업의 시행자인 경우 환지방식의 사업에 대한 개발계획을 수립하려면 토지소유자의 동의를 받지 않아도 된다.

③ 광역시장이 개발계획을 변경하는 경우 군수 또는 구청장은 광역시장으로부터 송부받은 관계 서류를 일반인에게 공람시켜야 한다.

④ 도시개발구역의 지정은 도시개발사업의 공사완료의 공고일 다음 날에 해제된 것으로 본다.

정답 ⑤

03 ——————————— 난이도 ★★★

도시개발법령상 국토교통부장관이 도시개발구역을 지정할 수 있는 경우가 아닌 것은? 제26회, 제33회

① 국가가 도시개발사업을 실시할 필요가 있는 경우

② 산업통상자원부장관이 10만m² 규모로 도시개발구역의 지정을 요청하는 경우

③ 지방공사의 장이 30만m² 규모로 도시개발구역의 지정을 요청하는 경우

④ 한국토지주택공사 사장이 30만m² 규모로 국가계획과 밀접한 관련이 있는 도시개발구역의 지정을 제안하는 경우

⑤ 천재지변으로 인하여 도시개발사업을 긴급하게 할 필요가 있는 경우

해설

지방공사의 장이 30만m² 규모로 도시개발구역의 지정을 요청하는 경우는 국토교통부장관이 도시개발구역을 지정할 수 있는 경우에 해당하지 않는다.

플러스 이론✚ 국토교통부장관이 도시개발구역을 지정할 수 있는 사유는 다음과 같다.

1. 국가가 도시개발사업을 실시할 필요가 있는 경우
2. 관계 중앙행정기관의 장이 요청하는 경우
3. 공공기관의 장 또는 정부출연기관의 장이 30만m² 이상으로 국가계획과 밀접한 관련이 있는 도시개발구역의 지정을 제안하는 경우
4. 둘 이상의 시·도 또는 대도시의 행정구역에 걸치는 경우로서 시·도지사 또는 대도시 시장의 협의가 성립되지 아니하는 경우
5. 천재지변, 그 밖의 사유로 인하여 도시개발사업을 긴급하게 할 필요가 있는 경우

정답 ③

04

난이도 ★☆☆

도시개발법령상 도시개발구역으로 지정할 수 있는 대상 지역 및 규모에 관하여 (   )에 들어갈 숫자를 바르게 나열한 것은?　제29회

- 주거지역 및 상업지역 : (㉠)만㎡ 이상
- 공업지역 : (㉡)만㎡ 이상
- 자연녹지지역 : (㉢)만㎡ 이상
- 도시개발구역 지정면적의 100분의 30 이하인 생산녹지지역 : (㉣)만㎡ 이상

① ㉠: 1, ㉡: 1, ㉢: 1, ㉣: 3
② ㉠: 1, ㉡: 3, ㉢: 1, ㉣: 1
③ ㉠: 1, ㉡: 3, ㉢: 3, ㉣: 1
④ ㉠: 3, ㉡: 1, ㉢: 3, ㉣: 3
⑤ ㉠: 3, ㉡: 3, ㉢: 1, ㉣: 1

해설

도시개발구역으로 지정할 수 있는 규모는 다음과 같다.

1. 주거지역 및 상업지역 : 1만㎡ 이상
2. 공업지역 : 3만㎡ 이상
3. 자연녹지지역 : 1만㎡ 이상
4. 도시개발구역 지정면적의 100분의 30 이하인 생산녹지지역 : 1만㎡ 이상

정답 ②

05

난이도 ★☆☆

도시개발법령상 도시개발구역 지정의 해제에 관한 규정 내용이다. (   )에 들어갈 숫자를 바르게 나열한 것은?　제31회

도시개발구역을 지정한 후 개발계획을 수립하는 경우에는 아래에 규정된 날의 다음 날에 도시개발구역의 지정이 해제된 것으로 본다.

- 도시개발구역이 지정·고시된 날부터 (㉠)년이 되는 날까지 개발계획을 수립·고시하지 아니하는 경우에는 그 (㉠)년이 되는 날. 다만, 도시개발구역의 면적이 330만 제곱미터 이상인 경우에는 5년으로 한다.
- 개발계획을 수립·고시한 날부터 (㉡)년이 되는 날까지 실시계획 인가를 신청하지 아니하는 경우에는 그 (㉡)년이 되는 날. 다만, 도시개발구역의 면적이 330만 제곱미터 이상인 경우에는 (㉢)년으로 한다.

① ㉠: 2, ㉡: 3, ㉢: 3
② ㉠: 2, ㉡: 3, ㉢: 5
③ ㉠: 3, ㉡: 2, ㉢: 3
④ ㉠: 3, ㉡: 2, ㉢: 5
⑤ ㉠: 3, ㉡: 3, ㉢: 5

해설

도시개발구역을 지정한 후 개발계획을 수립하는 경우에는 아래에 규정된 날의 다음 날에 도시개발구역의 지정이 해제된 것으로 본다.
- 도시개발구역이 지정·고시된 날부터 '2'년이 되는 날까지 개발계획을 수립·고시하지 아니하는 경우에는 그 '2'년이 되는 날. 다만, 도시개발구역의 면적이 330만㎡ 이상인 경우에는 5년으로 한다.
- 개발계획을 수립·고시한 날부터 '3'년이 되는 날까지 실시계획 인가를 신청하지 아니하는 경우에는 그 '3'년이 되는 날. 다만, 도시개발구역의 면적이 330만㎡ 이상인 경우에는 '5'년으로 한다.

정답 ②

06 ──────────── 난이도 ★☆☆

도시개발법령상 도시개발구역에서 허가를 받아야 할 행위로 명시되지 <u>않은</u> 것은? 제32회

① 토지의 합병
② 토석의 채취
③ 죽목의 식재
④ 공유수면의 매립
⑤ 「건축법」에 따른 건축물의 용도변경

셀프 **단권화 노트**

해설

토지의 합병은 허가를 받아야 하는 행위에 해당하지 않는다.

플러스 이론 도시개발구역에서 허가를 받아야 하는 행위는 다음과 같다.

1. 건축물(가설건축물 포함)의 건축, 대수선, 용도변경(⑤)
2. 공작물의 설치
3. 토지의 형질변경: 절토(땅깎기)·성토(흙쌓기)·정지·포장 등의 방법으로 토지의 형상을 변경하는 행위, 토지의 굴착 또는 공유수면의 매립(④)
4. 토석의 채취(②)
5. 토지 분할
6. 물건을 쌓아놓는 행위: 옮기기 쉽지 아니한 물건을 1개월 이상 쌓아놓는 행위
7. 죽목의 벌채 및 식재(③)

정답 ①

THEME

02 시행자 및 실시계획

핵심이론 **시행자 및 도시개발조합** ☰ 기출 23회 / 24회 / 25회 / 27회 / 28회 / 29회 / 30회 / 31회 / 33회 / 34회

1 도시개발사업의 시행자

(1) 시행자 지정 및 변경

① **전부 환지방식**: 지정권자는 전부 환지방식으로 시행하는 경우에는 토지소유자 또는 조합을 시행자로 지정한다.

② 시행자 변경사유

> ㉠ 도시개발사업에 관한 실시계획의 인가를 받은 후 2년 이내에 사업을 착수하지 아니하는 경우
> ㉡ 행정처분으로 시행자의 지정이나 실시계획의 인가가 취소된 경우
> ㉢ 시행자의 부도·파산 등의 사유로 도시개발사업의 목적을 달성하기 어렵다고 인정되는 경우
> ㉣ 전부 환지방식으로 시행하는 시행자가 도시개발구역 지정의 고시일부터 1년 이내(6개월 범위에서 연장 가능)에 실시계획의 인가를 신청하지 아니하는 경우

(2) 대행 및 위탁

① **도시개발사업의 대행**: 공공사업시행자는 실시설계·조성된 토지의 분양·부지조성공사·기반시설공사의 일부를「주택법」에 따른 주택건설사업자 등으로 하여금 **대행**하게 할 수 있다.

② **도시개발사업의 위탁**: 시행자는 항만, 철도, 기반시설의 건설과 공유수면의 매립에 관한 업무를 국가, 지방자치단체, 공공기관(한국토지주택공사 등), 정부출연기관 또는 지방공사에 위탁하여 시행하게 할 수 있다.

③ **신탁계약에 의한 사업시행**: 민간사업시행자(부동산개발업자와 부동산투자회사는 제외)는 지정권자의 승인을 받아 신탁업자와 **신탁계약**을 체결하여 도시개발사업을 시행할 수 있다.

2 도시개발조합

(1) 조합설립

① 토지소유자 7명 이상이 정관을 작성하여 지정권자의 인가를 받아야 한다. ⇨ 30일 이내에 등기하면 성립한다.

② 주된 사무소 소재지 변경과 공고방법의 변경은 신고를 하여야 한다.

(2) 동의요건

면적(국공유지를 포함) 3분의 2 이상 + 총수 2분의 1 이상

(3) 조합원

도시개발구역 안의 토지소유자(동의 여부 불문)로 한다.

(4) 조합원의 권리

보유토지의 면적에 관계없이 **평등한 의결권**을 갖는다.

(5) 조합임원의 선임

의결권을 가진 조합원이어야 하고, 정관으로 정하는 바에 따라 **총회**에서 선임한다.

(6) 겸직금지

조합의 임원은 같은 목적의 사업을 하는 다른 조합의 임원이나 직원을 겸할 수 **없다**.

(7) 임원(조합원×)의 결격사유 ⇨ 다음 날 자격 상실

> ① 피성년후견인, 피한정후견인 또는 미성년자
> ② 파산선고를 받은 자로서 복권되지 아니한 자
> ③ 금고 이상의 형을 선고받고 그 집행이 끝나거나 집행을 받지 아니하기로 확정된 후 2년이 지나지 아니한 자
> ④ 금고 이상의 형의 집행유예를 받고 그 유예기간 중에 있는 자

(8) 소송의 대표

조합장 또는 이사의 자기를 위한 조합과의 계약이나 소송에 관하여는 감사가 조합을 대표한다.

3 대의원회

(1) 임의적 기관

의결권을 가진 조합원의 수가 50인 이상인 조합은 대의원회를 둘 수 있다.

(2) 대의원의 수

대의원에 두는 대의원의 수는 의결권을 가진 조합원 총수의 100분의 10 이상으로 하고, 대의원은 의결권을 가진 조합원 중에서 정관에서 정하는 바에 따라 선출한다.

(3) 대의원회의 권한

대의원회는 총회의 의결사항 중 다음은 대행할 수 없다.

① 정관의 변경
② 개발계획의 수립 및 변경(경미한 변경 및 실시계획의 수립·변경은 제외)
③ 환지계획의 작성(경미한 변경은 제외)
④ 조합임원(조합장, 이사, 감사)의 선임
⑤ 조합의 합병 및 해산(청산금의 징수·교부를 완료하여 조합을 해산하는 경우는 제외)

꼭 풀어야 할 필수기출

01 ─────────── 난이도 ★★☆

도시개발법령상 도시개발사업의 시행에 관한 설명으로 옳은 것은?   제29회

① 국가는 도시개발사업의 시행자가 될 수 없다.
② 한국철도공사는 「역세권의 개발 및 이용에 관한 법률」에 따른 역세권개발사업을 시행하는 경우에만 도시개발사업의 시행자가 된다.
③ 지정권자는 시행자가 도시개발사업에 관한 실시계획의 인가를 받은 후 2년 이내에 사업을 착수하지 아니하는 경우 시행자를 변경할 수 있다.
④ 토지소유자가 도시개발구역의 지정을 제안하려는 경우에는 대상 구역 토지면적의 2분의 1 이상에 해당하는 토지소유자의 동의를 받아야 한다.
⑤ 사업주체인 지방자치단체는 조성된 토지의 분양을 「주택법」에 따른 주택건설사업자에게 대행하게 할 수 없다.

해설
① 국가도 도시개발사업의 시행자가 될 수 있다.
② 국가철도공단은 「역세권의 개발 및 이용에 관한 법률」에 따른 역세권개발사업을 시행하는 경우에만 도시개발사업의 시행자가 된다.
④ 토지소유자가 도시개발구역의 지정을 제안하려는 경우에는 대상 구역 토지면적의 3분의 2 이상에 해당하는 토지소유자의 동의를 받아야 한다.
⑤ 사업주체인 지방자치단체는 조성된 토지의 분양을 「주택법」에 따른 주택건설사업자에게 대행하게 할 수 있다.

정답 ③

02 ────────────────────── 난이도 ★☆☆

도시개발법령상 도시개발구역 지정권자가 시행자를 변경할 수 있는 경우가 아닌 것은? 제28회

① 도시개발사업에 관한 실시계획의 인가를 받은 후 2년 이내에 사업을 착수하지 아니하는 경우
② 행정처분으로 사업시행자의 지정이 취소된 경우
③ 사업시행자가 도시개발구역 지정의 고시일부터 6개월 이내에 실시계획의 인가를 신청하지 아니하는 경우
④ 사업시행자의 부도로 도시개발사업의 목적을 달성하기 어렵다고 인정되는 경우
⑤ 행정처분으로 실시계획의 인가가 취소된 경우

지정권자는 도시개발구역의 전부를 환지방식으로 시행하는 경우로서 시행자로 지정된 자가 1년 이내에 도시개발사업에 관한 실시 계획의 인가를 신청하지 아니하는 경우에는 시행자를 변경할 수 있다.

정답 ③

03 ────────────────────── 난이도 ★★★

도시개발법령상 도시개발사업의 시행자 중 주택법에 따른 주택건설사업자 등으로 하여금 도시개발사업의 일부를 대행하게 할 수 있는 자만을 모두 고른 것은? 제28회

> ㉠ 지방자치단체
> ㉡ 「한국관광공사법」에 따른 한국관광공사
> ㉢ 「부동산투자회사법」에 따라 설립된 자기관리부동산투자회사
> ㉣ 「수도권정비계획법」에 따른 과밀억제권역에서 수도권 외의 지역으로 이전하는 법인

① ㉠   ② ㉠, ㉡
③ ㉡, ㉢   ④ ㉢, ㉣
⑤ ㉡, ㉢, ㉣

국가, 지방자치단체, 대통령령으로 정하는 공공기관(한국토지주택공사, 한국관광공사 등), 대통령령으로 정하는 정부출연기관(국가철도공단, 제주국제자유도시개발센터), 지방공사는 도시개발사업을 효율적으로 시행하기 위하여 필요한 경우에는 대통령령으로 정하는 바에 따라 설계·분양 등 도시개발사업의 일부를 「주택법」 제4조에 따른 주택건설사업자 등으로 하여금 대행하게 할 수 있다.

정답 ②

04 ─────────────── 난이도 ★★★

도시개발법령상 도시개발사업의 시행자인 국가 또는 지방자치단체가 주택법에 따른 주택건설사 업자에게 대행하게 할 수 있는 도시개발사업의 범위에 해당하는 것만을 모두 고른 것은? 제30회, 제34회

┌─────────────────────────┐
│ ㉠ 실시설계 │
│ ㉡ 기반시설공사 │
│ ㉢ 부지조성공사 │
│ ㉣ 조성된 토지의 분양 │
└─────────────────────────┘

① ㉠, ㉡, ㉢　　　　　② ㉠, ㉡, ㉣
③ ㉠, ㉢, ㉣　　　　　④ ㉡, ㉢, ㉣
⑤ ㉠, ㉡, ㉢, ㉣

해설

도시개발사업의 시행자인 국가 또는 지방자치단체가 「주택법」에 따른 주택건설사업자에게 대행하게 할 수 있는 도시개발사업의 범위는 다음과 같다.

　㉠ 실시설계
　㉡ 기반시설공사
　㉢ 부지조성공사
　㉣ 조성된 토지의 분양

정답 ⑤

05 ─────────────── 난이도 ★★☆

도시개발법령상 도시개발사업을 위하여 설립하는 조합에 관한 설명으로 옳은 것은? 제29회, 제33회

① 조합을 설립하려면 도시개발구역의 토지소유자 7명 이상이 국토교통부장관에게 조합설립의 인가를 받아야 한다.

② 조합이 인가받은 사항 중 주된 사무소의 소재지를 변경하려는 경우 변경인가를 받아야 한다.

③ 조합설립의 인가를 신청하려면 해당 도시개발구역의 토지면적의 2분의 1 이상에 해당하는 토지소유자와 그 구역의 토지소유자 총수의 3분의 2 이상의 동의를 받아야 한다.

④ 금고 이상의 형을 선고받고 그 집행이 끝나지 아니한 자는 조합원이 될 수 없다.

⑤ 의결권을 가진 조합원의 수가 100인인 조합은 총회의 권한을 대행하게 하기 위하여 대의원회를 둘 수 있다.

해설

① 조합을 설립하려면 도시개발구역의 토지소유자 7명 이상이 지정권자에게 조합설립의 인가를 받아야 한다.
② 조합이 인가받은 사항 중 주된 사무소의 소재지를 변경하려는 경우 신고를 하여야 한다.
③ 조합설립의 인가를 신청하려면 해당 도시개발구역의 토지면적의 3분의 2 이상에 해당하는 토지소유자와 그 구역의 토지소유자 총수의 2분의 1 이상의 동의를 받아야 한다.
④ 금고 이상의 형을 선고받고 그 집행이 끝나지 아니한 자는 조합원은 될 수 있지만, 조합임원은 될 수 없다.

정답 ⑤

06

난이도 ★★☆

도시개발법령상 도시개발사업 조합의 조합원에 관한 설명으로 옳은 것은? 제25회

① 조합원은 도시개발구역 내의 토지의 소유자 및 저당권자로 한다.

② 의결권이 없는 조합원도 조합의 임원이 될 수 있다.

③ 조합원으로 된 자가 금고 이상의 형의 선고를 받은 경우에는 그 사유가 발생한 다음 날부터 조합원의 자격을 상실한다.

④ 조합원은 도시개발구역 내에 보유한 토지면적에 비례하여 의결권을 가진다.

⑤ 조합원이 정관에 따라 부과된 부과금을 체납하는 경우 조합은 특별자치도지사·시장·군수 또는 구청장에게 그 징수를 위탁할 수 있다.

07

난이도 ★★☆

도시개발법령상 도시개발사업 조합에 관한 설명으로 틀린 것은? 제27회

① 조합은 도시개발사업의 전부를 환지방식으로 시행하는 경우 사업시행자가 될 수 있다.

② 조합을 설립하려면 도시개발구역의 토지소유자 7명 이상이 정관을 작성하여 지정권자에게 조합 설립의 인가를 받아야 한다.

③ 조합이 작성하는 정관에는 도시개발구역의 면적이 포함되어야 한다.

④ 조합설립의 인가를 신청하려면 국공유지를 제외한 해당 도시개발구역의 토지면적의 3분의 2 이상에 해당하는 토지소유자와 그 구역의 토지소유자 총수의 2분의 1 이상의 동의를 받아야 한다.

⑤ 조합의 이사는 그 조합의 조합장을 겸할 수 없다.

해설

① 조합원은 도시개발구역 내의 토지소유자로 한다.

② 의결권이 없는 조합원은 조합의 임원이 될 수 없다.

③ 조합임원으로 선임된 자가 금고 이상의 형의 선고를 받은 경우에는 그 사유가 발생한 다음 날부터 임원의 자격을 상실한다.

④ 조합원은 도시개발구역 내에 보유한 토지면적에 관계없이 평등하게 의결권을 가진다.

정답 ⑤

해설

조합설립인가를 신청하려는 경우에는 국공유지를 포함하여 산정한다.

정답 ④

08 ───── 난이도 ★★☆

도시개발법령상 도시개발조합에 관한 설명으로 옳은 것은?

제31회

① 도시개발구역의 토지소유자가 미성년자인 경우에는 조합의 조합원이 될 수 없다.

② 조합원은 보유토지의 면적과 관계없는 평등한 의결권을 가지므로, 공유토지의 경우 공유자별로 의결권이 있다.

③ 조합은 도시개발사업 전부를 환지방식으로 시행하는 경우에 도시개발사업의 시행자가 될 수 있다.

④ 조합설립의 인가를 신청하려면 해당 도시개발구역의 토지면적의 2분의 1 이상에 해당하는 토지소유자와 그 구역의 토지소유자 총수의 3분의 2 이상의 동의를 받아야 한다.

⑤ 토지소유자가 조합설립인가 신청에 동의하였다면 이후 조합설립인가의 신청 전에 그 동의를 철회하였더라도 그 토지소유자는 동의자 수에 포함된다.

해설

① 도시개발구역의 토지소유자가 미성년자인 경우에도 조합의 조합원이 될 수 있다.

② 공유토지의 경우에는 공유자의 동의를 받은 공유대표자 1명만 의결권이 있다.

④ 조합설립의 인가를 신청하려면 해당 도시개발구역의 토지면적의 3분의 2 이상에 해당하는 토지소유자와 그 구역의 토지소유자 총수의 2분의 1 이상의 동의를 받아야 한다.

⑤ 토지소유자가 조합설립인가 신청에 동의하였더라도 이후 조합 설립인가의 신청 전에 그 동의를 철회하면 그 토지소유자는 동의자 수에서 제외된다.

정답 ③

09 ───── 난이도 ★★☆

도시개발법령상 도시개발조합 총회의 의결사항 중 대의원회가 총회의 권한을 대행할 수 있는 사항은?

제31회

① 정관의 변경

② 개발계획의 수립

③ 조합장의 선임

④ 환지예정지의 지정

⑤ 조합의 합병에 관한 사항

해설

환지예정지의 지정은 대의원회가 총회의 권한을 대행할 수 있다.

정답 ④

핵심이론 실시계획

目 기출 25회 / 29회 / 31회

1 실시계획의 작성 및 인가

(1) 실시계획의 작성
① 실시계획은 개발계획에 맞게 작성되어야 한다.
② 실시계획에는 지구단위계획이 포함되어야 한다.

(2) 작성 및 인가절차
지정권자가 실시계획을 작성하거나 인가하는 경우 그 지정권자에 따라 다음의 의견을 미리 들어야 한다.
① 국토교통부장관이 지정권자이면 시·도지사 또는 대도시 시장의 의견
② 시·도지사가 지정권자이면 시장(대도시 시장은 제외)·군수 또는 구청장의 의견

(3) 경미한 변경(인가×)
① 면적의 100분의 10의 범위에서 감소
② 사업비의 100분의 10의 범위에서 증감

2 실시계획의 고시

(1) 실시계획 고시의 효과
① 실시계획을 고시한 경우 그 고시된 내용 중 「국토의 계획 및 이용에 관한 법률」에 따라 도시·군관리계획(지구단위계획을 포함)으로 결정하여야 하는 사항은 같은 법에 따른 도시·군관리계획이 결정되어 고시된 것으로 본다.
② 종전에 도시·군관리계획으로 결정된 사항 중 고시 내용에 저촉되는 사항은 고시된 내용으로 변경된 것으로 본다.

(2) 의제사항
실시계획을 작성하거나 인가할 때 지정권자가 관계 행정기관의 장과 협의한 다음의 사항에 대하여는 해당 인·허가 등을 받은 것으로 본다.
① 「하수도법」에 따른 공공하수도 공사시행의 허가
② 「주택법」에 따른 사업계획의 승인
③ 「초지법」에 따른 초지전용의 허가
④ 「농지법」에 따른 농지전용허가, 농지전용신고
⑤ 「산지관리법」에 따른 산지전용허가 및 산지전용신고

추가➕ 인·허가 등의 의제사항에 대한 협의기간: 20일 이내

꼭 풀어야 할 필수기출

01 ─────────── 난이도 ★★☆

도시개발법령상 도시개발사업의 실시계획에 관한 설명으로 틀린 것은? 제31회

① 시행자가 작성하는 실시계획에는 지구단위계획이 포함되어야 한다.
② 지정권자인 국토교통부장관이 실시계획을 작성하는 경우 시·도지사 또는 대도시 시장의 의견을 미리 들어야 한다.
③ 지정권자가 시행자가 아닌 경우 시행자는 작성된 실시계획에 관하여 지정권자의 인가를 받아야 한다.
④ 고시된 실시계획의 내용 중 「국토의 계획 및 이용에 관한 법률」에 따라 도시·군관리계획으로 결정하여야 하는 사항이 종전에 도시·군관리계획으로 결정된 사항에 저촉되면 종전에 도시·군관리계획으로 결정된 사항이 우선하여 적용된다.
⑤ 실시계획의 인가에 의해 「주택법」에 따른 사업계획의 승인은 의제될 수 있다.

해설

고시된 실시계획의 내용 중 「국토의 계획 및 이용에 관한 법률」에 따라 도시·군관리계획으로 결정하여야 하는 사항은 같은 법에 따른 도시·군관리계획이 결정되어 고시된 것으로 본다. 이 경우 종전에 도시·군관리계획으로 결정된 사항 중 고시 내용에 저촉되는 사항은 고시된 내용으로 변경된 것으로 본다.

정답 ④

02 ────────────── 난이도 ★★★

도시개발법령상 도시개발사업의 실시계획에 관한 설명으로 옳은 것은?　　　　　제29회

① 지정권자인 국토교통부장관이 실시계획을 작성하는 경우 시장·군수 또는 구청장의 의견을 미리 들어야 한다.

② 도시개발사업을 환지방식으로 시행하는 구역에 대하여 지정권자가 실시계획을 작성한 경우에는 사업의 명칭·목적, 도시·군관리계획의 결정내용을 관할 등기소에 통보·제출하여야 한다.

③ 실시계획을 인가할 때 지정권자가 해당 실시계획에 대한 「하수도법」에 따른 공공하수도 공사시행의 허가에 관하여 관계 행정기관의 장과 협의한 때에는 해당 허가를 받은 것으로 본다.

④ 인가를 받은 실시계획 중 사업시행면적의 100분의 20이 감소된 경우 지정권자의 변경인가를 받을 필요가 없다.

⑤ 지정권자는 시행자가 도시개발구역 지정의 고시일부터 6개월 이내에 실시계획의 인가를 신청하지 아니하는 경우 시행자를 변경할 수 있다.

03 ────────────── 난이도 ★☆☆

도시개발법령상 도시개발사업의 실시계획에 관한 설명으로 틀린 것은?　　　　　제25회

① 도시개발사업에 관한 실시계획에는 지구단위계획이 포함되어야 한다.

② 시·도지사가 실시계획을 작성하는 경우 국토교통부장관의 의견을 미리 들어야 한다.

③ 실시계획인가신청서에는 축척 2만 5천분의 1 또는 5만분의 1의 위치도가 첨부되어야 한다.

④ 관련 인·허가 등의 의제를 받으려는 자는 실시계획의 인가를 신청하는 때에 해당 법률로 정하는 관계 서류를 함께 제출하여야 한다.

⑤ 지정권자가 아닌 시행자가 실시계획의 인가를 받은 후, 사업비의 100분의 10의 범위에서 사업비를 증액하는 경우 지정권자의 인가를 받지 않아도 된다.

해설

① 지정권자인 국토교통부장관이 실시계획을 작성하는 경우 시·도지사 또는 대도시 시장의 의견을 미리 들어야 한다.

② 도시개발사업을 환지방식으로 시행하는 구역에 대하여 지정권자가 실시계획을 작성한 경우에는 도시·군관리계획의 결정내용을 관할 등기소에 통보·제출하지 않아도 된다.

④ 인가를 받은 실시계획 중 사업시행면적의 100분의 10의 범위에서 감소된 경우 지정권자의 변경인가를 받을 필요가 없다.

⑤ 지정권자는 전부 환지방식으로 시행하는 시행자가 도시개발구역 지정의 고시일부터 1년 이내에 실시계획의 인가를 신청하지 아니하는 경우 시행자를 변경할 수 있다.

정답 ③

해설

시·도지사가 실시계획을 작성하는 경우 시장(대도시 시장은 제외)·군수 또는 구청장의 의견을 미리 들어야 한다.

정답 ②

THEME

03 수용 또는 사용방식

핵심이론 **수용 또는 사용방식** 📑기출 23회 / 24회 / 25회 / 26회 / 27회 / 29회 / 30회 / 32회 / 33회 / 34회

1 수용 또는 사용방식

(1) 민간시행자(공공시행자×)

토지면적 3분의 2 이상을 소유하고 토지소유자 총
수의 2분의 1 이상의 동의를 받아야 한다.

(2) 사업인정 및 고시의 의제

세부목록을 고시한 경우에는 사업인정 및 고시가
있었던 것으로 본다.

2 토지상환채권

발행	시행자는 토지소유자가 원하는 경우 매수대금의 일부를 지급하기 위하여 토지 또는 건축물로 상환하는 채권을 발행할 수 있다. ⇨ 분양토지 또는 건축물 면적의 2분의 1을 초과할 수 없다.
지급보증	민간사업시행자가 발행하는 경우에만 지급보증을 받아야 한다.
발행방법	기명식 증권 ⇨ 양도 가능
이율	발행자가 정한다.
질권 설정	질권의 목적으로 할 수 있다.

3 원형지

(1) 공급대상

시행자는 지정권자의 승인을 받아 국가, 지방자치
단체, 공공기관, 지방공사, 학교나 공장의 부지로
직접 사용하는 자에게 원형지를 공급하여 개발하
게 할 수 있다.

(2) 공급제한

공급될 수 있는 원형지의 면적은 도시개발구역 전
체 토지면적의 3분의 1 이내로 한정한다.

(3) 매각금지

원형지개발자는 10년의 범위에서 대통령령으로
정하는 기간(원형지에 대한 공사완료 공고일부터
5년 또는 원형지 공급계약일부터 10년 중 먼저 끝
나는 기간) 안에는 원형지를 매각할 수 없다. 다
만, 국가 및 지방자치단체는 매각할 수 있다.

(4) 선정방법

수의계약의 방법으로 한다. 다만, 원형지를 학교
나 공장의 부지로 직접 사용하는 자는 경쟁입찰의
방식으로 하며, 경쟁입찰이 2회 이상 유찰된 경우
에는 수의계약의 방법으로 할 수 있다.

(5) 공급가격

감정가격 + 기반시설 등의 공사비를 기준으로 시
행자와 원형지개발자가 협의하여 정한다.

4 조성토지

(1) 공급계획

지정권자가 아닌 시행자는 작성한 조성토지 등의
공급계획에 대하여 지정권자의 승인을 받아야 한다.

(2) 가격평가

조성토지 등의 가격평가는 감정가격으로 한다. 다만,
학교, 폐기물처리시설, 공공청사, 사회복지시설(유
료는 제외), 임대주택, 행정청이 직접 설치하는 시
장·자동차정류장·종합의료시설은 감정가격 이
하로 정할 수 있다. 다만, 공공시행자에게 임대주
택건설용지를 공급하는 경우에는 해당 토지의 가
격을 감정평가한 가격 이하로 정하여야 한다.

⑶ 공급방법

경쟁입찰	조성토지 등의 공급은 경쟁입찰의 방법에 따른다.
추첨방법	① 국민주택규모 이하의 주택건설용지 ② 공공택지 ③ 330m² 이하의 단독주택용지 ④ 공장용지 ⑤ 수의계약의 방법으로 조성토지를 공급하기로 하였으나 공급신청량이 공급계획에서 계획된 면적을 초과하는 경우
수의계약	① 학교, 공공청사용지 등 일반에게 분양할 수 없는 공공용지를 국가, 지방자치단체에 공급하는 경우 ② 토지상환채권으로 상환하는 경우

5 사업시행방식 변경가능 사유

① 국가, 지자체, 공공기관, 정부출연기관, 지방공사인 시행자가 수용방식에서 전부 환지방식으로 변경하는 경우
② 국가, 지자체, 공공기관, 정부출연기관, 지방공사인 시행자가 혼용방식에서 전부 환지방식으로 변경하는 경우
③ 조합을 제외한 시행자가 수용방식에서 혼용방식으로 변경하는 경우

꼭 풀어야 할 필수기출

01 ──────────────── 난이도 ★☆☆

도시개발법령상 수용 또는 사용의 방식에 따른 사업시행에 관한 설명으로 옳은 것은? 제30회

① 「지방공기업법」에 따라 설립된 지방공사가 시행자인 경우 토지소유자 전원의 동의 없이는 도시개발사업에 필요한 토지등을 수용하거나 사용할 수 없다.
② 지방자치단체가 시행자인 경우 지급보증 없이 토지상환채권을 발행할 수 있다.
③ 지정권자가 아닌 시행자는 조성토지 등을 공급받거나 이용하려는 자로부터 지정권자의 승인 없이 해당 대금의 전부 또는 일부를 미리 받을 수 있다.
④ 원형지의 면적은 도시개발구역 전체 토지면적의 3분의 1을 초과하여 공급될 수 있다.
⑤ 공공용지가 아닌 조성토지 등의 공급은 수의계약의 방법에 의하여야 한다.

해설

① 「지방공기업법」에 따라 설립된 지방공사가 시행자인 경우 토지소유자의 동의 없이도 도시개발사업에 필요한 토지등을 수용하거나 사용할 수 있다.
③ 지정권자가 아닌 시행자는 조성토지 등을 공급받거나 이용하려는 자로부터 지정권자의 승인을 받아 해당 대금의 전부 또는 일부를 미리 받을 수 있다.
④ 원형지의 면적은 도시개발구역 전체 토지면적의 3분의 1을 초과하여 공급될 수 없다.
⑤ 공공용지인 조성토지 등의 공급은 수의계약의 방법으로 공급할 수 있다.

정답 ②

02

난이도 ★☆☆

도시개발법령상 「지방공기업법」에 따라 설립된 지방공사가 단독으로 토지상환채권을 발행하는 경우에 관한 설명으로 옳은 것은?

제33회

① 「은행법」에 따른 은행으로부터 지급보증을 받은 경우에만 토지상환채권을 발행할 수 있다.

② 토지상환채권의 발행규모는 그 토지상환채권으로 상환할 토지·건축물이 해당 도시개발사업으로 조성되는 분양토지 또는 분양건축물 면적의 2분의 1을 초과하지 아니하도록 하여야 한다.

③ 토지상환채권은 이전할 수 없다.

④ 토지가격의 추산방법은 토지상환채권의 발행계획에 포함되지 않는다.

⑤ 토지 등의 매수대금 일부의 지급을 위하여 토지상환채권을 발행할 수 없다.

해설

① 지방공사인 시행자는 「은행법」에 따른 은행으로부터 지급보증을 받지 않아도 토지상환채권을 발행할 수 있다.

③ 토지상환채권은 이전할 수 있다.

④ 토지가격의 추산방법은 토지상환채권의 발행계획에 포함된다.

⑤ 토지 등의 매수대금 일부의 지급을 위하여 토지상환채권을 발행할 수 있다.

정답 ②

03

난이도 ★★☆

도시개발법령상 원형지의 공급과 개발에 관한 설명으로 옳은 것은?

제34회

① 원형지를 공장 부지로 직접 사용하는 원형지개발자의 선정은 경쟁입찰의 방식으로 하며, 경쟁입찰이 2회 이상 유찰된 경우에는 수의계약의 방법으로 할 수 있다.

② 지정권자는 원형지의 공급을 승인할 때 용적률 등 개발밀도에 관한 이행조건을 붙일 수 없다.

③ 원형지 공급가격은 원형지의 감정가격과 원형지에 설치한 기반시설 공사비의 합산금액을 기준으로 시·도의 조례로 정한다.

④ 원형지개발자인 지방자치단체는 10년의 범위에서 대통령령으로 정하는 기간 안에는 원형지를 매각할 수 없다.

⑤ 원형지개발자가 공급받은 토지의 전부를 시행자의 동의 없이 제3자에게 매각하는 경우, 시행자는 원형지개발자에 대한 시정요구 없이 원형지 공급계약을 해제할 수 있다.

해설

② 지정권자는 원형지의 공급을 승인할 때 용적률 등 개발밀도에 관한 이행조건을 붙일 수 있다.

③ 원형지 공급가격은 원형지의 감정가격과 원형지에 설치한 기반시설 공사비의 합산금액을 기준으로 시행자와 원형지개발자가 협의하여 정한다.

④ 원형지개발자인 지방자치단체는 10년의 범위에서 대통령령으로 정하는 기간 안에는 원형지를 매각할 수 있다.

⑤ 원형지개발자가 공급받은 토지의 전부를 시행자의 동의 없이 제3자에게 매각하는 경우, 시행자는 원형지개발자에게 2회 이상 시정요구를 하여야 하고, 원형지개발자가 시정하지 아니하는 경우에는 원형지 공급계약을 해제할 수 있다.

정답 ①

04
난이도 ★★☆

도시개발법령상 수용 또는 사용의 방식에 따른 사업시행에 관한 설명으로 옳은 것은? 제27회

① 시행자가 아닌 지정권자는 도시개발사업에 필요한 토지 등을 수용할 수 있다.

② 도시개발사업을 위한 토지의 수용에 관하여 특별한 규정이 없으면 「도시 및 주거환경정비법」에 따른다.

③ 수용의 대상이 되는 토지의 세부목록을 고시한 경우에는 「공익사업을 위한 토지 등의 취득 및 보상에 관한 법률」에 따른 사업인정 및 그 고시가 있었던 것으로 본다.

④ 국가에 공급될 수 있는 원형지 면적은 도시개발구역 전체 토지면적의 3분의 2까지로 한다.

⑤ 시행자가 토지상환채권을 발행할 경우, 그 발행규모는 토지상환채권으로 상환할 토지·건축물이 도시개발사업으로 조성되는 분양토지 또는 분양건축물 면적의 3분의 2를 초과하지 않아야 한다.

05
난이도 ★★★

도시개발법령상 토지등의 수용 또는 사용의 방식에 따른 사업시행에 관한 설명으로 옳은 것은? 제32회

① 도시개발사업을 시행하는 지방자치단체는 도시개발구역지정 이후 그 시행방식을 혼용방식에서 수용 또는 사용방식으로 변경할 수 있다.

② 도시개발사업을 시행하는 정부출연기관이 그 사업에 필요한 토지를 수용하려면 사업대상 토지면적의 3분의 2 이상에 해당하는 토지를 소유하고 토지소유자 총수의 2분의 1 이상에 해당하는 자의 동의를 받아야 한다.

③ 도시개발사업을 시행하는 공공기관은 토지상환채권을 발행할 수 없다.

④ 원형지를 공급받아 개발하는 지방공사는 원형지에 대한 공사완료 공고일부터 5년이 지난 시점이라면 해당 원형지를 매각할 수 있다.

⑤ 원형지가 공공택지 용도인 경우 원형지개발자의 선정은 추첨의 방법으로 할 수 있다.

해설

① 시행자가 아닌 지정권자는 도시개발사업에 필요한 토지 등을 수용할 수 없다.

② 도시개발사업을 위한 토지의 수용에 관하여 특별한 규정이 없으면 「공익사업을 위한 토지 등의 취득 및 보상에 관한 법률」에 따른다.

④ 원형지의 면적은 도시개발구역 전체 토지면적의 3분의 1 이내로 한정하여 공급될 수 있다.

⑤ 토지상환채권의 발행규모는 분양토지 또는 분양건축물 면적의 2분의 1을 초과하지 않아야 한다.

정답 ③

해설

① 도시개발사업을 시행하는 지방자치단체는 도시개발구역지정 이후 그 시행방식을 혼용방식에서 전부환지방식으로는 변경할 수는 있지만, 수용 또는 사용방식으로 변경할 수 없다.

② 도시개발사업을 시행하는 정부출연기관이 그 사업에 필요한 토지를 수용하려는 경우에는 사업대상 토지면적의 3분의 2 이상에 해당하는 토지를 소유하지 않아도 되고, 토지소유자 총수의 2분의 1 이상에 해당하는 자의 동의를 받지 않아도 된다.

③ 도시개발사업을 시행하는 공공기관은 토지상환채권을 발행할 수 있다.

⑤ 원형지가 아니라 조성토지 등이 공공택지인 경우에 추첨의 방법으로 분양할 수 있다.

정답 ④

핵심이론 환지방식에 의한 사업시행 🗐 기출 23회 / 24회 / 25회 / 26회 / 27회 / 28회 / 29회 / 30회 / 31회 / 32회 / 33회 / 34회

1 환지계획

(1) 환지계획의 내용
① 환지설계
② 필지별로 된 환지명세
③ 필지별과 권리별로 된 청산대상 토지명세
④ 체비지 또는 보류지의 명세
⑤ 입체환지명세

(2) 인가권자
특별자치도지사 · 시장 · 군수 또는 구청장

(3) 작성의 특례
① 토지소유자의 신청 또는 동의에 의한 환지부지 정: 임차권자의 동의를 받아야 한다.
② 공공시설용지: 환지계획 작성기준을 적용하지 아니할 수 있다.
③ 체비지 · 보류지: 시행자는 도시개발사업에 필요한 경비에 충당하거나 규약 · 정관 · 시행규정 또는 실시계획으로 정하는 목적을 위하여 일정한 토지를 환지로 정하지 아니하고 보류지로 정할 수 있으며, 그중 일부를 체비지로 정하여 도시개발사업에 필요한 경비에 충당할 수 있다.

(4) 가격평가
환지방식으로 적용되는 도시개발구역에 있는 조성토지 등의 가격을 평가할 때에는 토지평가협의회의 심의를 거쳐 결정하되, 그에 앞서 감정평가법인등이 평가하게 하여야 한다.

(5) 경미한 변경(변경인가를 받지 않아도 된다)
① 종전 토지의 합필 또는 분필로 환지명세가 변경되는 경우
② 환지로 지정된 토지나 건축물을 금전으로 청산하는 경우
③ 「공간정보의 구축 및 관리 등에 관한 법률」에 따른 지적측량의 결과를 반영하기 위하여 환지계획을 변경하는 경우

2 환지예정지

(1) 시행자는 필요하면 도시개발구역의 토지에 대하여 환지예정지를 지정할 수 있다.

(2) 사용 · 수익권이 종전 토지에서 환지예정지로 이전된다.

(3) 종전의 토지는 사용하거나 수익할 수 없다.

(4) 체비지
① 시행자는 체비지의 용도로 환지예정지가 지정된 경우에는 체비지를 사용 · 수익 · 처분할 수 있다.
② 이미 처분된 체비지는 매입한 자가 소유권이 전등기를 마친 때 소유권을 취득한다.
③ 체비지는 준공검사 전에도 사용할 수 있다.

3 환지처분

(1) 환지처분시기
시행자는 준공검사(지정권자가 시행자인 경우에는 공사완료 공고일)가 있은 날부터 60일 이내에 환지처분을 하여야 한다.

(2) 효력발생시기
환지처분 공고일 다음 날부터 종전의 토지로 본다.

(3) 권리의 소멸
환지를 정하지 아니한 종전의 토지에 있던 권리는 환지처분 공고일이 끝나는 때 소멸한다.

(4) 입체환지처분
환지계획에 따라 환지처분을 받은 자는 환지처분이 공고된 날의 다음 날에 환지계획으로 정하는 바에 따라 건축물의 일부와 해당 건축물이 있는 토지의 공유 지분을 취득한다. 이 경우 종전의 토지에 대한 저당권은 환지처분이 공고된 날의 다음 날부터 해당 건축물의 일부와 해당 건축물이 있는 토지의 공유지분에 존재하는 것으로 본다.

(5) 체비지·보류지의 소유권

체비지는 시행자가 환지처분 공고일 다음 날에 소유권을 취득하고, 보류지는 환지계획에서 정한 자가 환지처분 공고일 다음 날에 소유권을 취득한다.

(6) 지역권

도시개발구역의 토지에 대한 지역권은 종전의 토지에 존속한다. 다만, 도시개발사업의 시행으로 행사할 이익이 없어진 지역권은 환지처분이 공고된 날이 끝나는 때에 소멸한다.

(7) 행정상·재판상 처분

행정상 처분이나 재판상 처분으로서 종전 토지에 전속하는 것에 관하여는 영향을 미치지 아니한다.

4 청산금

(1) 청산금의 결정

청산금은 환지처분을 하는 때에 결정하여야 한다. 다만, 환지대상에서 제외한 토지 등에 대하여는 청산금을 교부하는 때에 청산금을 결정할 수 있다.

(2) 청산금의 확정

청산금은 환지처분이 공고된 날의 다음 날에 확정된다.

(3) 분할징수·교부

청산금은 대통령령으로 정하는 바에 따라 이자를 붙여 분할징수하거나 분할교부할 수 있다.

(4) 강제징수 등

행정청인 시행자는 청산금을 내야 할 자가 이를 내지 아니하면 국세 또는 지방세 체납처분의 예에 따라 징수할 수 있으며, 행정청이 아닌 시행자는 특별자치도지사·시장·군수 또는 구청장에게 청산금의 징수를 위탁할 수 있다.

(5) 청산금의 소멸시효

청산금을 받을 권리나 징수할 권리를 5년간 행사하지 아니하면 시효로 인하여 소멸한다.

꼭 풀어야 할 필수기출

01

난이도 ★★☆

도시개발법령상 환지방식에 의한 사업시행에 관한 설명으로 틀린 것은? 제31회

① 지정권자는 도시개발사업을 환지방식으로 시행하려고 개발계획을 수립할 때에 시행자가 지방자치단체이면 토지소유자의 동의를 받을 필요가 없다.

② 시행자는 체비지의 용도로 환지예정지가 지정된 경우에는 도시개발사업에 드는 비용을 충당하기 위하여 이를 처분할 수 있다.

③ 도시개발구역의 토지에 대한 지역권은 도시개발사업의 시행으로 행사할 이익이 없어지면 환지처분이 공고된 날이 끝나는 때에 소멸한다.

④ 지방자치단체가 도시개발사업의 전부를 환지방식으로 시행하려고 할 때에는 도시개발사업의 시행규정을 작성하여야 한다.

⑤ 행정청이 아닌 시행자가 인가받은 환지계획의 내용 중 종전 토지의 합필 또는 분필로 환지명세가 변경되는 경우에는 변경인가를 받아야 한다.

해설

행정청이 아닌 시행자가 인가받은 환지계획의 내용 중 종전 토지의 합필 또는 분필로 환지명세가 변경되는 경우에는 변경인가를 받지 않아도 된다.

정답 ⑤

02 ──────────── 난이도 ★★★

도시개발법령상 환지방식에 의한 도시개발사업의 시행에 관한 설명으로 옳은 것은? 제30회, 제33회

① 시행자는 준공검사를 받은 후 60일 이내에 지정권자에게 환지처분을 신청하여야 한다.

② 도시개발구역이 2 이상의 환지계획구역으로 구분되는 경우에도 사업비와 보류지는 도시개발구역 전체를 대상으로 책정하여야 하며, 환지계획구역별로는 책정할 수 없다.

③ 도시개발구역에 있는 조성토지 등의 가격은 개별 공시지가로 한다.

④ 환지예정지가 지정되어도 종전 토지의 임차권자는 환지처분 공고일까지 종전 토지를 사용·수익할 수 있다.

⑤ 환지계획에는 필지별로 된 환지명세와 필지별과 권리별로 청산대상 토지명세가 포함되어야 한다.

해설

① 시행자는 준공검사를 받은 후 60일 이내에 환지처분을 하여야 한다.

② 도시개발구역이 2 이상의 환지계획구역으로 구분되는 경우에는 환지계획구역별로 사업비 및 보류지를 책정하여야 한다.

③ 시행자는 환지방식이 적용되는 도시개발구역에 있는 조성토지 등의 가격을 평가할 때에는 토지평가협의회의 심의를 거쳐 결정하되, 그에 앞서 감정평가업법인등이 평가하게 하여야 한다.

④ 환지예정지가 지정되면 종전 토지의 임차권자는 환지처분 공고일까지 종전 토지를 사용·수익할 수 없다.

정답 ⑤

03 ──────────── 난이도 ★☆☆

도시개발법령상 환지방식에 의한 사업시행에 관한 설명으로 틀린 것은? 제24회

① 시행자는 규약으로 정하는 목적을 위하여 일정한 토지를 환지로 정하지 아니하고 보류지로 정할 수 있다.

② 시행자는 도시개발사업의 시행을 위하여 필요하면 도시개발구역의 토지에 대하여 환지예정지를 지정할 수 있다.

③ 시행자는 체비지의 용도로 환지예정지가 지정된 경우에는 도시개발사업에 드는 비용을 충당하기 위하여 이를 처분할 수 있다.

④ 군수는 「주택법」에 따른 공동주택의 건설을 촉진하기 위하여 필요하다고 인정하면 체비지 중 일부를 같은 지역에 집단으로 정하게 할 수 있다.

⑤ 체비지는 환지계획에서 정한 자가 환지처분이 공고된 날에 해당 소유권을 취득한다.

해설

체비지는 시행자가 환지처분이 공고된 날의 다음 날에 해당 소유권을 취득한다.

정답 ⑤

04 ━━━━━━━━━━━━━━━━ 난이도 ★★★

다음은 도시개발법령상 공동으로 도시개발사업을 시행하려는 자가 정하는 규약에 포함되어야 할 사항이다. 환지방식으로 시행하는 경우에만 포함되어야 할 사항이 <u>아닌</u> 것은?

제28회

① 청산
② 환지계획 및 환지예정지의 지정
③ 보류지 및 체비지의 관리·처분
④ 토지평가협의회의 구성 및 운영
⑤ 주된 사무소의 소재지

05 ━━━━━━━━━━━━━━━━ 난이도 ★★☆

도시개발법령상 환지처분의 효과에 관한 설명으로 틀린 것은?

제26회

① 환지계획에서 정하여진 환지는 그 환지처분이 공고된 날의 다음 날부터 종전의 토지로 본다.
② 환지처분은 행정상 처분으로서 종전의 토지에 전속(專屬)하는 것에 관하여 영향을 미친다.
③ 도시개발구역의 토지에 대한 지역권은 도시개발사업의 시행으로 행사할 이익이 없어진 경우 환지처분이 공고된 날이 끝나는 때에 소멸한다.
④ 보류지는 환지계획에서 정한 자가 환지처분이 공고된 날의 다음 날에 해당 소유권을 취득한다.
⑤ 청산금은 환지처분이 공고된 날의 다음 날에 확정한다.

해설

주된 사무소의 소재지에 관한 사항은 환지방식으로 시행하는 경우 규약의 내용에 포함되어야 할 사항에 해당하지 않는다.

플러스 이론✚ 환지방식으로 시행하는 경우에만 규약에 포함되어야 할 사항은 다음과 같다.

1. 토지평가협의회의 구성 및 운영(④)
2. 환지계획 및 환지예정지의 지정(②)
3. 보류지 및 체비지의 관리·처분(③)
4. 청산에 관한 사항(①)

정답 ⑤

해설

환지처분은 행정상 처분이나 재판상 처분으로서 종전의 토지에 전속하는 것에 관하여는 영향을 미치지 아니한다.

정답 ②

06 ─────────── 난이도 ★★☆

도시개발법령상 환지방식에 의한 사업시행에 관한 설명으로 틀린 것은? 제32회

① 도시개발사업을 입체 환지방식으로 시행하는 경우에는 환지계획에 건축계획이 포함되어야 한다.

② 시행자는 토지면적의 규모를 조정할 특별한 필요가 있으면 면적이 넓은 토지는 그 면적을 줄여서 환지를 정하거나 환지대상에서 제외할 수 있다.

③ 도시개발구역 지정권자가 정한 기준일의 다음 날부터 단독주택이 다세대주택으로 전환되는 경우 시행자는 해당 건축물에 대하여 금전으로 청산하거나 환지 지정을 제한할 수 있다.

④ 시행자는 환지예정지를 지정한 경우에 해당 토지를 사용하거나 수익하는 데에 장애가 될 물건이 그 토지에 있으면 그 토지의 사용 또는 수익을 시작할 날을 따로 정할 수 있다.

⑤ 시행자는 환지를 정하지 아니하기로 결정된 토지 소유자나 임차권자등에게 날짜를 정하여 그날부터 해당 토지 또는 해당 부분의 사용 또는 수익을 정지시킬 수 있다.

해설

시행자는 토지면적의 규모를 조정할 특별한 필요가 있으면 면적이 넓은 토지는 그 면적을 줄여서 환지를 정할 수 있지만, 환지대상에서 제외할 수는 없다.

정답 ②

07 ─────────── 난이도 ★★★

도시개발법령상 환지방식에 의한 사업시행에서의 청산금에 관한 설명으로 틀린 것은? 제34회

① 시행자는 토지소유자의 동의에 따라 환지를 정하지 아니하는 토지에 대하여는 환지처분 전이라도 청산금을 교부할 수 있다.

② 토지소유자의 신청에 따라 환지대상에서 제외한 토지에 대하여는 청산금을 교부하는 때에 청산금을 결정할 수 없다.

③ 청산금을 받을 권리나 징수할 권리를 5년간 행사하지 아니하면 시효로 소멸한다.

④ 청산금은 대통령령으로 정하는 바에 따라 이자를 붙여 분할징수하거나 분할교부할 수 있다.

⑤ 행정청이 아닌 시행자가 군수에게 청산금의 징수를 위탁한 경우, 그 시행자는 군수가 징수한 금액의 100분의 4에 해당하는 금액을 해당 군에 지급하여야 한다.

해설

토지소유자의 신청에 따라 환지대상에서 제외한 토지에 대하여는 청산금을 교부하는 때에 청산금을 결정할 수 있다.

정답 ②

05 도시개발채권 및 비용부담

핵심이론 **도시개발채권 및 비용부담 등**   目 기출 23회 / 24회 / 26회 / 29회 / 30회 / 32회 / 33회

1 도시개발채권

(1) 발행권자 및 승인권자

발행권자	시·도지사는 도시개발사업 또는 도시·군계획시설사업에 필요한 자금을 조달하기 위하여 도시개발채권을 발행할 수 있다.
승인권자	시·도지사가 도시개발채권을 발행하려는 경우 행정안전부장관의 승인을 받아야 한다.

(2) 발행방법

도시개발채권은 전자등록하여 발행하거나 무기명으로 발행할 수 있으며, 발행방법에 필요한 세부적인 사항은 시·도의 조례로 정한다.

(3) 상환기간

도시개발채권의 상환은 5년부터 10년까지의 범위에서 지방자치단체의 조례로 정한다.

(4) 소멸시효

도시개발채권의 소멸시효는 상환일부터 기산(起算)하여 원금은 5년, 이자는 2년으로 한다.

(5) 매입의무

수용 또는 사용방식으로 시행하는 도시개발사업의 경우 공공사업시행자와 도급계약을 체결하는 자 및 토지의 형질변경허가를 받은 자는 도시개발채권을 매입하여야 한다.

(6) 중도상환 가능 사유

① 도시개발채권의 매입사유가 된 허가 또는 인가가 매입자의 귀책사유 없이 취소된 경우
② 도시개발채권의 매입의무자가 아닌 자가 착오로 도시개발채권을 매입한 경우
③ 도시개발채권의 매입의무자가 매입하여야 할 금액을 초과하여 도시개발채권을 매입한 경우

(7) 매입필증

매입필증을 제출받는 자는 매입자로부터 제출받은 매입필증을 5년간 따로 보관하여야 한다.

2 비용부담 등 ⇨ 시행자 부담(원칙)

설치의무자	① 도로와 상하수도: 지방자치단체 ② 전기, 가스 또는 지역난방: 공급하는 자 ③ 통신시설: 서비스를 제공하는 자
설치비용	도시개발구역 안의 전기시설을 사업시행자가 지중선로로 설치할 것을 요청하는 경우에는 전기를 공급하는 자와 설치를 요청하는 자가 각각 2분의 1의 비율로 설치비용을 부담(전부 환지방식으로 시행하는 경우에는 전기시설을 공급하는 자가 3분의 2, 요청하는 자가 3분의 1의 비율로 부담)한다.
설치시기	준공검사 신청일까지 끝내야 한다.
비용부담	지정권자인 시행자는 그가 시행한 도시개발사업으로 이익을 얻은 시·도 또는 시·군·구가 있으면 도시개발사업에 소요된 비용의 2분의 1을 넘지 않는 범위에서 비용을 부담시킬 수 있다. ⇨ 시·도지사 또는 대도시 시장 간에 협의가 성립되지 않으면 행정안전부장관이 결정한다.
설치의무자의 비용부담	시행자는 공동구를 설치하는 경우에는 다른 법률에 따라 그 공동구에 수용된 시설을 설치할 의무가 있는 자에게 공동구의 설치에 드는 비용을 부담시킬 수 있다.

추가⊕ 시행자가 행정청이면 도시개발사업에 드는 비용의 전부를 국고에서 보조하거나 융자할 수 있다.

01 ──────────── 난이도 ★★☆

도시개발법령상 도시개발채권에 관한 설명으로 옳은 것은?

제32회

① 「국토의 계획 및 이용에 관한 법률」에 따른 공작물의 설치허가를 받은 자는 도시개발채권을 매입하여야 한다.

② 도시개발채권의 이율은 기획재정부장관이 국채·공채 등의 금리와 특별회계의 상황 등을 고려하여 정한다.

③ 도시개발채권을 발행하려는 시·도지사는 기획재정부장관의 승인을 받은 후 채권의 발행총액 등을 공고하여야 한다.

④ 도시개발채권의 상환기간은 5년보다 짧게 정할 수는 없다.

⑤ 도시개발사업을 공공기관이 시행하는 경우 해당 공공기관의 장은 시·도지사의 승인을 받아 도시개발채권을 발행할 수 있다.

02 ──────────── 난이도 ★★☆

도시개발법령상 도시개발채권에 관한 설명으로 옳은 것은?

제29회

① 도시개발채권의 매입의무자가 아닌 자가 착오로 도시개발채권을 매입한 경우에는 도시개발채권을 중도에 상환할 수 있다.

② 시·도지사는 도시개발채권을 발행하려는 경우 채권의 발행총액에 대하여 국토교통부장관의 승인을 받아야 한다.

③ 도시개발채권의 상환은 3년부터 10년까지의 범위에서 지방자치단체의 조례로 정한다.

④ 도시개발채권의 소멸시효는 상환일부터 기산하여 원금은 3년, 이자는 2년으로 한다.

⑤ 도시개발채권 매입필증을 제출받는 자는 매입필증을 3년간 보관하여야 한다.

해설
① 「국토의 계획 및 이용에 관한 법률」에 따른 토지의 형질변경허가를 받은 자는 도시개발채권을 매입하여야 한다.
② 도시개발채권의 이율은 채권발행 당시의 국채·공채 등의 금리와 특별회계의 상황 등을 고려하여 시·도조례로 정한다.
③ 도시개발채권을 발행하려는 시·도지사는 행정안전부장관의 승인을 받은 후 채권의 발행총액 등을 공고하여야 한다.
⑤ 시·도지사는 도시개발사업 또는 도시·군계획시설사업에 필요한 자금을 조달하기 위하여 도시개발채권을 발행할 수 있다.

정답 ④

해설
② 시·도지사는 도시개발채권을 발행하려는 경우 채권의 발행총액에 대하여 행정안전부장관의 승인을 받아야 한다.
③ 도시개발채권의 상환은 5년부터 10년까지의 범위에서 지방자치단체의 조례로 정한다.
④ 도시개발채권의 소멸시효는 상환일부터 기산하여 원금은 5년, 이자는 2년으로 한다.
⑤ 도시개발채권 매입필증을 제출받는 자는 매입필증을 5년간 보관하여야 한다.

정답 ①

03

난이도 ★★★

도시개발법령상 토지상환채권 및 도시개발채권에 관한 설명으로 옳은 것은?

제24회 수정

① 도시개발조합은 도시·군계획시설사업에 필요한 자금을 조달하기 위하여 도시개발채권을 발행할 수 있다.

② 토지상환채권은 질권의 목적으로 할 수 없다.

③ 도시개발채권은 무기명으로 발행할 수 없다.

④ 시·도지사가 도시개발채권을 발행하는 경우 상환방법 및 절차에 대하여 행정안전부장관의 승인을 받아야 한다.

⑤ 도시개발채권의 소멸시효는 상환일부터 기산하여 원금은 3년, 이자는 2년으로 한다.

04

난이도 ★★☆

도시개발법령상 도시개발사업의 비용부담에 관한 설명으로 틀린 것은?

제27회

① 도시개발사업에 필요한 비용은 「도시개발법」이나 다른 법률에 특별한 규정이 있는 경우를 제외하고는 시행자가 부담한다.

② 지방자치단체의 장이 발행하는 도시개발채권의 소멸시효는 상환일로부터 기산하여 원금은 5년, 이자는 2년으로 한다.

③ 시행자가 지방자치단체인 경우에는 공원·녹지의 조성비 전부를 국고에서 보조하거나 융자할 수 있다.

④ 시행자는 공동구를 설치하는 경우에는 다른 법률에 따라 그 공동구에 수용될 시설을 설치할 의무가 있는 자에게 공동구의 설치에 드는 비용을 부담시킬 수 있다.

⑤ 도시개발사업에 관한 비용부담에 대해 대도시 시장과 시·도지사 간의 협의가 성립되지 아니하는 경우에는 기획재정부장관의 결정에 따른다.

해설

① 도시개발조합은 도시개발채권을 발행할 수 없다. 도시개발채권의 발행권자는 시·도지사이다.

② 토지상환채권은 질권의 목적으로 할 수 있다.

③ 도시개발채권은 「주식·사채 등의 전자등록에 관한 법률」에 따라 전자등록하여 발행하거나 무기명으로 발행할 수 있으며, 발행방법에 필요한 세부적인 사항은 시·도의 조례로 정한다.

⑤ 도시개발채권의 소멸시효는 상환일부터 기산하여 원금은 5년, 이자는 2년으로 한다.

정답 ④

해설

도시개발사업에 드는 비용부담에 대해 협의가 성립되지 아니하는 경우에는 행정안전부장관의 결정에 따른다.

정답 ⑤

도시 및 주거환경정비법 **체계도**

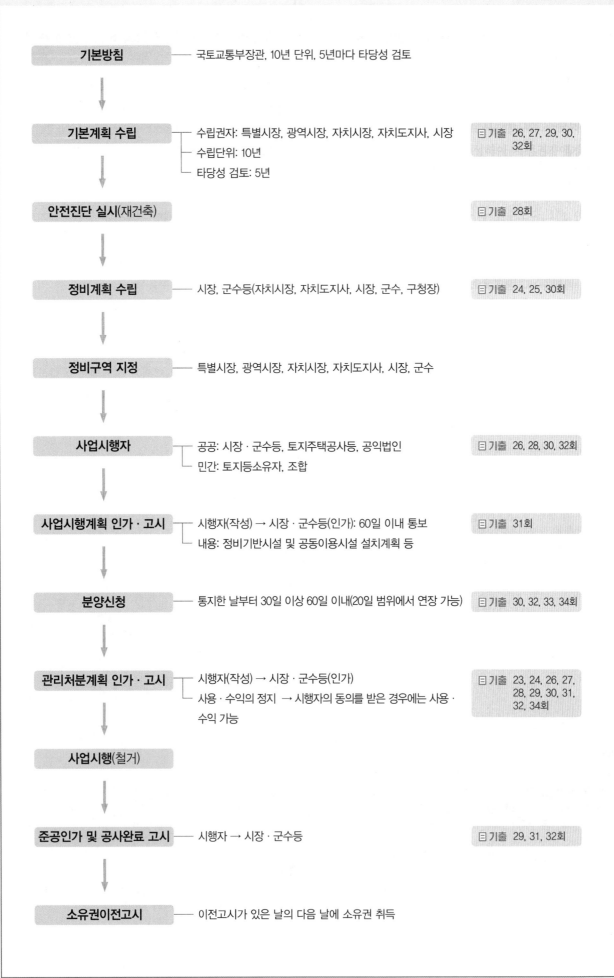

기본방침 — 국토교통부장관, 10년 단위, 5년마다 타당성 검토

↓

기본계획 수립
- 수립권자: 특별시장, 광역시장, 자치시장, 자치도지사, 시장
- 수립단위: 10년
- 타당성 검토: 5년

📋 기출 26, 27, 29, 30, 32회

↓

안전진단 실시(재건축)

📋 기출 28회

↓

정비계획 수립 — 시장, 군수등(자치시장, 자치도지사, 시장, 군수, 구청장)

📋 기출 24, 25, 30회

↓

정비구역 지정 — 특별시장, 광역시장, 자치시장, 자치도지사, 시장, 군수

↓

사업시행자
- 공공: 시장·군수등, 토지주택공사등, 공익법인
- 민간: 토지등소유자, 조합

📋 기출 26, 28, 30, 32회

↓

사업시행계획 인가·고시
- 시행자(작성) → 시장·군수등(인가): 60일 이내 통보
- 내용: 정비기반시설 및 공동이용시설 설치계획 등

📋 기출 31회

↓

분양신청 — 통지한 날부터 30일 이상 60일 이내(20일 범위에서 연장 가능)

📋 기출 30, 32, 33, 34회

↓

관리처분계획 인가·고시
- 시행자(작성) → 시장·군수등(인가)
- 사용·수익의 정지 → 시행자의 동의를 받은 경우에는 사용·수익 가능

📋 기출 23, 24, 26, 27, 28, 29, 30, 31, 32, 34회

↓

사업시행(철거)

↓

준공인가 및 공사완료 고시 — 시행자 → 시장·군수등

📋 기출 29, 31, 32회

↓

소유권이전고시 — 이전고시가 있은 날의 다음 날에 소유권 취득

PART

03

도시 및
주거환경정비법

기본계획의 수립 및 정비구역의 지정

도시 · 주거환경정비기본계획　　目기출 26회 / 27회 / 29회 / 30회 / 32회 / 34회

1 용어의 정의

(1) 정비사업의 종류

주거환경개선사업	도시저소득 주민이 집단거주하는 지역으로서 정비기반시설이 극히 열악하고 노후·불량건축물이 과도하게 밀집한 지역의 주거환경을 개선하거나 단독주택 및 다세대주택이 밀집한 지역에서 정비기반시설과 공동이용시설 확충을 통하여 주거환경을 보전·정비·개량하기 위한 사업
재개발사업	정비기반시설이 열악하고 노후·불량건축물이 밀집한 지역에서 주거환경을 개선하거나 상업지역·공업지역 등에서 도시기능의 회복 및 상권활성화 등을 위하여 도시환경을 개선하기 위한 사업
재건축사업	정비기반시설은 양호하나 노후·불량건축물에 해당하는 공동주택이 밀집한 지역에서 주거환경을 개선하기 위한 사업

(2) 노후 · 불량건축물

건축물이 훼손되거나 일부가 멸실되어 붕괴 등 안전 사고의 우려가 있는 건축물

(3) 정비기반시설

도로, 상하수도, 구거(도랑), 공원, 공용주차장, 공동구, 녹지, 하천, 광장, 지역난방시설

(4) 공동이용시설

놀이터 · 마을회관 · 공동작업장, 탁아소 · 어린이집 · 경로당 등 노유자시설

(5) 토지등소유자

① 주거환경개선사업 및 재개발사업 : 정비구역에 위치한 토지 또는 건축물의 소유자 또는 지상권자
② 재건축사업 : 정비구역에 위치한 건축물 및 그 부속 토지의 소유자(지상권자는 제외)

(6) 토지주택공사 등

한국토지주택공사 또는 지방공사

2 도시 · 주거환경정비기본계획

(1) 도시 및 주거환경정비 기본방침

국토교통부장관은 도시 및 주거환경을 개선하기 위하여 10년마다 기본방침을 정하고, 5년마다 타당성을 검토하여 그 결과를 기본방침에 반영하여야 한다.

(2) 도시 · 주거환경정비기본계획(기본계획)

① 수립권자 : 특별시장 · 광역시장 · 특별자치시장 · 특별자치도지사 또는 시장은 관할 구역에 대하여 기본계획을 10년 단위로 수립하여야 한다. 다만, 도지사가 대도시가 아닌 시로서 기본계획을 수립할 필요가 없다고 인정하는 시에 대하여는 기본계획을 수립하지 아니할 수 있다.

② 타당성 검토 : 특별시장 · 광역시장 · 특별자치시장 · 특별자치도지사 또는 시장은 기본계획에 대하여 5년마다 타당성을 검토하여 그 결과를 기본계획에 반영하여야 한다.

③ 기본계획 생략 가능 사유 : 기본계획 수립권자는 기본계획에 생활권별 기반시설 설치계획 및 주택수급계획을 포함하는 경우에는 정비예정구역의 개략적인 범위 및 단계별 정비사업 추진계획을 생략할 수 있다.

④ 수립절차 : 공람(14일 이상) + 지방의회 의견청취(60일 이내에 의견제시) + 협의 + 심의

⑤ 승인 : 대도시의 시장이 아닌 시장은 기본계획을 수립하거나 변경하려면 도지사의 승인을 받아야 한다.

⑥ 경미한 변경 : 공람, 지방의회 의견청취, 협의, 심의, 승인 절차를 거치지 않아도 된다.

> ㉠ 정비기반시설의 규모를 확대하거나 10% 미만의 범위에서 축소하는 경우
> ㉡ 정비사업의 계획기간을 단축하는 경우
> ㉢ 공동이용시설, 사회복지시설 및 주민문화시설 등의 설치계획을 변경하는 경우
> ㉣ 정비예정구역 면적의 20% 미만을 변경하는 경우
> ㉤ 단계별 정비사업 추진계획을 변경하는 경우
> ㉥ 건폐율 및 용적률의 각 20% 미만을 변경하는 경우
> ㉦ 정비사업의 시행을 위하여 필요한 재원조달에 관한 사항을 변경하는 경우

⑦ 작성기준 : 기본계획의 작성기준 및 작성방법은 국토교통부장관이 정하여 고시한다.

⑧ 보고 : 기본계획의 수립권자는 기본계획을 고시한 때에는 국토교통부장관에게 보고하여야 한다.

01 ──────────────── 난이도 ★☆☆

도시 및 주거환경정비법령상 주민이 공동으로 사용하는 시설로서 공동이용시설에 해당하지 **않는** 것은? (단, 조례는 고려하지 않으며, 각 시설은 단독주택, 공동주택 및 제1종 근린생활시설에 해당하지 않음) 제29회

① 유치원
② 경로당
③ 탁아소
④ 놀이터
⑤ 어린이집

해설
공동이용시설이란 주민이 공동으로 사용하는 놀이터·마을회관·공동작업장, 탁아소·어린이집·경로당 등 노유자시설을 말한다. 유치원은 노유자시설이 아니라 교육연구시설에 해당하기 때문에 공동이용시설에 해당하지 않는다.

정답 ①

02 ──────────────────── 난이도 ★★☆

도시 및 주거환경정비법령상 도시·주거환경정비기본계획(이하 '기본계획'이라 함)의 수립에 관한 설명으로 <u>틀린</u> 것은? 제29회

① 도지사가 대도시가 아닌 시로서 기본계획을 수립할 필요가 없다고 인정하는 시에 대하여는 기본계획을 수립하지 아니할 수 있다.

② 국토교통부장관은 기본계획에 대하여 5년마다 타당성 여부를 검토하여 그 결과를 기본계획에 반영하여야 한다.

③ 기본계획의 수립권자는 기본계획을 수립하려는 경우 14일 이상 주민에게 공람하여 의견을 들어야 한다.

④ 기본계획에는 사회복지시설 및 주민문화시설 등의 설치계획이 포함되어야 한다.

⑤ 대도시의 시장이 아닌 시장은 기본계획의 내용 중 정비사업의 계획기간을 단축하는 경우 도지사의 변경승인을 받지 아니할 수 있다.

해설

특별시장·광역시장·특별자치시장·특별자치도지사 또는 시장(이하 '기본계획의 수립권자'라 함)은 기본계획에 대하여 5년마다 타당성 여부를 검토하여 그 결과를 기본계획에 반영하여야 한다. 국토교통부장관은 기본계획의 수립권자가 아니므로 5년마다 타당성 여부를 검토하여야 한다는 내용은 옳지 않다.

정답 ②

03 ──────────────────── 난이도 ★★★

도시 및 주거환경정비법령상 도시·주거환경정비기본계획을 변경할 때 지방의회의 의견청취를 생략할 수 있는 경우가 <u>아닌</u> 것은? 제30회

① 공동이용시설에 대한 설치계획을 변경하는 경우

② 정비사업의 계획기간을 단축하는 경우

③ 사회복지시설 및 주민문화시설 등에 대한 설치계획을 변경하는 경우

④ 구체적으로 명시된 정비예정구역 면적의 25%를 변경하는 경우

⑤ 정비사업의 시행을 위하여 필요한 재원조달에 관한 사항을 변경하는 경우

해설

구체적으로 명시된 정비예정구역 면적의 25%를 변경하는 경우에는 지방의회의 의견청취를 생략할 수 없다.

플러스 이론 ➕ 도시·주거환경정비기본계획을 변경할 때 주민 및 지방의회 의견청취를 생략할 수 있는 사유는 다음과 같다.

1. 정비기반시설의 규모를 확대하거나 그 면적의 10% 미만을 축소하는 경우
2. 정비사업의 계획기간을 단축하는 경우(②)
3. 공동이용시설에 대한 설치계획을 변경하는 경우(①)
4. 사회복지시설 및 주민문화시설 등에 대한 설치계획을 변경하는 경우(③)
5. 정비구역으로 지정할 예정인 구역의 면적을 구체적으로 명시한 경우 해당 구역 면적의 20% 미만의 범위에서 변경하는 경우
6. 단계별 정비사업 추진계획을 변경하는 경우
7. 건폐율 및 용적률의 각 20% 미만의 범위에서 변경하는 경우
8. 정비사업의 시행을 위하여 필요한 재원조달에 관한 사항을 변경하는 경우(⑤)
9. 「국토의 계획 및 이용에 관한 법률」에 따른 도시·군기본계획의 변경에 따라 기본계획을 변경하는 경우

정답 ④

재건축사업의 안전진단

1 안전진단의 실시

(1) 정비계획의 입안권자는 다음의 경우 안전진단을 실시하여야 한다.
① 정비계획의 수립시기가 도래한 때
② 입안을 제안하기 전에 해당 정비예정구역에 위치한 건축물 및 그 부속토지의 소유자 10분의 1 이상의 동의를 받아 안전진단의 실시를 요청하는 경우

(2) 정비계획의 입안권자는 안전진단에 드는 비용을 해당 안전진단의 실시를 요청하는 자에게 부담하게 할 수 있다.

(3) 정비계획의 입안권자는 안전진단의 요청이 있는 때에는 요청일부터 30일 이내에 안전진단의 실시 여부를 결정하여 요청인에게 통보하여야 한다.

2 안전진단의 대상

(1) 재건축사업의 안전진단은 주택단지의 건축물을 대상으로 한다.

(2) 다음의 경우에는 안전진단대상에서 제외할 수 있다.
① 천재지변 등으로 주택이 붕괴되어 신속히 재건축을 추진할 필요가 있다고 입안권자가 인정하는 것
② 주택의 구조안전상 사용금지가 필요하다고 입안권자가 인정하는 것
③ 노후·불량건축물 수에 관한 기준을 충족한 경우 잔여 건축물
④ 진입도로 설치 등 불가피하게 정비구역에 포함된 것으로서 입안권자가 인정하는 건축물
⑤ 「시설물의 안전 및 유지관리에 관한 특별법」의 시설물로서 안전등급이 D(미흡) 또는 E(불량)인 건축물

3 안전진단 실시의뢰

(1) 정비계획의 입안권자는 현지조사 등을 통하여 안전진단의 실시 여부를 결정하여야 하며, 안전진단의 실시가 필요하다고 결정한 경우에는 한국건설기술연구원, 안전진단전문기관 또는 국토안전관리원에 안전진단을 의뢰하여야 한다.

(2) 정비계획의 입안권자는 안전진단의 결과와 도시계획 및 지역 여건 등을 종합적으로 검토하여 정비계획의 입안 여부를 결정하여야 한다.

(3) 정비계획의 입안권자(특별자치시장 및 특별자치도지사는 제외)는 정비계획의 입안 여부를 결정한 경우에는 지체 없이 특별시장·광역시장·도지사에게 결정내용과 해당 안전진단 결과보고서를 제출하여야 한다.

4 적정성 검토

(1) 시·도지사는 필요한 경우 국토안전관리원 또는 한국건설기술연구원에 안전진단 결과의 적정성에 대한 검토를 의뢰할 수 있다.

(2) 국토교통부장관은 시·도지사에게 안전진단 결과보고서의 제출을 요청할 수 있으며, 필요한 경우 시·도지사에게 안전진단 결과의 적정성에 대한 검토를 요청할 수 있다.

(3) 안전진단 결과의 적정성 여부에 따른 검토 비용은 적정성 여부에 대한 검토를 의뢰 또는 요청한 국토교통부장관 또는 시·도지사가 부담한다.

(4) 안전진단 결과의 적정성 여부에 따른 검토를 의뢰받은 기관은 적정성 여부에 따른 검토를 의뢰받은 날부터 60일 이내에 그 결과를 시·도지사에게 제출하여야 한다. 다만, 부득이한 경우에는 30일의 범위에서 한 차례만 연장할 수 있다.

01

난이도 ★★☆

도시 및 주거환경정비법령상 재건축사업의 안전진단에 관한 설명으로 **틀린** 것은? 제28회 수정

① 정비계획의 입안권자는 단계별 정비사업추진계획에 따른 재건축사업의 정비예정구역별 정비계획의 수립시기가 도래한 때에 안전진단을 실시하여야 한다.

② 진입도로 등 기반시설 설치를 위하여 불가피하게 정비구역에 포함된 것으로 정비계획의 입안권자가 인정하는 주택단지 내의 건축물은 안전진단 대상에서 제외할 수 있다.

③ 정비계획의 입안권자는 현지조사 등을 통하여 해당 건축물의 구조안전성, 건축마감, 설비노후도 및 주거환경 적합성 등을 심사하여 안전진단 실시 여부를 결정하여야 한다.

④ 시·도지사는 필요한 경우 국토안전관리원에 안전진단 결과의 적정성에 대한 검토를 의뢰할 수 있다.

⑤ 정비계획의 입안권자(특별자치시장 및 특별자치도지사는 제외)는 정비계획의 입안 여부를 결정한 경우에는 지체 없이 국토교통부장관에게 결정내용과 해당 안전진단 결과보고서를 제출하여야 한다.

해설
정비계획의 입안권자(특별자치시장 및 특별자치도지사는 제외)는 정비계획의 입안 여부를 결정한 경우에는 지체 없이 특별시장·광역시장·도지사에게 결정내용과 안전진단 결과보고서를 제출하여야 한다.

정답 ⑤

02

난이도 ★★☆

도시 및 주거환경정비법령상 재건축사업의 안전진단에 관한 설명으로 **옳은** 것은? 제22회 수정

① 안전진단의 실시를 요청하려면 정비예정구역에 위치한 건축물 및 그 부속토지의 소유자 3분의 1 이상의 동의를 받아야 한다.

② 주택의 구조안전상 사용금지가 필요하다고 정비계획의 입안권자가 인정할 때에는 안전진단을 실시하여야 한다.

③ 「국토안전관리원법」에 따른 국토안전관리원은 재건축사업의 안전진단을 할 수 있다.

④ 천재지변 등으로 주택이 붕괴되어 신속히 재건축을 추진할 필요가 있다고 정비계획의 입안권자가 인정할 때에는 안전진단을 실시하여야 한다.

⑤ 정비계획의 입안권자는 안전진단에 드는 비용을 해당 안전진단을 요청하는 자에게 부담하게 할 수 없다.

해설
① 안전진단의 실시를 요청하려면 정비예정구역에 위치한 건축물 및 그 부속토지의 소유자 10분의 1 이상의 동의를 받아야 한다.
② 주택의 구조안전상 사용금지가 필요하다고 정비계획의 입안권자가 인정할 때에는 안전진단을 실시하지 아니할 수 있다.
④ 천재지변 등으로 주택이 붕괴되어 신속히 재건축을 추진할 필요가 있다고 정비계획의 입안권자가 인정할 때에는 안전진단을 실시하지 아니할 수 있다.
⑤ 정비계획의 입안권자는 안전진단에 드는 비용을 해당 안전진단을 요청하는 자에게 부담하게 할 수 있다.

정답 ③

핵심이론 정비구역의 지정

1 지정권자

특별시장·광역시장·특별자치시장·특별자치도지사·시장·군수(광역시의 군수는 제외)

2 정비구역에서의 행위제한

(1) 허가대상 개발행위
① 건축물(가설건축물을 포함)의 건축 또는 용도변경
② 공작물의 설치
③ 토지의 형질변경(공유수면의 매립)
④ 토석의 채취
⑤ 토지 분할
⑥ 이동이 용이하지 아니한 물건을 1개월 이상 쌓아 놓는 행위
⑦ 죽목의 벌채 및 식재

(2) 허용사항
① 재해복구 또는 재난수습에 필요한 응급조치를 위한 행위
② 기존 건축물의 붕괴 등 안전사고의 우려가 있는 경우 해당 건축물에 대한 안전조치를 위한 행위
③ 간이공작물의 설치(비닐하우스, 버섯재배사, 종묘 배양장, 퇴비장)
④ 경작을 위한 토지의 형질변경
⑤ 정비구역 개발에 지장을 주지 아니하고 자연경관을 손상하지 아니하는 범위 안에서의 토석의 채취
⑥ 정비구역 안의 존치하기로 결정된 대지 안에서 물건을 쌓아놓는 행위
⑦ 관상용 죽목의 임시식재(경작지에서의 임시식재는 허가를 받아야 함)

3 기득권 보호

착수 + 신고(30일 이내)

4 정비구역의 의무적 해제

(1) 정비예정구역에 대하여 기본계획에서 정한 정비구역 지정 예정일부터 3년이 되는 날까지 정비구역을 지정하지 아니하거나 정비구역의 지정을 신청하지 아니하는 경우에는 정비구역 등을 해제하여야 한다.

(2) 재개발사업과 재건축사업을 조합이 시행하는 경우로 다음의 어느 하나에 해당하는 경우에는 정비구역 등을 해제하여야 한다.
① 토지등소유자가 정비구역으로 지정·고시된 날부터 2년이 되는 날까지 추진위원회의 승인을 신청하지 아니하는 경우
② 추진위원회가 추진위원회 승인일부터 2년이 되는 날까지 조합설립인가를 신청하지 아니하는 경우
③ 조합이 조합설립인가를 받은 날부터 3년이 되는 날까지 사업시행계획인가를 신청하지 아니하는 경우
④ 토지등소유자가 정비구역으로 지정·고시된 날부터 3년이 되는 날까지 조합설립인가를 신청하지 아니하는 경우(추진위원회를 구성하지 아니하는 경우로 한정)

(3) 토지등소유자가 시행하는 재개발사업으로서 토지등소유자가 정비구역으로 지정·고시된 날부터 5년이 되는 날까지 사업시행계획인가를 신청하지 아니하는 경우에는 정비구역 등을 해제하여야 한다.

(4) 정비구역 등을 해제하는 경우에는 30일 이상 주민에게 공람하여 의견을 들어야 한다.

(5) 정비구역 등이 해제된 경우 정비구역의 지정권자는 해제된 정비구역 등을 「도시재생 활성화 및 지원에 관한 특별법」에 따른 도시재생선도지역으로 지정하도록 국토교통부장관에게 요청할 수 있다.

5 조합원 모집제한

정비예정구역 또는 정비구역에서는 「주택법」에 따른 지역주택조합원을 모집해서는 아니 된다.

01
난이도 ●●☆

도시 및 주거환경정비법령상 도시 · 주거환경정비 기본계획의 수립 및 정비구역의 지정에 관한 설명으로 틀린 것은?
제30회

① 기본계획의 수립권자는 기본계획을 수립하려는 경우에는 14일 이상 주민에게 공람하여 의견을 들어야 한다.

② 기본계획의 수립권자는 기본계획을 수립한 때에는 지체 없이 이를 해당 지방자치단체의 공보에 고시하고 일반인이 열람할 수 있도록 하여야 한다.

③ 정비구역의 지정권자는 정비구역의 진입로 설치를 위하여 필요한 경우에는 진입로 지역과 그 인접지역을 포함하여 정비구역을 지정할 수 있다.

④ 정비구역에서는 「주택법」에 따른 지역주택조합의 조합원을 모집해서는 아니 된다.

⑤ 정비구역에서 이동이 쉽지 아니한 물건을 14일 동안 쌓아두기 위해서는 시장 · 군수등의 허가를 받아야 한다.

해설

정비구역에서 이동이 쉽지 아니한 물건을 1개월 이상 쌓아두기 위해서는 시장 · 군수등의 허가를 받아야 한다. 따라서 이동이 쉽지 아니한 물건을 14일 동안 쌓아두는 행위는 허가를 받지 않아도 된다.

정답 ⑤

02
난이도 ●☆☆

도시 및 주거환경정비법령상 정비구역에서의 행위 중 시장 · 군수등의 허가를 받아야 하는 것을 모두 고른 것은? (단, 재해복구 또는 재난수습과 관련 없는 행위임)
제25회 수정

㉠ 가설건축물의 건축
㉡ 죽목의 벌채
㉢ 공유수면의 매립
㉣ 이동이 용이하지 아니한 물건을 1개월 이상 쌓아 놓는 행위

① ㉠, ㉡
② ㉢, ㉣
③ ㉠, ㉡, ㉢
④ ㉡, ㉢, ㉣
⑤ ㉠, ㉡, ㉢, ㉣

해설

정비구역에서 가설건축물의 건축(㉠), 죽목의 벌채(㉡), 공유수면의 매립(㉢), 이동이 용이하지 아니한 물건을 1개월 이상 쌓아놓는 행위(㉣)는 시장 · 군수등에게 허가를 받아야 한다.

플러스 이론 정비구역에서 허가대상 개발행위는 다음과 같다.

1. 건축물의 건축 등 : 「건축법」에 따른 건축물(가설건축물을 포함)의 건축 또는 용도변경
2. 공작물의 설치 : 인공을 가하여 제작한 시설물(건축법에 따른 건축물은 제외)의 설치
3. 토지의 형질변경 : 절토 · 성토 · 정지 · 포장 등의 방법으로 토지의 형상을 변경하는 행위, 토지의 굴착 또는 공유수면의 매립
4. 토석의 채취 : 흙 · 모래 · 자갈 · 바위 등의 토석을 채취하는 행위(다만, 토지의 형질변경을 목적으로 하는 것은 위 3.에 따름)
5. 토지 분할
6. 물건을 쌓아놓는 행위 : 이동이 용이하지 아니한 물건을 1개월 이상 쌓아놓는 행위
7. 죽목의 벌채 및 식재

정답 ⑤

THEME 02 사업시행방법 및 시행자

핵심이론 사업시행방법

⊟ 기출 28회 / 29회

1 주거환경개선사업

다음의 어느 하나에 해당하는 방법 또는 이를 혼용하는 방법으로 한다.

(1) **현지개량방법**: 사업시행자가 정비구역에서 정비기반시설 및 공동이용시설을 새로 설치하거나 확대하고 토지등소유자가 스스로 주택을 보전 · 정비하거나 개량하는 방법

(2) **수용방법**: 사업시행자가 정비구역의 전부 또는 일부를 수용하여 주택을 건설한 후 토지등소유자에게 우선 공급하거나 대지를 토지등소유자 또는 토지등소유자 외의 자에게 공급하는 방법

(3) **환지방법**: 사업시행자가 환지로 공급하는 방법

(4) **관리처분방법**: 사업시행자가 정비구역에서 인가받은 관리처분계획에 따라 주택 및 부대시설 · 복리시설을 건설하여 공급하는 방법

2 재개발사업

(1) 인가받은 관리처분계획에 따라 건축물을 건설하여 공급하는 방법

(2) 환지로 공급하는 방법

3 재건축사업

재건축사업은 정비구역에서 인가받은 관리처분계획에 따라 주택, 부대시설 · 복리시설 및 오피스텔을 건설하여 공급하는 방법으로 한다.

> 추가➕ 오피스텔은 전체 건축물 연면적의 100분의 30 이하의 범위에서 준주거지역 및 상업지역에서만 건축할 수 있다.

꼭 풀어야 할 필수기출

01 ───────── 난이도 ★★☆

도시 및 주거환경정비법령상 정비사업의 시행방법으로 옳은 것만을 모두 고른 것은? 제29회

> ㉠ 주거환경개선사업: 사업시행자가 환지로 공급하는 방법
>
> ㉡ 주거환경개선사업: 사업시행자가 정비구역에서 인가받은 관리처분계획에 따라 주택, 부대시설 · 복리시설 및 오피스텔을 건설하여 공급하는 방법
>
> ㉢ 재개발사업: 정비구역에서 인가받은 관리처분계획에 따라 건축물을 건설하여 공급하는 방법

① ㉠
② ㉡
③ ㉠, ㉢
④ ㉡, ㉢
⑤ ㉠, ㉡, ㉢

해설

㉡ 사업시행자가 정비구역에서 인가받은 관리처분계획에 따라 주택, 부대시설 · 복리시설 및 오피스텔을 건설하여 공급하는 방법은 재건축사업이다.

정답 ③

1 정비사업의 시행자

(1) 주거환경개선사업의 시행자
시장·군수등, 토지주택공사등, 공익법인

(2) 수용방법에 따라 시행하려는 경우에는 해당 정비예정구역의 토지 또는 건축물의 소유자 또는 지상권자의 3분의 2 이상의 동의와 세입자 세대수의 과반수의 동의를 각각 받아야 한다. 다만, 세입자의 세대수가 토지등소유자의 2분의 1 이하인 경우에는 세입자의 동의 절차를 거치지 아니할 수 있다.

2 재개발사업의 시행자

조합 또는 토지등소유자(토지등소유자가 20인 미만인 경우) ⇨ 과반수의 동의를 받아 시장·군수등, 토지주택공사등, 건설업자, 등록사업자와 공동으로 시행할 수 있다.

3 재건축사업의 시행자

조합 ⇨ 과반수의 동의를 받아 시장·군수등, 토지주택공사등, 건설업자, 등록사업자와 공동으로 시행할 수 있다.

4 시장·군수등 또는 토지주택공사등이 재개발사업·재건축사업을 시행할 수 있는 사유

(1) 천재지변 그 밖의 불가피한 사유로 긴급하게 정비사업을 시행할 필요가 있다고 인정하는 때

(2) 정비계획에서 정한 정비사업 시행예정일부터 2년 이내에 사업시행계획인가를 신청하지 아니한 때(재건축사업의 경우는 제외)

(3) 추진위원회가 시장·군수등의 구성승인을 받은 날부터 3년 이내에 조합설립인가를 신청하지 아니하거나 조합이 조합설립인가를 받은 날부터 3년 이내에 사업시행계획인가를 신청하지 아니한 때

(4) 정비구역의 국공유지 면적 또는 국공유지와 토지주택공사등이 소유한 토지를 합한 면적이 전체 토지면적의 2분의 1 이상으로서 토지등소유자의 과반수가 동의하는 때

(5) 정비구역의 토지면적 2분의 1 이상의 토지소유자와 토지등소유자의 3분의 2 이상에 해당하는 자가 요청하는 때

추가➕ 시장·군수등이 직접 정비사업을 시행하거나 토지주택공사등을 시행자로 지정·고시한 때에는 그 고시일 다음 날에 추진위원회 구성승인 또는 조합설립인가가 취소된 것으로 본다.

5 시공자 선정

(1) 조합은 조합설립인가를 받은 후 조합총회에서 경쟁입찰 또는 수의계약(2회 이상 경쟁입찰이 유찰된 경우로 한정)의 방법으로 건설업자 또는 등록사업자를 시공자로 선정하여야 한다. 다만, 조합원이 100명 이하인 정비사업의 경우에는 조합총회에서 정관으로 정하는 바에 따라 선정할 수 있다.

(2) 토지등소유자가 재개발사업을 시행하는 경우에는 사업시행계획인가를 받은 후 규약에 따라 건설업자 또는 등록사업자를 시공자로 선정하여야 한다.

(3) 주민대표회의 또는 토지등소유자 전체회의가 시공자를 추천한 경우 사업시행자는 추천받은 자를 시공자로 선정하여야 한다.

(4) 사업시행자가 선정된 시공자와 공사에 관한 계약을 체결할 때에는 기존 건축물의 철거 공사에 관한 사항을 포함시켜야 한다.

01

난이도 ★★☆

도시 및 주거환경정비법령상 주거환경개선사업에 관한 설명으로 옳은 것만을 모두 고른 것은?

제28회 수정

> ㉠ 정비구역의 전부 또는 일부를 수용하는 방법으로 시행하는 경우 시장·군수등은 세입자의 세대수가 토지등소유자의 2분의 1인 경우에는 세입자의 동의절차 없이 토지주택공사등을 사업시행자로 지정할 수 있다.
> ㉡ 사업시행자는 '정비구역에서 정비기반시설을 새로 설치하거나 확대하고 토지등소유자가 스스로 주택을 개량하는 방법' 및 '환지로 공급하는 방법'을 혼용할 수 있다.
> ㉢ 사업시행자는 사업의 시행으로 철거되는 주택의 소유자 또는 세입자에 대하여 해당 정비구역 안과 밖에 위치한 임대주택 등의 시설에 임시로 거주하게 하거나 주택자금의 융자를 알선하는 등 임시거주에 상응하는 조치를 하여야 한다.

① ㉠
② ㉠, ㉡
③ ㉠, ㉢
④ ㉡, ㉢
⑤ ㉠, ㉡, ㉢

해설

주거환경개선사업은 ㉠ 정비구역의 전부 또는 일부를 수용하여 공급하는 방법으로 시행하는 경우 시장·군수등은 세입자의 세대수가 토지등소유자의 2분의 1 이하인 경우에는 세입자의 동의절차 없이 토지주택공사등을 사업시행자로 지정할 수 있다. ㉡ 사업시행자는 '정비구역에서 정비기반시설을 새로 설치하거나 확대하고 토지등소유자가 스스로 주택을 개량하는 방법' 및 '환지로 공급하는 방법'을 혼용할 수 있다. ㉢ 사업시행자는 사업의 시행으로 철거되는 주택의 소유자 또는 세입자에 대하여 해당 정비구역 안과 밖에 위치한 임대주택 등의 시설에 임시로 거주하게 하거나 주택 자금의 융자를 알선하는 등 임시거주에 상응하는 조치를 하여야 한다.

정답 ⑤

02

난이도 ★★★

도시 및 주거환경정비법령상 군수가 직접 재개발사업을 시행할 수 있는 사유에 해당하지 <u>않는</u> 것은?

제26회 수정

① 해당 정비구역의 토지면적 2분의 1 이상의 토지소유자와 토지등소유자의 3분의 2 이상에 해당하는 자가 군수의 직접 시행을 요청하는 때
② 해당 정비구역의 국공유지 면적이 전체 토지면적의 3분의 1 이상으로서 토지등소유자의 과반수가 군수의 직접 시행에 동의하는 때
③ 순환정비방식으로 정비사업을 시행할 필요가 있다고 인정하는 때
④ 천재지변으로 인하여 긴급히 정비사업을 시행할 필요가 있다고 인정하는 때
⑤ 고시된 정비계획에서 정한 정비사업 시행예정일부터 2년 이내에 사업시행계획인가를 신청하지 아니한 때

해설

해당 정비구역의 국공유지 면적 또는 국공유지와 토지주택공사등이 소유한 토지를 합한 면적이 전체 토지면적의 2분의 1 이상으로서 토지등소유자의 과반수가 시장·군수등 또는 토지주택공사등을 사업시행자로 하는 것에 동의하는 때에 군수가 직접 재개발사업을 시행할 수 있다.

정답 ②

핵심이론 **정비사업조합**　目 기출 23회 / 24회 / 25회 / 26회 / 27회 / 28회 / 29회 / 30회 / 31회 / 32회 / 33회

1 추진위원회

(1) 구성
조합을 설립하려는 경우에는 정비구역 지정·고시 후 위원장을 포함한 5명 이상의 추진위원에 대하여 토지등소유자 과반수의 동의를 받아 조합설립을 위한 추진위원회를 구성하여 시장·군수등의 승인을 받아야 한다.

(2) 업무
추진위원회는 다음의 업무를 수행할 수 있다.
① 설계자의 선정 및 변경
② 토지등소유자의 동의서 제출·접수
③ 조합설립을 위한 창립총회의 개최
④ 조합정관의 초안 작성
⑤ 개략적인 정비사업 시행계획서의 작성

(3) 조직
추진위원장 1명과 감사(이사×)를 두어야 한다.

2 정비사업조합

(1) 법인
조합은 법인으로 한다. ⇨ 인가 후 30일 이내에 등기하는 때에 성립한다.

(2) 조합원
토지등소유자(재건축사업은 조합설립에 동의한 자만 조합원이 될 수 있다)

(3) 조합설립인가의 동의요건
① 재개발사업: 토지등소유자의 4분의 3 이상 + 토지면적의 2분의 1 이상
② 주택단지에서 시행하는 재건축사업: 동별 구분소유자의 과반수 + 전체 구분소유자의 4분의 3 이상 및 토지면적의 4분의 3 이상
③ 주택단지가 아닌 지역이 포함된 재건축사업: 토지 또는 건축물 소유자의 4분의 3 이상 + 토지면적의 3분의 2 이상

(4) 조합의 임원의 수
① 조합장

② 이사: 3명 이상으로 하고, 토지등소유자 수가 100명을 초과하는 경우에는 5명 이상
③ 감사: 1명 이상 3명 이하

(5) 조합임원의 조건
조합은 다음의 하나에 해당하는 요건을 갖춘 조합장, 이사, 감사를 둔다.

> ① 선임일 직전 3년 동안 정비구역 내 거주기간이 1년 이상일 것
> ② 정비구역에 위치한 토지 또는 건축물(재건축사업의 경우에는 건축물과 그 부속토지를 말한다)을 5년 이상 소유하고 있을 것

(6) 조합임원의 직무 및 임기
① 조합장 또는 이사가 자기를 위하여 조합과 계약이나 소송을 할 때에는 감사가 조합을 대표한다.
② 조합임원은 같은 목적의 정비사업을 하는 다른 조합의 임원 또는 직원을 겸할 수 없다.
③ 조합임원의 임기는 3년 이하의 범위에서 정관으로 정하되, 연임할 수 있다.

(7) 총회의 소집
조합임원의 권리·의무 등은 조합원 10분의 1 이상의 요구로 소집 + 개최예정일 7일 전까지 통지

(8) 총회의 의결정족수
① 시공자의 선정을 의결하는 총회의 경우에는 조합원의 과반수가 직접 출석하여야 한다.
② 창립총회, 시공자 선정 취소를 위한 총회, 사업시행계획서의 작성 및 변경, 관리처분계획의 수립 및 변경, 정비사업비의 사용 및 변경을 의결하는 총회의 경우에는 조합원의 100분의 20 이상이 직접 출석하여야 한다.

(9) 조합임원의 해임 등
① 조합원 10분의 1 이상의 요구로 소집된 총회에서 조합원 과반수의 출석과 출석 조합원 과반수의 동의를 받아 해임할 수 있다.
② 퇴임된 임원이 퇴임 전에 관여한 행위는 효력을 잃지 않는다.

3 토지등소유자 산정방법

주거환경개선사업, 재개발사업의 경우에는 다음의 기준에 의할 것

> ① 1필지의 토지 또는 하나의 건축물을 여럿이서 공유할 때에는 대표하는 1인을 토지등소유자로 산정할 것
> ② 토지에 지상권이 설정되어 있는 경우에는 토지의 소유자와 지상권자를 대표하는 1인을 토지등소유자로 산정할 것
> ③ 1인이 다수 필지의 토지 또는 다수의 건축물을 소유하고 있는 경우에는 1인을 토지등소유자로 산정할 것

4 정관의 작성 및 변경

(1) 표준정관

시·도지사는 표준정관을 작성하여 보급할 수 있다.

(2) 정관의 변경

조합원의 자격, 조합원의 제명·탈퇴 및 교체, 정비구역의 위치 및 면적, 조합의 비용부담 및 조합의 회계, 정비사업비의 부담시기 및 절차, 시공자·설계자의 선정 및 계약서에 포함된 내용인 경우에는 조합원 3분의 2 이상의 찬성으로 변경한다.

5 대의원회

(1) 대의원회 설치

조합원의 수가 100명 이상인 조합은 대의원회를 두어야 한다.

(2) 대의원회 자격

조합장이 아닌 이사와 감사는 대의원이 될 수 없다.

(3) 대의원회 권한

다음의 사항에 대해서는 총회의 권한을 대행할 수 없다.

① 자금의 차입과 그 방법·이율 및 상환방법
② 예산으로 정한 사항 외에 조합원의 부담이 될 계약
③ 조합임원과 대의원의 선임 및 해임에 관한 사항
④ 조합장의 보궐선임에 관한 사항(이사와 감사의 보궐선임은 대행할 수 있다)
⑤ 정비사업전문관리업자의 선정 및 변경에 관한 사항
⑥ 정비사업비의 변경에 관한 사항

6 주민대표회의

(1) 구성의무

토지등소유자가 시장·군수등 또는 토지주택공사 등의 사업시행을 원하는 경우에는 정비구역 지정·고시 후 주민대표기구(이하 '주민대표회의'라 함)를 구성하여야 한다.

(2) 구성원 및 동의

① 위원장을 포함하여 5명 이상 25명 이하로 구성한다.
② 위원장과 부위원장 각 1명과 1명 이상 3명 이하의 감사를 둔다.
③ 토지등소유자의 과반수의 동의를 받아 구성하며, 시장·군수등의 승인을 받아야 한다.

(3) 의견제시

주민대표회의 또는 세입자(상가세입자를 포함)는 사업 시행자가 건축물의 철거, 주민의 이주 등의 사항에 관하여 시행규정을 정하는 때에 의견을 제시할 수 있다.

꼭 풀어야 할 필수기출

01

난이도 ★★☆

도시 및 주거환경정비법령상 정비사업의 시행에 관한 설명으로 옳은 것은?　제30회

① 조합의 정관에는 정비구역의 위치 및 면적이 포함되어야 한다.
② 조합설립인가 후 시장·군수등이 토지주택공사등을 사업시행자로 지정·고시한 때에는 그 고시일에 조합설립인가가 취소된 것으로 본다.
③ 조합은 명칭에 '정비사업조합'이라는 문자를 사용하지 않아도 된다.
④ 조합장이 자기를 위하여 조합과 소송을 할 때에는 이사가 조합을 대표한다.
⑤ 재건축사업을 하는 정비구역에서 오피스텔을 건설하여 공급하는 경우에는 「국토의 계획 및 이용에 관한 법률」에 따른 준주거지역 및 상업지역 이외의 지역에서 오피스텔을 건설할 수 있다.

02

난이도 ★☆☆

도시 및 주거환경정비법령상 조합의 임원에 관한 설명으로 틀린 것은?　제33회

① 토지등소유자의 수가 100인을 초과하는 경우, 조합에 두는 이사의 수는 5명 이상으로 한다.
② 조합임원의 임기는 3년 이하의 범위에서 정관으로 정하되, 연임할 수 있다.
③ 조합장이 아닌 조합임원은 대의원이 될 수 있다.
④ 조합임원은 같은 목적의 정비사업을 하는 다른 조합의 임원 또는 직원을 겸할 수 없다.
⑤ 시장·군수 등이 전문조합관리인을 선정한 경우, 전문조합관리인이 업무를 대행할 임원은 당연퇴임한다.

해설
② 조합설립인가 후 시장·군수등이 토지주택공사등을 사업시행자로 지정·고시한 때에는 그 고시일 다음 날에 조합설립인가가 취소된 것으로 본다.
③ 조합은 명칭에 '정비사업조합'이라는 문자를 사용하여야 한다.
④ 조합장이 자기를 위하여 조합과 소송을 할 때에는 감사가 조합을 대표한다.
⑤ 재건축사업을 하는 정비구역에서 오피스텔을 건설하여 공급하는 경우에는 「국토의 계획 및 이용에 관한 법률」에 따른 준주거지역 및 상업지역에서만 오피스텔을 건설할 수 있다.

정답 ①

해설
조합장이 아닌 조합임원은 대의원이 될 수 없다.

정답 ③

03

난이도 ★★★

도시 및 주거환경정비법령상 정비사업의 시행에 관한 설명으로 옳은 것은? 제32회

① 세입자의 세대수가 토지등소유자의 3분의 1에 해당하는 경우 시장·군수등은 토지주택공사등을 주거환경개선사업 시행자로 지정하기 위해서는 세입자의 동의를 받아야 한다.

② 재개발사업은 토지등소유자가 30인인 경우에는 토지등소유자가 직접 시행할 수 있다.

③ 재건축사업 조합설립추진위원회가 구성승인을 받은 날부터 2년이 되었음에도 조합설립인가를 신청하지 아니한 경우 시장·군수등이 직접 시행할 수 있다.

④ 조합설립추진위원회는 토지등소유자의 수가 200인인 경우 5명 이상의 이사를 두어야 한다.

⑤ 주민대표회의는 토지등소유자의 과반수의 동의를 받아 구성하며, 위원장과 부위원장 각 1명과 1명 이상 3명 이하의 감사를 둔다.

해설

① 세입자의 세대수가 토지등소유자의 3분의 1에 해당하는 경우 시장·군수등은 세입자의 동의 없이 토지주택공사등을 주거환경개선사업 시행자로 지정할 수 있다.

② 재개발사업은 토지등소유자가 20인 미만인 경우에는 토지등소유자가 직접 시행할 수 있다.

③ 재건축사업 조합설립추진위원회가 구성승인을 받은 날부터 3년이 되었음에도 조합설립인가를 신청하지 아니한 경우 시장·군수등이 직접 시행할 수 있다.

④ 추진위원회가 아니라 조합은 토지등소유자의 수가 100명을 초과하는 경우 이사의 수를 5명 이상으로 한다.

정답 ⑤

04

난이도 ★★☆

도시 및 주거환경정비법령상 재개발사업조합의 설립을 위한 동의자 수 산정 시, 다음에서 산정되는 토지등소유자의 수는? (단, 권리관계는 제시된 것만 고려하며, 토지는 정비구역 안에 소재함) 제25회 수정

- A, B, C 3인이 공유한 1필지 토지에 하나의 주택을 단독 소유한 D
- 3필지의 나대지를 단독 소유한 E
- 1필지의 나대지를 단독 소유한 F와 그 나대지에 대한 지상권자 G

① 3명 ② 4명
③ 5명 ④ 7명
⑤ 9명

해설

- A, B, C 3인이 공유한 1필지 토지에 하나의 주택을 단독 소유한 D = 2명
- 3필지의 나대지를 단독 소유한 E = 1명
- 1필지의 나대지를 단독 소유한 F와 그 나대지에 대한 지상권자 G = 1명

따라서 토지등소유자의 수는 총 4명이다.

플러스 이론 ✪ 토지등소유자의 산정방법은 다음과 같다.

> 1. 1필지의 토지 또는 하나의 건축물을 여럿이서 공유할 때
>   ⇨ 그 여럿을 대표하는 1인을 토지등소유자로 산정할 것
> 2. 토지에 지상권이 설정되어 있는 경우
>   ⇨ 대표하는 1인을 토지등소유자로 산정할 것
> 3. 1인이 다수 필지의 토지 또는 다수의 건축물을 소유하고 있는 경우
>   ⇨ 1인을 토지등소유자로 산정할 것

정답 ②

05 ──────────────── 난이도 ★★☆

도시 및 주거환경정비법령상 조합설립 등에 관하여 (   )에 들어갈 내용을 바르게 나열한 것은?

제29회

> • 재개발사업의 추진위원회가 조합을 설립하려면 토지등소유자의 (㉠) 이상 및 토지면적의 (㉡) 이상의 토지소유자의 동의를 받아 시장·군수등의 인가를 받아야 한다.
> • 조합이 정관의 기재사항 중 조합원의 자격에 관한 사항을 변경하려는 경우에는 총회를 개최하여 조합원 (㉢) (이상)의 찬성으로 시장·군수등의 인가를 받아야 한다.

① ㉠ 3분의 2, ㉡ 3분의 1, ㉢ 3분의 2
② ㉠ 3분의 2, ㉡ 2분의 1, ㉢ 과반수
③ ㉠ 4분의 3, ㉡ 3분의 1, ㉢ 과반수
④ ㉠ 4분의 3, ㉡ 2분의 1, ㉢ 3분의 2
⑤ ㉠ 4분의 3, ㉡ 3분의 2, ㉢ 과반수

해설

재개발사업의 추진위원회가 조합을 설립하려면 토지등소유자의 '4분의 3' 이상 및 토지면적의 '2분의 1' 이상의 토지소유자의 동의를 받아 시장·군수등의 인가를 받아야 한다.
조합이 정관의 기재사항 중 조합원의 자격에 관한 사항을 변경하려는 경우에는 총회를 개최하여 조합원 '3분의 2' 이상의 찬성으로 시장·군수등의 인가를 받아야 한다.

정답 ④

06 ──────────────── 난이도 ★★☆

도시 및 주거환경정비법령상 조합총회의 소집에 관한 규정 내용이다. (   )에 들어갈 숫자를 바르게 나열한 것은?

제30회

> • 정관의 기재사항 중 조합임원의 권리·의무·보수·선임방법·변경 및 해임에 관한 사항을 변경하기 위한 총회의 경우는 조합원 (㉠)분의 1 이상의 요구로 조합장이 소집한다.
> • 총회를 소집하려는 자는 총회가 개최되기 (㉡) 일 전까지 회의 목적·안건·일시 및 장소를 정하여 조합원에게 통지하여야 한다.

① ㉠ 3, ㉡ 7
② ㉠ 5, ㉡ 7
③ ㉠ 5, ㉡ 10
④ ㉠ 10, ㉡ 7
⑤ ㉠ 10, ㉡ 10

해설

조합총회의 소집에 관한 규정은 다음과 같다.

> • 정관의 기재사항 중 조합임원의 권리·의무·보수·선임방법·변경 및 해임에 관한 사항을 변경하기 위한 총회의 경우는 조합원 '10'분의 1 이상의 요구로 조합장이 소집한다.
> • 총회를 소집하려는 자는 총회가 개최되기 '7'일 전까지 회의 목적·안건·일시 및 장소를 정하여 조합원에게 통지하여야 한다.

정답 ④

07 ─────────────── 난이도 ★☆☆

도시 및 주거환경정비법령상 조합설립인가를 받기 위한 동의에 관하여 (　　)에 들어갈 내용을 바르게 나열한 것은?　　　　제31회

> • 재개발사업의 추진위원회가 조합을 설립하려면 토지등소유자의 (㉠) 이상 및 토지면적의 (㉡) 이상의 토지소유자의 동의를 받아야 한다.
> • 재건축사업의 추진위원회가 조합을 설립하려는 경우 주택단지가 아닌 지역이 정비구역에 포함된 때에는 주택단지가 아닌 지역의 토지 또는 건축물 소유자의 (㉢) 이상 및 토지면적의 (㉣) 이상의 토지소유자의 동의를 받아야 한다.

① ㉠ 4분의 3, ㉡ 2분의 1, ㉢ 4분의 3, ㉣ 3분의 2
② ㉠ 4분의 3, ㉡ 3분의 1, ㉢ 4분의 3, ㉣ 2분의 1
③ ㉠ 4분의 3, ㉡ 2분의 1, ㉢ 3분의 2, ㉣ 2분의 1
④ ㉠ 2분의 1, ㉡ 3분의 1, ㉢ 2분의 1, ㉣ 3분의 2
⑤ ㉠ 2분의 1, ㉡ 3분의 1, ㉢ 4분의 3, ㉣ 2분의 1

해설

• 재개발사업의 추진위원회가 조합을 설립하려면 토지등소유자의 '4분의 3' 이상 및 토지면적의 '2분의 1' 이상의 토지소유자의 동의를 받아야 한다.
• 재건축사업의 추진위원회가 조합을 설립하려는 경우 주택단지가 아닌 지역이 정비구역에 포함된 때에는 주택단지가 아닌 지역의 토지 또는 건축물 소유자의 '4분의 3' 이상 및 토지면적의 '3분의 2' 이상의 토지소유자의 동의를 받아야 한다.

정답 ①

08 ─────────────── 난이도 ★★★

도시 및 주거환경정비법령상 조합의 정관을 변경하기 위하여 총회에서 조합원 3분의 2 이상의 찬성을 요하는 사항이 <u>아닌</u> 것은?　　　　제34회

① 정비구역의 위치 및 면적
② 조합의 비용부담 및 조합의 회계
③ 정비사업비의 부담시기 및 절차
④ 청산금의 징수·지급의 방법 및 절차
⑤ 시공자·설계자의 선정 및 계약서에 포함될 내용

해설

청산금의 징수·지급의 방법 및 절차에 관한 사항은 총회에서 조합원 3분의 2 이상의 찬성이 필요한 사항에 해당하지 않는다.

정답 ④

핵심이론 **사업시행계획 등**   目기출 25회 / 28회 / 31회

1 사업시행계획의 내용

(1) 토지이용계획(건축물 배치계획을 포함)

(2) 정비기반시설 및 공동이용시설 설치계획

(3) 임시거주시설을 포함한 주민이주대책

(4) 건축물의 높이 및 용적률 등에 관한 건축계획

(5) 임대주택의 건설계획(재건축사업의 경우는 제외)

(6) 국민주택규모 주택의 건설계획(주거환경개선사업의 경우는 제외)

2 사업시행계획의 동의(경미한 변경은 동의×)

(1) **토지등소유자인 시행자**: 토지등소유자가 재개발사업을 시행하려는 경우에는 사업시행계획인가를 신청하기 전에 사업시행계획서에 대하여 토지등소유자의 4분의 3 이상 및 토지면적의 2분의 1 이상의 토지소유자의 동의를 받아야 한다.

(2) **지정개발자인 시행자**: 지정개발자가 정비사업을 시행하려는 경우에는 사업시행계획인가를 신청하기 전에 토지등소유자의 과반수의 동의 및 토지면적의 2분의 1 이상의 토지소유자의 동의를 받아야 한다.

3 사업시행계획의 인가

(1) 사업시행자는 시장·군수등에게 사업시행계획의 인가를 받아야 한다. 이 경우 시장·군수등은 14일 이상 공람하여야 하고, 60일 이내에 인가 여부를 통보하여야 한다.

(2) 사업시행자는 일부 건축물의 존치 또는 리모델링에 관한 내용이 포함된 사업시행계획서를 작성하여 사업시행계획인가를 신청할 수 있다.

4 경미한 사항의 변경 ⇨ 신고

(1) 대지면적을 10% 범위 안에서 변경하는 때

(2) 위치가 변경되지 않는 범위에서 부대·복리시설의 설치규모를 확대하는 때

(3) 내장재료 또는 외장재료를 변경하는 때

(4) 정비구역 또는 정비계획의 변경에 따라 사업시행계획서를 변경하는 때

(5) 조합설립변경인가에 따라 사업시행계획서를 변경하는 때

(6) 사업시행계획인가의 조건으로 부과된 사항의 이행에 따라 변경하는 때

5 교육감과 협의 등

(1) 정비구역으로부터 200m 이내에 교육시설이 설치되어 있는 때에는 지방자치단체의 교육감 또는 교육장과 협의하여야 한다.

(2) 재개발사업 + 지정개발자(지정개발자가 토지등소유자인 경우로 한정) ⇨ 100분의 20의 범위에서 예치하게 할 수 있다.

6 임시거주시설의 설치의무

(1) 사업시행자는 주거환경개선사업 및 재개발사업의 시행으로 철거되는 주택의 소유자 또는 세입자에게 해당 정비구역 안과 밖에 위치한 임대주택 등의 시설에 임시로 거주하게 하거나 주택자금의 융자를 알선하는 등 임시거주에 상응하는 조치를 하여야 한다.

(2) 국가 또는 지방자치단체는 사업시행자로부터 임시거주시설에 필요한 건축물이나 토지의 사용신청을 받은 때에는 제3자와 이미 매매계약을 체결한 경우 등의 사유가 없으면 이를 거절하지 못한다. 이 경우 사용료 또는 대부료는 면제한다.

01

난이도 ★☆☆

도시 및 주거환경정비법령상 재건축사업의 사업시행자가 작성하여야 하는 사업시행계획서에 포함되어야 하는 사항이 <u>아닌</u> 것은? (단, 조례는 고려하지 않음)
제31회

① 토지이용계획(건축물 배치계획을 포함한다)
② 정비기반시설 및 공동이용시설의 설치계획
③ 「도시 및 주거환경정비법」 제10조(임대주택 및 주택규모별 건설비율)에 따른 임대주택의 건설계획
④ 세입자의 주거 및 이주 대책
⑤ 임시거주시설을 포함한 주민이주대책

해설

임대주택의 건설계획은 재건축사업의 경우에는 사업시행계획서의 내용에서 제외된다.

플러스 이론⊕ 사업시행자는 정비계획에 따라 다음의 사항을 포함하는 사업시행계획서를 작성하여야 한다.

1. 토지이용계획(건축물 배치계획을 포함)(①)
2. 정비기반시설 및 공동이용시설의 설치계획(②)
3. 임시거주시설을 포함한 주민이주대책(⑤)
4. 세입자의 주거 및 이주 대책(④)
5. 사업시행기간 동안의 정비구역 내 가로등 설치, 폐쇄회로 텔레비전 설치 등 범죄예방대책
6. 임대주택의 건설계획(재건축사업의 경우는 제외)
7. 국민주택규모 주택의 건설계획(주거환경개선사업의 경우는 제외)
8. 공공지원민간임대주택 또는 임대관리 위탁주택의 건설계획(필요한 경우로 한정)
9. 건축물의 높이 및 용적률 등에 관한 건축계획
10. 정비사업의 시행과정에서 발생하는 폐기물의 처리계획
11. 교육시설의 교육환경 보호에 관한 계획(정비구역부터 200m 이내에 교육시설이 설치되어 있는 경우로 한정)
12. 정비사업비

정답 ③

02

난이도 ★★☆

도시 및 주거환경정비법령상 사업시행계획 등에 관한 설명으로 <u>틀린</u> 것은?
제25회

① 시장·군수등은 재개발사업의 시행자가 지정개발자(지정개발자가 토지등소유자인 경우에 한함)인 경우 시행자로 하여금 정비사업비의 100분의 30의 금액을 예치하게 할 수 있다.
② 사업시행계획서에는 사업시행기간 동안의 정비구역 내 가로등 설치, 폐쇄회로 텔레비전 설치 등 범죄예방대책이 포함되어야 한다.
③ 시장·군수등은 사업시행계획인가를 하려는 경우 정비구역으로부터 200m 이내에 교육시설이 설치되어 있는 때에는 해당 지방자치단체의 교육감 또는 교육장과 협의하여야 한다.
④ 인가받은 사업시행계획 중 건축물이 아닌 부대·복리시설의 위치를 변경하고자 하는 경우에는 변경인가를 받아야 한다.
⑤ 사업시행자가 사업시행계획인가를 받은 후 대지면적을 10%의 범위 안에서 변경하는 경우 시장·군수등에게 신고하여야 한다.

해설

시장·군수등은 재개발사업의 시행자가 지정개발자(지정개발자가 토지등소유자인 경우에 한함)인 경우 시행자로 하여금 정비사업비의 100분의 20의 금액을 예치하게 할 수 있다.

정답 ①

04 관리처분계획 등

1 분양신청

(1) 분양통지 및 공고

사업시행자는 사업시행계획인가의 고시가 있은 날부터 120일 이내에 토지등소유자에게 통지하고, 일간신문에 공고하여야 한다.

(2) 분양공고에 포함되어야 하는 사항에는 분양대상자별 종전의 토지 또는 건축물의 명세 및 사업시행계획인가의 고시가 있은 날을 기준으로 한 가격과 분양대상자별 분담금의 추산액은 해당하지 않는다.

(3) 분양신청기간

통지한 날부터 30일 이상 60일 이내로 하여야 한다.
⇨ 20일의 범위에서 한 차례만 연장 가능

(4) 손실보상협의

① 사업시행자는 관리처분계획이 인가·고시된 다음 날부터 90일 이내에 분양신청을 하지 아니한 자와 손실보상에 관한 협의를 하여야 한다.

② 사업시행자는 협의가 성립되지 아니하면 그 기간의 만료일 다음 날부터 60일 이내에 수용재결을 신청하거나 매도청구소송을 제기하여야 한다.

2 관리처분계획의 수립

(1) 위해방지를 위한 조치

재해 또는 위생상의 위해방지를 위하여 건축물의 일부와 대지의 공유지분을 교부할 수 있다.

(2) 정비구역 지정 후 분할된 토지를 취득한 자: 현금으로 청산할 수 있다.

(3) 분양설계: 분양신청기간이 만료되는 날을 기준으로 하여 수립한다.

(4) 공유: 1주택만 공급한다.

(5) 공람: 30일 이상

(6) 인가여부 통보: 30일 이내. 다만, 조합원 5분의 1 이상이 타당성 검증을 요청하는 경우에는 15일 이내에 공공기관에 타당성 검증을 요청하여야 한다.

(7) 임대주택 우선인수

국토교통부장관, 시·도지사, 시장, 군수, 구청장 또는 토지주택공사등은 조합이 요청하는 경우 재개발사업의 시행으로 건설된 임대주택을 인수하여야 한다. 조합이 재개발임대주택의 인수를 요청하는 경우 시·도지사 또는 시장, 군수, 구청장이 우선하여 인수하여야 한다.

(8) 지분형주택의 공급

① 지분형주택의 규모는 주거전용면적 60㎡ 이하인 주택으로 한정한다.

② 지분형주택의 공동 소유기간은 소유권을 취득한 날부터 10년의 범위에서 사업시행자가 정하는 기간으로 한다.

(9) 토지임대부 분양주택의 전환

국토교통부장관, 시·도지사, 시장·군수·구청장 또는 토지주택공사 등은 정비구역의 세입자와 면적이 90㎡ 미만인 토지를 소유한 자 또는 40㎡ 미만인 주거용 건축물을 소유한 자의 요청이 있는 경우에는 인수한 임대주택의 일부를 토지임대부 분양주택으로 전환하여 공급하여야 한다.

(10) 공급기준

① 과밀억제권역 외의 지역 + 재건축사업: 소유한 주택 수만큼 공급할 수 있다. 다만, 투기과열지구 또는 조정대상지역은 제외한다.

② 근로자 숙소, 기숙사 용도, 국가, 지방자치단체 및 토지주택공사등: 소유한 주택 수만큼 공급할 수 있다.

③ 종전 주택 가격의 범위 또는 종전 주택의 주거전용면적의 범위에서 2주택을 공급할 수 있고, 이 중 1주택은 주거전용면적을 $60m^2$ 이하로 한다. ⇨ $60m^2$ 이하로 공급받은 1주택은 소유권 이전고시일 다음 날부터 3년이 지나기 전에는 주택을 전매 (상속은 제외)하거나 전매를 알선할 수 없다.

④ 과밀억제권역 + 재건축사업: 토지등소유자가 소유한 주택 수의 범위에서 3주택까지 공급할 수 있다. 다만, 투기과열지구 또는 조정대상지역은 제외한다.

3 관리처분계획의 인가·고시의 효과

(1) 관리처분계획인가의 고시가 있은 때에는 종전의 토지 또는 건축물에 대하여 사용하거나 수익할 수 없다. 다만, 시행자의 동의를 받은 경우와 손실보상이 완료되지 아니한 경우는 사용 또는 수익할 수 있다.

(2) 사업시행자는 관리처분계획의 인가를 받은 후 기존의 건축물을 철거하여야 한다. 다만, 폐공가의 밀집으로 범죄발생의 우려가 있는 경우에는 건축물 소유자의 동의 및 시장·군수등의 허가를 받아 해당 건축물을 철거할 수 있다.

4 경미한 변경 ⇨ 신고. 중지·폐지 ⇨ 인가

(1) 계산착오·오기·누락 등에 따른 조서의 단순정정으로 불이익을 받는 자가 없는 경우

(2) 사업시행자의 변동에 따른 권리변동이 있는 경우로서 분양설계의 변경을 수반하지 아니하는 경우

(3) 정관 및 사업시행계획인가의 변경에 따라 관리처분계획을 변경하는 경우

(4) 매도청구의 판결에 따라 관리처분계획을 변경하는 경우

(5) 주택분양에 관한 권리를 포기하는 토지등소유자에게 임대주택의 공급에 따라 관리처분계획을 변경하는 경우

5 소유권 이전의 절차

준공인가 (시장·군수등) ⇨ 토지 분할 ⇨ 분양받을 자에게 통지 ⇨ 소유권이전고시 (다음 날: 소유권 취득)

추가 ✚ 정비사업의 효율적인 추진을 위하여 필요한 경우에는 해당 정비사업에 관한 공사가 전부 완료되기 전이라도 완공된 부분은 준공인가를 받아 대지 또는 건축물별로 분양받을 자에게 소유권을 이전할 수 있다.

6 공사완료에 따른 조치

(1) 준공인가

시장·군수등이 아닌 사업시행자가 정비사업 공사를 완료한 때에는 시장·군수등의 준공인가를 받아야 한다. 다만, 사업시행자가 토지주택공사인 경우로서 준공인가 처리결과를 시장·군수등에게 통보한 경우에는 그러하지 아니하다.

(2) 준공인가에 따른 정비구역의 해제

① 정비구역의 지정은 준공인가의 고시가 있은 날(관리처분계획을 수립하는 경우에는 이전고시가 있은 때)의 다음 날에 해제된 것으로 본다.

② 정비구역의 해제는 조합의 존속에 영향을 주지 아니한다.

(3) 이전고시와 소유권취득

사업시행자는 대지 및 건축물의 소유권을 이전하려는 때에는 지방자치단체의 공보에 고시한 후 시장·군수등에게 보고하여야 한다. 이 경우 대지 또는 건축물을 분양받을 자는 소유권 이전고시일 다음 날에 소유권을 취득한다.

(4) 이전등기 및 다른 등기의 제한

① 이전등기: 사업시행자는 소유권이전고시가 있은 때에는 지체 없이 대지 및 건축물에 관한 등기를 지방법원지원 또는 등기소에 촉탁 또는 신청하여야 한다.

② 다른 등기의 제한: 정비사업에 관하여 소유권이전고시가 있은 날부터 소유권이전등기가 있을 때까지는 저당권 등의 다른 등기를 하지 못한다.

⑸ **조합의 해산**
① 조합장은 소유권 이전고시가 있은 날부터 1년 이내에 조합해산을 위한 총회를 소집하여야 한다.
② 조합장이 1년 이내에 해산을 위한 총회를 소집하지 아니한 경우 조합원 5분의 1 이상의 요구로 소집된 총회에서 조합원 **과반수**의 출석과 출석조합원 **과반수**의 동의를 받아 해산을 의결할 수 있다.
③ 시장·군수등은 조합이 정당한 사유 없이 해산을 의결하지 아니하는 경우에는 조합설립인가를 취소할 수 있다.

7 청산금

⑴ **분할징수 및 지급**
정관 등에서 분할징수 및 분할지급을 정하고 있거나 총회의 의결을 거쳐 따로 정한 경우에는 관리**처분계획인가** 후부터 소유권이전고시일까지 분할징수하거나 **분할지급할 수** 있다.

⑵ **시장·군수등이 아닌 시행자**
시장·군수등에게 청산금의 징수를 **위탁할 수** 있다. 이 경우 사업시행자는 징수한 금액의 100분의 4에 해당 하는 금액을 해당 시장·군수등에게 교부하여야 한다.

⑶ **공탁**
청산금을 지급받을 자가 받을 수 없거나 받기를 거부한 때에는 사업시행자는 그 청산금을 공탁할 수 있다.

⑷ **소멸시효**
소유권 이전고시일 다음 날 + 5년

⑸ **물상대위**
정비구역에 있는 토지 또는 건축물에 저당권을 설정한 권리자는 사업시행자가 저당권이 설정된 토지 또는 건축물의 소유자에게 **청산금**을 지급하기 전에 압류절차를 거쳐 **저당권을 행사할 수** 있다.

---

01 ─────── 난이도 ★★★

도시 및 주거환경정비법령상 분양공고에 포함되어야 할 사항으로 명시되지 않은 것은? (단, 토지 등 소유자 1인이 시행하는 재개발사업은 제외하고, 조례는 고려하지 않음) 제30회

① 분양신청자격
② 분양신청방법
③ 분양신청기간 및 장소
④ 분양대상자별 분담금의 추산액
⑤ 분양대상 대지 또는 건축물의 내역

해설
분양대상자별 분담금의 추산액은 분양공고에 포함되어야 할 사항이 아니다.

플러스 이론 분양공고에 포함되어야 하는 사항은 다음과 같다.

1. 사업시행인가의 내용
2. 정비사업의 종류·명칭 및 정비구역의 위치·면적
3. 분양신청기간 및 장소(③)
4. 분양대상 대지 또는 건축물의 내역(⑤)
5. 분양신청자격(①)
6. 분양신청방법(②)
7. 토지등소유자 외의 권리자의 권리신고방법
8. 분양을 신청하지 아니한 자에 대한 조치

정답 ④

02 ──────────── 난이도 ★★☆

도시 및 주거환경정비법령상 관리처분계획 등에 관한 설명으로 옳은 것은? 제27회 수정

① 재개발사업의 관리처분은 정비구역 안의 지상권자에 대한 분양을 포함하여야 한다.

② 재건축사업의 관리처분의 기준은 조합원 전원의 동의를 받더라도 법령상 정하여진 관리처분의 기준과 달리 정할 수 없다.

③ 사업시행자는 폐공가의 밀집으로 범죄 발생의 우려가 있는 경우 기존 건축물의 소유자의 동의 및 시장·군수등의 허가를 받아 해당 건축물을 철거할 수 있다.

④ 관리처분계획의 인가·고시가 있는 때에는 종전의 토지의 임차권자는 사업시행자의 동의를 받더라도 소유권의 이전고시가 있은 날까지 종전의 토지를 사용할 수 없다.

⑤ 주거환경개선사업의 사업시행자는 관리처분계획에 따라 공동이용시설을 새로 설치하여야 한다.

03 ──────────── 난이도 ★★★

도시 및 주거환경정비법령상 사업시행자가 인가받은 관리처분계획을 변경하고자 할 때 시장·군수등에게 신고하여야 하는 경우가 <u>아닌</u> 것은? 제29회

① 사업시행자의 변동에 따른 권리·의무의 변동이 있는 경우로서 분양설계의 변경을 수반하지 아니하는 경우

② 재건축사업에서의 매도청구에 대한 판결에 따라 관리처분계획을 변경하는 경우

③ 주택분양에 관한 권리를 포기하는 토지등소유자에 대한 임대주택의 공급에 따라 관리처분계획을 변경하는 경우

④ 계산착오·오기·누락 등에 따른 조서의 단순정정 인 경우로서 불이익을 받는 자가 있는 경우

⑤ 정관 및 사업시행계획인가의 변경에 따라 관리처분계획을 변경하는 경우

해설

① 재개발사업의 관리처분은 정비구역 안의 지상권자에 대한 분양을 제외한다.

② 재건축사업의 관리처분의 기준은 조합원 전원의 동의를 받는 경우 법령상 정하여진 관리처분의 기준과 다르게 정할 수 있다.

④ 관리처분계획의 인가·고시가 있는 때에는 종전의 토지의 임차권자는 사업시행자의 동의를 받은 경우 소유권의 이전고시가 있은 날까지 종전의 토지를 사용할 수 있다.

⑤ 공동이용시설은 관리처분계획이 아니라 사업시행계획에 따라 설치하여야 한다.

해설

계산착오·오기·누락 등에 따른 조서의 단순정정인 경우로서 불이익을 받는 자가 있는 경우에는 시장·군수등의 인가를 받아야 한다. 불이익을 받는 자가 없는 경우가 신고대상이다.

정답 ③

정답 ④

04 ──────────── 난이도 ★★★

도시 및 주거환경정비법령상 관리처분계획 등에 관한 설명으로 옳은 것은? (단, 조례는 고려하지 않음) 제32회

① 지분형주택의 규모는 주거전용면적 60m² 이하인 주택으로 한정한다.

② 분양신청기간의 연장은 30일의 범위에서 한 차례만 할 수 있다.

③ 같은 세대에 속하지 아니하는 3명이 1토지를 공유한 경우에는 3주택을 공급하여야 한다.

④ 조합원 10분의 1 이상이 관리처분계획인가 신청이 있은 날부터 30일 이내에 관리처분계획의 타당성 검증을 요청한 경우 시장·군수는 이에 따라야 한다.

⑤ 시장·군수는 정비구역에서 면적이 100m²의 토지를 소유한 자로서 건축물을 소유하지 아니한 자의 요청이 있는 경우에는 인수한 임대주택의 일부를 「주택법」에 따른 토지임대부 분양주택으로 전환하여 공급하여야 한다.

05 ──────────── 난이도 ★★★

도시 및 주거환경정비법령상 주택의 공급 등에 관한 설명으로 옳은 것은? 제28회 수정

① 주거환경개선사업의 사업시행자는 정비사업의 시행으로 건설된 건축물을 인가된 사업시행계획에 따라 토지등소유자에게 공급하여야 한다.

② 국토교통부장관은 조합이 요청하는 경우 재건축사업의 시행으로 건설된 임대주택을 인수하여야 한다.

③ 시·도지사의 요청이 있는 경우 국토교통부장관은 인수한 임대주택의 일부를 「주택법」에 따른 토지임대부 분양주택으로 전환하여 공급하여야 한다.

④ 사업시행자는 정비사업의 시행으로 임대주택을 건설하는 경우 공급대상자에게 주택을 공급하고 남은 주택에 대하여 공급대상자 외의 자에게 공급할 수 있다.

⑤ 관리처분계획상 분양대상자별 종전의 토지 또는 건축물의 명세에서 종전 주택의 주거전용면적이 60m²를 넘지 않는 경우 2주택을 공급할 수 없다.

해설
② 분양신청기간의 연장은 20일의 범위에서 한 차례만 할 수 있다.
③ 같은 세대에 속하지 아니하는 3명이 1토지를 공유한 경우에는 1주택을 공급하여야 한다.
④ 조합원 5분의 1 이상이 관리처분계획인가 신청이 있은 날부터 15일 이내에 관리처분계획의 타당성 검증을 요청한 경우 시장·군수는 대통령령으로 정하는 공공기관에 타당성 검증을 요청하여야 한다.
⑤ 시장·군수는 정비구역에서 면적이 90m² 미만의 토지를 소유한 자로서 건축물을 소유하지 아니한 자의 요청이 있는 경우에는 인수한 임대주택의 일부를 「주택법」에 따른 토지임대부 분양주택으로 전환하여 공급하여야 한다.

정답 ①

해설
① 주거환경개선사업의 사업시행자는 정비사업의 시행으로 건설된 건축물을 인가된 관리처분계획에 따라 토지등소유자에게 공급하여야 한다.
② 국토교통부장관은 조합이 요청하는 경우 재개발사업의 시행으로 건설된 임대주택을 인수하여야 한다.
③ 정비구역의 세입자와 대통령령으로 정하는 면적 이하의 토지 또는 주택을 소유한 자의 요청이 있는 경우 국토교통부장관은 인수한 임대주택의 일부를 「주택법」에 따른 토지임대부 분양주택으로 전환하여 공급하여야 한다.
⑤ 관리처분계획상 분양대상자별 종전의 토지 또는 건축물의 명세에서 종전 주택의 주거전용면적이 60m²를 넘지 않는 경우 종전 주택가격의 범위에서 2주택을 공급할 수 있다.

정답 ④

06 ── 난이도 ★★★

도시 및 주거환경정비법령상 관리처분계획에 따른 처분 등에 관한 설명으로 틀린 것은? 제31회

① 정비사업의 시행으로 조성된 대지 및 건축물은 관리처분계획에 따라 처분 또는 관리하여야 한다.

② 사업시행자는 정비사업의 시행으로 건설된 건축물을 관리처분계획에 따라 토지등소유자에게 공급하여야 한다.

③ 환지를 공급하는 방법으로 시행하는 주거환경개선사업의 사업시행자가 정비구역에 주택을 건설하는 경우 주택의 공급 방법에 관하여 「주택법」에도 불구하고 시장·군수등의 승인을 받아 따로 정할 수 있다.

④ 사업시행자는 분양신청을 받은 후 잔여분이 있는 경우에는 사업시행계획으로 정하는 목적을 위하여 그 잔여분을 조합원 또는 토지등소유자 이외의 자에게 분양할 수 있다.

⑤ 조합이 재개발임대주택의 인수를 요청하는 경우 국토교통부장관이 우선하여 인수하여야 한다.

해설

조합이 재개발임대주택의 인수를 요청하는 경우 시·도지사, 시장, 군수, 구청장이 우선하여 인수하여야 한다.

정답 ⑤

07 ── 난이도 ★★★

도시 및 주거환경정비법령상 공사완료에 따른 조치 등에 관한 설명으로 틀린 것을 모두 고른 것은? 제31회

> ㉠ 정비사업의 효율적인 추진을 위하여 필요한 경우에는 해당 정비사업에 관한 공사가 전부 완료되기 전이라도 완공된 부분은 준공인가를 받아 대지 또는 건축물별로 분양받을 자에게 소유권을 이전할 수 있다.
>
> ㉡ 준공인가에 따라 정비구역의 지정이 해제되면 조합도 해산된 것으로 본다.
>
> ㉢ 정비사업에 관하여 소유권의 이전고시가 있은 날부터는 대지 및 건축물에 관한 등기가 없더라도 저당권 등의 다른 등기를 할 수 있다.

① ㉠   ② ㉡

③ ㉠, ㉡   ④ ㉠, ㉢

⑤ ㉡, ㉢

해설

㉡ 정비구역의 해제는 조합의 존속에 영향을 주지 아니한다.

㉢ 정비사업에 관하여 소유권의 이전고시가 있은 날부터 소유권이전등기가 있을 때까지는 저당권 등의 다른 등기를 하지 못한다.

정답 ⑤

08 — 난이도 ★★☆

도시 및 주거환경정비법령상 청산금 및 비용부담 등에 관한 설명으로 옳은 것은? 제32회

① 청산금을 징수할 권리는 소유권 이전고시일부터 3년간 행사하지 아니하면 소멸한다.

② 정비구역의 국유·공유재산은 정비사업 외의 목적으로 매각되거나 양도될 수 없다.

③ 청산금을 지급받을 자가 받기를 거부하더라도 사업시행자는 그 청산금을 공탁할 수는 없다.

④ 시장·군수등이 아닌 사업시행자는 부과금을 체납하는 자가 있는 때에는 지방세 체납처분의 예에 따라 부과·징수할 수 있다.

⑤ 국가 또는 지방자치단체는 토지임대부 분양주택을 공급받는 자에게 해당 공급비용의 전부를 융자할 수는 없다.

해설

① 청산금을 징수할 권리는 소유권 이전고시일의 다음 날부터 5년간 행사하지 아니하면 소멸한다.

③ 청산금을 지급받을 자가 받기를 거부한 때에는 사업시행자는 그 청산금을 공탁할 수 있다.

④ 시장·군수등이 아닌 사업시행자는 부과금을 체납하는 자가 있는 때에는 시장·군수등에게 그 부과·징수를 위탁할 수 있다. 시장·군수등은 부과·징수를 위탁받은 경우에는 지방세 체납처분의 예에 따라 부과·징수할 수 있다.

⑤ 국가 또는 지방자치단체는 토지임대부 분양주택을 공급받는 자에게 해당 공급비용의 전부 또는 일부를 보조 또는 융자할 수 있다.

정답 ②

09 — 난이도 ★★☆

도시 및 주거환경정비법령상 소규모 토지 등의 소유자에 대한 토지임대부 분양주택 공급에 관한 내용이다. (　　)에 들어갈 숫자로 옳은 것은? (단, 조례는 고려하지 않음) 제34회

> 국토교통부장관, 시·도지사, 시장, 군수, 구청장 또는 토지주택공사 등은 정비구역에 세입자와 다음의 어느 하나에 해당하는 자의 요청이 있는 경우에는 인수한 재개발임대주택의 일부를 「주택법」에 따른 토지임대부 분양주택으로 전환하여 공급하여야 한다.
> 1. 면적이 (㉠)m² 미만의 토지를 소유한 자로서 건축물을 소유하지 아니한 자
> 2. 바닥면적이 (㉡)m² 미만의 사실상 주거를 위하여 사용하는 건축물을 소유한 자로서 토지를 소유하지 아니한 자

① ㉠: 90, ㉡: 40

② ㉠: 90, ㉡: 50

③ ㉠: 90, ㉡: 60

④ ㉠: 100, ㉡: 40

⑤ ㉠: 100, ㉡: 50

해설

1. 면적이 90m² 미만의 토지를 소유한 자로서 건축물을 소유하지 아니한 자

2. 바닥면적이 40m² 미만의 사실상 주거를 위하여 사용하는 건축물을 소유한 자로서 토지를 소유하지 아니한 자

정답 ①

건축법 **체계도**

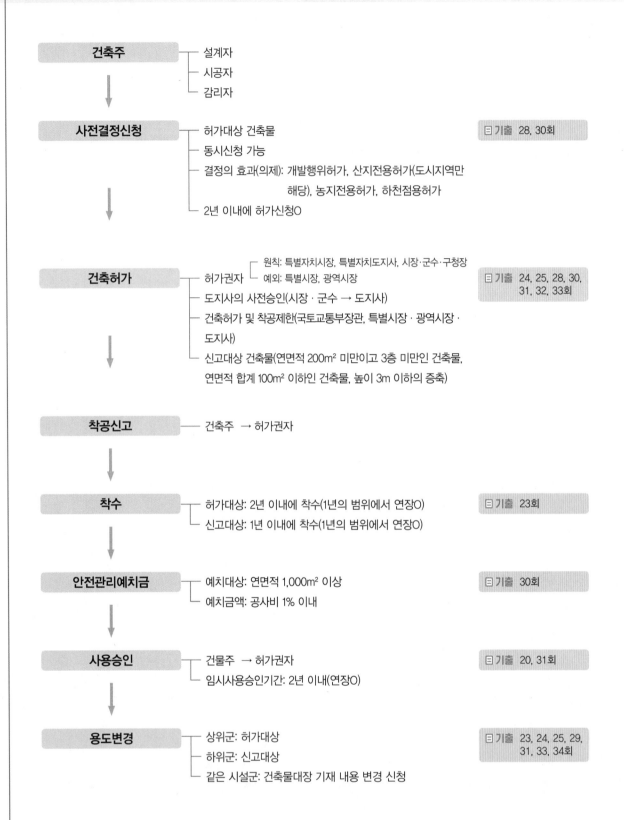

건축주 ── 설계자
　　　　── 시공자
　　　　── 감리자

사전결정신청 ── 허가대상 건축물　　　　　　　　　　　　📄 기출 28, 30회
　　　　　　── 동시신청 가능
　　　　　　── 결정의 효과(의제): 개발행위허가, 산지전용허가(도시지역만
　　　　　　　　　　　　　　　　　해당), 농지전용허가, 하천점용허가
　　　　　　── 2년 이내에 허가신청O

건축허가 ──　　　　　── 원칙: 특별자치시장, 특별자치도지사, 시장·군수·구청장　　📄 기출 24, 25, 28, 30,
　　　　　── 허가권자 ── 예외: 특별시장, 광역시장　　　　　　　　　　　　　　　　31, 32, 33회
　　　　　── 도지사의 사전승인(시장 · 군수 → 도지사)
　　　　　── 건축허가 및 착공제한(국토교통부장관, 특별시장 · 광역시장 ·
　　　　　　　도지사)
　　　　　── 신고대상 건축물(연면적 200m² 미만이고 3층 미만인 건축물,
　　　　　　　연면적 합계 100m² 이하인 건축물, 높이 3m 이하의 증축)

착공신고 ── 건축주 → 허가권자

착수 ── 허가대상: 2년 이내에 착수(1년의 범위에서 연장O)　　📄 기출 23회
　　　── 신고대상: 1년 이내에 착수(1년의 범위에서 연장O)

안전관리예치금 ── 예치대상: 연면적 1,000m² 이상　　📄 기출 30회
　　　　　　── 예치금액: 공사비 1% 이내

사용승인 ── 건물주 → 허가권자　　　　　📄 기출 20, 31회
　　　　── 임시사용승인기간: 2년 이내(연장O)

용도변경 ── 상위군: 허가대상　　　　　　　　　　　📄 기출 23, 24, 25, 29,
　　　　── 하위군: 신고대상　　　　　　　　　　　　　31, 33, 34회
　　　　── 같은 시설군: 건축물대장 기재 내용 변경 신청

01 건축법 적용범위

핵심이론 용어의 정의 및 적용대상

1 용어의 정의

(1) **건축물**: 토지에 정착하는 공작물 중 지붕과 기둥 또는 벽이 있는 것과 이에 딸린 시설물, 지하나 고가의 공작물에 설치하는 사무소·공연장·점포·차고·창고를 말한다.

(2) **지하층**: 바닥으로부터 지표면까지의 평균높이가 해당 층 높이의 2분의 1 이상인 것을 말한다.

(3) **주요구조부**: 내력벽, 기둥, 바닥, 보, 지붕틀, 주계단을 말한다. 다만, 사이 기둥, 최하층 바닥, 작은 보, 차양, 옥외계단은 제외한다.

(4) **고층건축물**: 층수가 30층 이상이거나 높이가 120m 이상인 건축물을 말한다.

(5) **초고층건축물**: 층수가 50층 이상이거나 높이가 200m 이상인 건축물을 말한다.

(6) **다중이용건축물**: 다음의 어느 하나에 해당하는 건축물을 말한다.
   ① 바닥면적의 합계가 5,000㎡ 이상인 **문화 및 집회시설**(동물원·식물원은 제외), 종교시설, 판매시설, 여객용 시설, 종합병원, 관광숙박시설
   ② 16층 이상인 건축물

(7) **특수구조건축물**
   ① 한쪽 끝은 고정되고 다른 끝은 지지(支持)되지 아니한 구조로 된 보·차양 등이 외벽(외벽이 없는 경우에는 외곽기둥을 말함)의 중심선으로부터 3m 이상 돌출된 건축물
   ② 기둥과 기둥 사이의 거리(기둥의 중심선 사이의 거리를 말함)가 20m 이상인 건축물

2 「건축법」을 적용하지 아니하는 건축물

(1) 지정문화유산이나 임시지정문화유산, 명승이나 임시지정명승

(2) 운전보안시설, 철도 선로의 위나 아래를 가로지르는 보행시설, 플랫폼, 급수·급탄·급유시설

(3) 고속도로 통행료 징수시설

(4) 컨테이너를 이용한 간이창고(공장의 용도 + 이동이 쉬운 것에 한함)

(5) 「하천법」에 따른 하천구역 내의 수문조작실

3 신고대상 공작물

(1) **옹벽 또는 담장**: 높이 2m를 넘는 것

(2) **광고판, 광고탑, 장식탑, 기념탑, 첨탑**: 높이 4m를 넘는 것

(3) **굴뚝, 통신용 철탑**: 높이 6m를 넘는 것

(4) **고가수조**: 높이 8m를 넘는 것

(5) **기계식 주차장으로서 외벽이 없는 것**: 높이 8m 이하

(6) **지하대피호**: 바닥면적 30㎡를 넘는 것

(7) **태양에너지를 이용한 발전설비**: 높이 5m를 넘는 것

4 건축

신축	건축물이 없는 대지에 새로 건축물을 축조하는 것
증축	기존 건축물이 있는 대지에서 건축면적, 연면적, 층수 또는 높이를 늘리는 것
개축	기존 건축물의 전부 또는 일부를 해체 + 종전과 같은 규모의 범위에서 다시 축조하는 것
재축	건축물이 천재지변이나 그 밖의 재해로 멸실 + 종전과 같은 규모(연면적 합계, 동수, 층수, 높이) 이하로 다시 축조하는 것
이전	주요구조부를 해체하지 아니하고 같은 대지에 다른 위치로 옮기는 것

5 대수선

(1) 내력벽을 증설·해체하거나 그 벽면적을 30m² 이상 수선 또는 변경하는 것

(2) 기둥·보·지붕틀을 증설 또는 해체하거나 세 개 이상 수선 또는 변경하는 것

(3) 방화벽 또는 방화구획을 위한 바닥 또는 벽을 증설 또는 해체하거나 수선 또는 변경하는 것

(4) 주계단·피난계단 또는 특별피난계단을 증설 또는 해체하거나 수선 또는 변경하는 것

(5) 다가구주택 또는 다세대주택의 경계벽을 증설·해체하거나 수선 또는 변경하는 것

(6) 건축물의 외벽에 마감 재료를 증설·해체하거나 벽면적 30m² 이상 수선 또는 변경하는 것

꼭 풀어야 할 필수기출

01 ──────────────── 난이도 ★★☆

건축법령상 다중이용건축물에 해당하는 것은?

제26회 수정

① 종교시설로 사용하는 바닥면적의 합계가 4,000m²인 5층의 성당
② 문화 및 집회시설로 사용하는 바닥면적의 합계가 5,000m²인 10층의 식물원
③ 숙박시설로 사용하는 바닥면적의 합계가 4,000m²인 16층의 관광호텔
④ 교육연구시설로 사용하는 바닥면적의 합계가 5,000m²인 15층의 연구소
⑤ 문화 및 집회시설로 사용하는 바닥면적의 합계가 5,000m²인 2층의 동물원

해설

다중이용건축물은 바닥면적의 합계가 5,000m² 이상이거나 층수가 16층 이상이어야 하므로 16층의 관광호텔은 다중이용건축물에 해당한다.
① 바닥면적의 합계가 5,000m² 이하이고 층수가 16층 이하이므로 해당하지 않는다.
② 식물원은 다중이용건축물에서 제외한다.
④ 교육연구시설은 다중이용건축물에 해당하지 않는다.
⑤ 동물원은 다중이용건축물에서 제외한다.

플러스 이론⊕ 다중이용건축물이란 다음의 어느 하나에 해당하는 건축물을 말한다.

1. 다음의 어느 하나에 해당하는 용도로 쓰는 바닥면적의 합계가 5,000m² 이상인 건축물
   • 문화 및 집회시설(동물원·식물원은 제외)
   • 종교시설
   • 판매시설
   • 운수시설 중 여객용 시설
   • 의료시설 중 종합병원
   • 숙박시설 중 관광숙박시설
2. 16층 이상인 건축물

정답 ③

02 ───────────── 난이도 ★★☆

건축법령상 용어에 관한 설명으로 옳은 것은?
제31회

① 건축물을 이전하는 것은 '건축'에 해당한다.
② '고층건축물'에 해당하려면 건축물의 층수가 30층 이상이고 높이가 120미터 이상이어야 한다.
③ 건축물이 천재지변으로 멸실된 경우 그 대지에 종전 규모보다 연면적의 합계를 늘려 건축물을 다시 축조하는 것은 '재축'에 해당한다.
④ 건축물의 내력벽을 해체하여 같은 대지의 다른 위치로 옮기는 것은 '이전'에 해당한다.
⑤ 기존 건축물이 있는 대지에서 건축물의 내력벽을 증설하여 건축면적을 늘리는 것은 '대수선'에 해당한다.

해설

② '고층건축물'에 해당하려면 건축물의 층수가 30층 이상 또는 높이가 120m 이상이어야 한다.
③ 건축물이 천재지변으로 멸실된 경우 그 대지에 종전 규모보다 연면적의 합계를 늘려 건축물을 다시 축조하는 것은 '신축'에 해당한다.
④ 건축물의 내력벽을 해체하여 같은 대지의 다른 위치로 옮기는 것은 '이전'에 해당하지 않는다.
⑤ 기존 건축물이 있는 대지에서 건축물의 내력벽을 증설하여 건축면적을 늘리는 것은 '증축'에 해당한다.

정답 ①

03 ───────────── 난이도 ★★★

건축법령상 특수구조 건축물의 특례에 관한 설명으로 옳은 것은? (단, 건축법령상 다른 특례 및 조례는 고려하지 않음)
제32회

① 건축 공사현장 안전관리 예치금에 관한 규정을 강화하여 적용할 수 있다.
② 대지의 조경에 관한 규정을 변경하여 적용할 수 있다.
③ 한쪽 끝은 고정되고 다른 끝은 지지되지 아니한 구조로 된 차양이 외벽(외벽이 없는 경우에는 외곽 기둥을 말함)의 중심선으로부터 3m 이상 돌출된 건축물은 특수구조 건축물에 해당한다.
④ 기둥과 기둥 사이의 거리(기둥의 중심선 사이의 거리를 말함)가 15m인 건축물은 특수구조 건축물로서 건축물 내진등급의 설정에 관한 규정을 강화하여 적용할 수 있다.
⑤ 특수구조 건축물을 건축하려는 건축주는 건축허가 신청 전에 허가권자에게 해당 건축물의 구조안전에 관하여 지방건축위원회의 심의를 신청하여야 한다.

해설

① 건축 공사현장 안전관리 예치금에 관한 규정은 강화하여 적용할 수 없다.
② 대지의 조경에 관한 규정은 변경하여 적용할 수 없다.
④ 기둥과 기둥 사이의 거리(기둥의 중심선 사이의 거리를 말함)가 20m 이상인 건축물은 특수구조 건축물로서 건축물 내진등급의 설정에 관한 규정을 강화하여 적용할 수 있다.
⑤ 특수구조 건축물을 건축하려는 건축주는 착공신고를 하기 전에 허가권자에게 해당 건축물의 구조안전에 관하여 지방건축위원회의 심의를 신청하여야 한다.

정답 ③

04 ──────────────── 난이도 ★☆☆

다음 건축물 중 건축법의 적용을 받는 것은?

제28회

① 대지에 정착된 컨테이너를 이용한 주택
② 철도의 선로 부지에 있는 운전보안시설
③ 「문화유산의 보존 및 활용에 관한 법률」에 따른 임시지정 문화유산
④ 고속도로 통행료 징수시설
⑤ 「하천법」에 따른 하천구역 내의 수문조작실

해설

대지에 정착된 컨테이너를 이용한 주택은 「건축법」의 적용을 받는다.

플러스 이론 ✚ 「건축법」의 적용을 받지 않는 건축물은 다음과 같다.

1. 지정문화유산이나 임시지정 문화유산, 명승이나 임시지정명승
2. 철도나 궤도의 선로 부지(敷地)에 있는 다음의 시설
   • 운전보안시설
   • 철도 선로의 위나 아래를 가로지르는 보행시설
   • 플랫폼
   • 해당 철도 또는 궤도사업용 급수(給水)·급탄(給炭) 및 급유(給油) 시설
3. 고속도로 통행료 징수시설
4. 컨테이너를 이용한 간이창고(산업집적활성화 및 공장설립에 관한 법률에 따른 공장의 용도로만 사용되는 건축물의 대지에 설치하는 것으로서 이동이 쉬운 것만 해당)
5. 「하천법」에 따른 하천구역 내의 수문조작실

정답 ①

05 ──────────────── 난이도 ★★☆

건축법령상 대지를 조성하기 위하여 건축물과 분리하여 공작물을 축조하려는 경우, 특별자치시장·특별자치도지사 또는 시장·군수·구청장에게 신고하여야 하는 공작물에 해당하지 <u>않는</u> 것은? (단, 공용건축물에 대한 특례는 고려하지 않음)

제30회 수정

① 상업지역에 설치하는 높이 8m의 통신용 철탑
② 높이 4m의 옹벽
③ 높이 8m의 굴뚝
④ 바닥면적 40m²의 지하대피호
⑤ 높이 3m의 장식탑

해설

높이 4m를 넘는 장식탑이 신고대상 공작물이다. 따라서 높이 3m의 장식탑은 신고하지 않아도 된다.

플러스 이론 ✚ 「건축법」상 신고대상 공작물은 다음과 같다.

1. 높이 2m를 넘는 옹벽 또는 담장
2. 높이 6m를 넘는 굴뚝
3. 높이 4m를 넘는 광고탑, 광고판
4. 높이 4m를 넘는 장식탑, 기념탑, 첨탑
5. 높이 6m를 넘는 골프연습장 등의 운동시설을 위한 철탑, 주거지역·상업지역에 설치하는 통신용 철탑, 그 밖에 이와 비슷한 것
6. 높이 8m를 넘는 고가수조나 그 밖에 이와 비슷한 것
7. 높이 8m(위험을 방지하기 위한 난간의 높이는 제외) 이하의 기계식 주차장 및 철골 조립식 주차장(바닥면이 조립식이 아닌 것을 포함)으로서 외벽이 없는 것
8. 바닥면적 30m²를 넘는 지하대피호

정답 ⑤

핵심이론 건축물의 종류

기출 33회

▣ 용도별 건축물의 종류

용도	건축물의 종류
단독주택	① 단독주택 ② 다중주택(학생 또는 직장인이 장기간 거주할 수 있는 구조 + 독립된 주거의 형태를 갖추지 않은 것 + 660m² 이하 + 3개층 이하) ③ 다가구주택(3개층 이하 + 660m² 이하 + 19세대 이하가 거주할 것) ④ 공관
공동주택	① 아파트 : 주택으로 쓰는 층수가 5개층 이상인 주택 ② 연립주택 : 주택으로 쓰는 1개 동의 바닥면적의 합계가 660m²를 초과하고, 층수가 4개층 이하인 주택 ③ 다세대주택 : 주택으로 쓰는 1개 동의 바닥면적의 합계가 660m² 이하이고, 층수가 4개층 이하인 주택 ④ 기숙사
제1종 근린생활시설	① 의원, 치과의원, 한의원, 침술원, 접골원(接骨院), 조산원, 안마원, 산후조리원 ② 탁구장, 체육도장으로서 500m² 미만인 것 ③ 마을회관, 마을공동작업소, 마을공동구판장, 공중화장실, 정수장, 양수장 ④ 동물병원·동물미용실(300m² 미만)
제2종 근린생활시설	① 공연장(극장, 영화관) + 500m² 미만인 것 ② 서점(1,000m² 이상) ③ 총포판매소, 안마시술소, 노래연습장 ④ 사진관, 표구점, 일반음식점, 독서실, 기원 ⑤ 장의사, 동물병원·동물미용실(300m² 이상) ⑥ 다중생활시설(500m² 미만) ⑦ 단란주점(150m² 미만)
문화집회	동물원, 식물원, 수족관
의료시설	종합병원, 치과병원, 한방병원, 정신병원
노유자	어린이집, 경로당 ▶ 유치원 = 교육연구시설
숙박시설	관광호텔, 가족호텔, 휴양콘도미니엄
위락시설	무도장, 무도학원, 카지노영업소
동물식물	도축장, 도계장, 작물재배사
위험물저장	주유소 및 석유판매소, 액화가스충전소
창고시설	하역장, 물류터미널, 집배송시설
관광휴게	야외(음악당, 극장), 어린이회관, 관망탑, 휴게소
장례시설	장례식장, 동물전용의 장례식장

핵심이론 건축물의 용도변경

기출 23회 / 24회 / 25회 / 28회 / 29회 / 31회 / 34회

▣ 특별자치시장, 특별자치도지사, 시장, 군수, 구청장
(특별시장×, 광역시장×)

시설군	세부용도	허가	신고	사용승인	건축사설계
자동차 관련 시설군	자동차 관련 시설				
산업 등의 시설군	• 공장 • 창고시설 • 위험물 저장 및 처리시설 • 자원순환 관련 시설 • 운수시설 • 묘지 관련 시설 • 장례시설				
전기 통신 시설군	• 방송통신시설 • 발전시설				
문화 및 집회 시설군	• 종교시설 • 관광휴게시설 • 위락시설 • 문화 및 집회시설	↑	↓	허가 또는 신고 대상 중에서 100m² 이상인 용도변경*	허가 대상 중에서 500m² 이상인 용도변경
영업 시설군	• 운동시설 • 숙박시설 • 판매시설 • 다중생활시설				
교육 및 복지 시설군	• 노유자시설 • 교육연구시설 • 수련시설 • 야영장시설 • 의료시설				
근린생활 시설군	제1종·제2종 근린생활시설(다중생활시설은 제외)				
주거 업무 시설군	• 단독주택 • 공동주택 • 업무시설 • 교정시설 • 국방·군사시설				
그 밖의 시설군	동물 및 식물 관련 시설	같은 시설군 안에서 용도변경 ⇨ 건축물대장 기재내용 변경신청(같은 호 또는 제1종과 제2종 근린생활시설 상호 간의 용도변경은 제외)			

* 다만, 바닥면적 500m² 미만 + 대수선을 수반× ⇨ 사용승인×

01
난이도 ★★★

건축주인 甲은 4층 건축물을 병원으로 사용하던 중 이를 서점으로 용도변경하고자 한다. 건축법령상 이에 관한 설명으로 옳은 것은? (단, 다른 조건은 고려하지 않음) 제29회

① 甲이 용도변경을 위하여 건축물을 대수선할 경우 그 설계는 건축사가 아니어도 할 수 있다.

② 甲은 건축물의 용도를 서점으로 변경하려면 용도변경을 신고하여야 한다.

③ 甲은 서점에 다른 용도를 추가하여 복수용도로 용도변경 신청을 할 수 없다.

④ 甲의 병원이 준주거지역에 위치하고 있다면 서점으로 용도변경을 할 수 없다.

⑤ 甲은 서점으로 용도변경을 할 경우 피난 용도로 쓸 수 있는 광장을 옥상에 설치하여야 한다.

02
난이도 ★★★

甲은 A도 B군에서 숙박시설로 사용승인을 받은 바닥면적의 합계가 3천 제곱미터인 건축물의 용도를 변경하려고 한다. 건축법령상 이에 관한 설명으로 틀린 것은? 제31회

① 의료시설로 용도를 변경하려는 경우에는 용도변경 신고를 하여야 한다.

② 종교시설로 용도를 변경하려는 경우에는 용도변경 허가를 받아야 한다.

③ 甲이 바닥면적의 합계 1천 제곱미터의 부분에 대해서만 업무시설로 용도를 변경하는 경우에는 사용승인을 받지 않아도 된다.

④ A도지사는 도시·군계획에 특히 필요하다고 인정하면 B군수의 용도변경 허가를 제한할 수 있다.

⑤ B군수는 甲이 판매시설과 위락시설의 복수 용도로 용도변경 신청을 한 경우 지방건축위원회의 심의를 거쳐 이를 허용할 수 있다.

해설

① 甲이 용도변경을 위하여 건축물을 대수선할 경우 4층인 건축물이기 때문에 그 설계는 건축사가 하여야 한다.

③ 甲은 서점에 다른 용도를 추가하여 복수용도로 용도변경 신청을 할 수 있다.

④ 甲의 병원이 준주거지역에 위치하고 있다면 서점으로 용도변경을 할 수 있다.

⑤ 甲은 서점으로 용도변경을 할 경우 피난 용도로 쓸 수 있는 광장을 옥상에 설치하지 않아도 된다.

정답 ②

해설

甲이 바닥면적의 합계 1천m²의 부분에 대해서만 업무시설로 용도를 변경하는 경우에도 사용승인을 받아야 한다. 허가나 신고대상인 경우로서 용도변경하려는 부분의 바닥면적의 합계가 100m² 이상인 경우에는 사용승인에 관한 규정을 준용하기 때문이다.

정답 ③

03 ────────────────── 난이도 ★★☆

건축법령상 사용승인을 받은 건축물의 용도변경에 관한 설명으로 틀린 것은? 제24회

① 단독주택을 다가구주택으로 변경하는 경우에는 건축물대장 기재내용의 변경을 신청하지 않아도 된다.
② 제1종 근린생활시설을 의료시설로 변경하는 경우에는 허가를 받아야 한다.
③ 숙박시설을 수련시설로 변경하는 경우에는 신고를 하여야 한다.
④ 교육연구시설을 판매시설로 변경하는 경우에는 허가를 받아야 한다.
⑤ 공장을 자동차 관련 시설로 변경하는 경우에는 신고를 하여야 한다.

04 ────────────────── 난이도 ★★☆

건축법령상 사용승인을 받은 건축물의 용도변경이 신고대상인 경우만을 모두 고른 것은? 제25회

	용도변경 전	용도변경 후
㉠	판매시설	창고시설
㉡	숙박시설	위락시설
㉢	장례시설	종교시설
㉣	의료시설	교육연구시설
㉤	제1종 근린생활시설	업무시설

① ㉠, ㉡   ② ㉠, ㉢
③ ㉡, ㉣   ④ ㉢, ㉤
⑤ ㉣, ㉤

해설
㉠ 판매시설을 창고시설로의 용도변경은 허가대상이다.
㉡ 숙박시설을 위락시설로의 용도변경은 허가대상이다.
㉢ 장례시설을 종교시설로의 용도변경은 신고대상이다.
㉣ 의료시설을 교육연구시설로의 용도변경은 기재내용변경신청대상이다.
㉤ 제1종 근린생활시설을 업무시설로의 용도변경은 신고대상이다.

해설
공장을 자동차 관련 시설로 변경하는 경우에는 상위시설군으로의 용도변경에 해당하므로 허가를 받아야 한다.

정답 ⑤

정답 ④

건축허가 및 신고 目 기출 23회 / 24회 / 25회 / 26회 / 27회 / 28회 / 29회 / 30회 / 31회 / 32회 / 33회

1 사전결정신청

(1) 사전결정신청

허가대상 건축물을 건축하려는 자는 건축허가를 신청하기 전에 허가권자에게 사전결정을 신청할 수 있다.

(2) 동시신청

건축위원회의 심의와 교통영향평가서의 검토를 동시에 신청할 수 있다.

(3) 협의

허가권자는 소규모 환경영향평가 대상사업인 경우에는 환경부장관과 협의를 하여야 한다.

(4) 결정의 통지

허가권자는 사전결정신청을 받으면 입지, 규모, 용도 등을 사전결정한 후 신청자에게 알려야 한다.

(5) 통지의 효과

① 사전결정 통지를 받은 경우 개발행위허가, 산지전용허가, 농지전용허가, 하천점용허가를 받은 것으로 본다. 다만, 보전산지인 경우에는 도시지역만 해당한다.

② 사전결정신청자는 사전결정을 통지받은 날부터 2년 이내에 건축허가를 신청하여야 하며, 건축허가를 신청하지 않으면 사전결정의 효력이 상실된다.

2 허가권자

(1) 원칙

특별자치시장·특별자치도지사·시장·군수·구청장

(2) 예외

특별시장·광역시장 ⇨ 층수가 21층 이상 또는 연면적의 합계가 10만m² 이상인 건축물(공장, 창고는 제외)

3 도지사의 사전승인

(1) 층수가 21층 이상 또는 연면적의 합계가 10만m² 이상인 건축물(공장, 창고는 제외)

(2) 자연환경이나 수질을 보호하기 위하여 도지사가 지정·공고한 구역에 건축하는 3층 이상 또는 연면적의 합계가 1,000m² 이상인 공동주택, 일반음식점, 일반업무시설, 위락시설, 숙박시설

(3) 주거환경이나 교육환경을 보호하기 위하여 도지사가 지정·공고한 구역에 건축하는 위락시설, 숙박시설

4 대지의 소유권 확보

(1) 원칙

건축허가를 받으려는 자는 해당 대지의 소유권을 확보하여야 한다.

(2) 예외

다음의 경우에는 대지의 소유권을 확보하지 않아도 된다.

① 건축주가 대지의 소유권을 확보하지 못하였으나 그 대지를 사용할 수 있는 권원을 확보한 경우. 다만, 분양을 목적으로 하는 공동주택은 제외한다.

② 건축주가 집합건물의 공용부분을 변경하기 위하여 「집합건물의 소유 및 관리에 관한 법률」에 따른 결의가 있었음을 증명한 경우

③ 건축하려는 대지에 포함된 국공유지에 대하여 허가권자가 해당 토지의 관리청이 해당 토지를 건축주에게 매각할 것을 확인한 경우

④ 건축주가 집합건물을 재건축하기 위하여 「집합건물의 소유 및 관리에 관한 법률」에 따른 결의가 있었음을 증명한 경우

5 **건축허가의 필수적 취소** ⇨ 허가를 취소하여야 한다.

(1) 건축허가를 받은 자가 2년(공장은 3년) 이내에 착수하지 아니한 경우 ⇨ 1년의 범위에서 착수 기간을 연장할 수 있다.

(2) 공사에 착수하였으나 공사의 완료가 불가능하다고 인정되는 경우

(3) 대지의 소유권을 상실한 때부터 6개월이 지난 이후 공사의 착수가 불가능하다고 판단된 경우

6 **건축허가 및 착공의 제한**

(1) 제한권자
① 국토교통부장관: 국토관리를 위하여 특히 필요하다고 인정하거나 주무부장관이 국방, 국가유산의 보존 또는 국민경제를 위하여 요청하는 경우
② 특별시장, 광역시장, 도지사: 지역계획이나 도시·군계획 ⇨ 즉시 국토교통부장관에게 보고하여야 하며, 보고를 받은 국토교통부장관은 제한내용이 지나치다고 인정하면 해제를 명할 수 있다.

(2) 제한기간
2년 이내로 한다. 다만, 1회에 한하여 1년의 범위에서 연장할 수 있다.

(3) 제한절차
국토교통부장관이나 시·도지사는 착공을 제한하려는 경우 주민의 의견청취 후 건축위원회의 심의를 거쳐야 한다.

(4) 공고
허가권자는 지체 없이 이를 공고하여야 한다.

7 **신고대상**

(1) 바닥면적의 합계가 85m² 이내의 증축·개축·재축(다만, 3층 이상인 경우에는 증축·개축·재축하려는 부분의 바닥면적의 합계가 건축물 연면적의 10분의 1 이내인 경우로 한정)

(2) 연면적 200m² 미만이고 3층 미만인 건축물의 대수선

(3) 연면적의 합계가 100m² 이하인 건축물의 건축

(4) 건축물의 높이를 3m 이내로 증축

(5) 공업지역과 산업단지에서 건축하는 2층 이하이고 연면적의 합계가 500m² 이하인 공장

(6) 주요구조부의 해체가 없는 등 대통령령으로 정하는 다음의 대수선
① 내력벽의 면적을 30m² 이상 수선하는 것
② 기둥·보·지붕틀을 3개 이상 수선하는 것
③ 방화벽 또는 방화구획을 위한 바닥 또는 벽을 수선하는 것
④ 주계단·피난계단 또는 특별피난계단을 수선하는 것

추가⊕ 건축신고를 한 자가 1년 이내에 공사에 착수하지 아니하면 그 신고의 효력은 없어진다. ⇨ 1년의 범위에서 착수기간을 연장할 수 있다.

8 **허가(신고)에 따른 인·허가 등의 의제**

건축허가를 받으면 다음의 허가 등을 받거나 신고를 한 것으로 본다.

(1) 공사용 가설건축물의 축조신고

(2) 공작물의 축조신고

(3) 「국토의 계획 및 이용에 관한 법률」에 따른 개발행위허가

(4) 「사도법」에 따른 사도(私道)개설허가

(5) 「도로법」에 따른 도로의 점용허가

추가⊕
1. 상세시공도면 작성요청: 연면적의 합계가 5,000m² 이상인 건축공사의 감리자는 필요하다고 인정하면 시공자에게 상세시공도면을 작성하도록 요청할 수 있다.
2. 변경신고: 건축주·설계자·시공자·감리자 변경

꼭 풀어야 할 필수기출

01
난이도 ★☆☆

건축법령상 건축허가의 사전결정에 관한 설명으로 틀린 것은?
제28회

① 사전결정을 할 수 있는 자는 건축허가권자이다.

② 사전결정 신청사항에는 건축허가를 받기 위하여 신청자가 고려하여야 할 사항이 포함될 수 있다.

③ 사전결정의 통지로써 「국토의 계획 및 이용에 관한 법률」에 따른 개발행위허가가 의제되는 경우 허가권자는 사전결정을 하기에 앞서 관계 행정기관의 장과 협의하여야 한다.

④ 사전결정신청자는 건축위원회 심의와 「도시교통정비 촉진법」에 따른 교통영향평가서의 검토를 동시에 신청할 수 있다.

⑤ 사전결정신청자는 사전결정을 통지받은 날부터 2년 이내에 착공신고를 하여야 하며, 이 기간에 착공신고를 하지 아니하면 사전결정의 효력이 상실된다.

02
난이도 ★★☆

건축법령상 건축허가대상 건축물을 건축하려는 자가 허가권자의 사전결정통지를 받은 경우 그 허가를 받은 것으로 볼 수 있는 것만을 모두 고른 것은?
제30회, 제33회

> ㉠ 「국토의 계획 및 이용에 관한 법률」 제56조에 따른 개발행위허가
> ㉡ 「산지관리법」 제15조의2에 따른 도시지역 안의 보전산지에 대한 산지일시사용허가
> ㉢ 「산지관리법」 제14조에 따른 농림지역 안의 보전 산지에 대한 산지전용허가
> ㉣ 「농지법」 제34조에 따른 농지전용허가

① ㉠, ㉡

② ㉠, ㉡, ㉣

③ ㉠, ㉢, ㉣

④ ㉡, ㉢, ㉣

⑤ ㉠, ㉡, ㉢, ㉣

해설

사전결정신청자는 사전결정을 통지받은 날부터 2년 이내에 건축허가를 신청하여야 하며, 이 기간에 건축허가를 신청하지 아니하면 사전결정의 효력이 상실된다.

정답 ⑤

해설

㉢ 「산지관리법」 제14조에 따른 농림지역 안의 보전산지에 대한 산지전용허가는 의제되는 대상이 아니다. 보전산지의 경우에는 도시지역에 한하여 의제가 되기 때문이다.

정답 ②

03

난이도 ★★☆

건축법령상 건축허가를 받으려는 자가 해당 대지의 소유권을 확보하지 않아도 되는 경우만을 모두 고른 것은?

제28회

> ㉠ 분양을 목적으로 하는 공동주택의 건축주가 그 대지를 사용할 수 있는 권원을 확보한 경우
> ㉡ 건축주가 집합건물의 공용부분을 변경하기 위하여 「집합건물의 소유 및 관리에 관한 법률」 제15조 제1항에 따른 결의가 있었음을 증명한 경우
> ㉢ 건축하려는 대지에 포함된 국유지에 대하여 허가권자가 해당 토지의 관리청이 해당 토지를 건축주에게 매각할 것을 확인한 경우

① ㉠
② ㉡
③ ㉠, ㉢
④ ㉡, ㉢
⑤ ㉠, ㉡, ㉢

해설

건축허가를 받으려는 자가 해당 대지의 소유권을 확보하지 않아도 되는 경우는 다음과 같다.

> 1. 건축주가 대지의 소유권을 확보하지 못하였으나 그 대지를 사용할 수 있는 권원을 확보한 경우. 다만, 분양을 목적으로 하는 공동주택은 제외한다.
> 2. 건축주가 집합건물의 공용부분을 변경하기 위하여 「집합건물의 소유 및 관리에 관한 법률」 제15조 제1항에 따른 결의가 있었음을 증명한 경우(㉡)
> 3. 건축하려는 대지에 포함된 국유지에 대하여 허가권자가 해당 토지의 관리청이 해당 토지를 건축주에게 매각할 것을 확인한 경우(㉢)

정답 ④

04

난이도 ★★☆

건축법령상 건축허가 제한에 관한 설명으로 옳은 것은?

제32회

① 국방, 국가유산의 보존 또는 국민경제를 위하여 특히 필요한 경우 주무부장관은 허가권자의 건축허가를 제한할 수 있다.
② 지역계획을 위하여 특히 필요한 경우 도지사는 특별자치시장의 건축허가를 제한할 수 있다.
③ 건축허가를 제한하는 경우 건축허가 제한기간은 2년 이내로 하며, 1회에 한하여 1년 이내의 범위에서 제한기간을 연장할 수 있다.
④ 시·도지사가 건축허가를 제한하는 경우에는 「토지이용규제 기본법」에 따라 주민의견을 청취하거나 건축위원회의 심의를 거쳐야 한다.
⑤ 국토교통부장관은 건축허가를 제한하는 경우 제한 목적·기간, 대상 건축물의 용도와 대상 구역의 위치·면적·경계를 지체 없이 공고하여야 한다.

해설

① 국방, 국가유산의 보존 또는 국민경제를 위하여 특히 필요한 경우 주무부장관은 허가권자의 건축허가를 제한할 수 없고, 국토교통부장관에게 건축허가의 제한을 요청할 수 있다.
② 지역계획을 위하여 특히 필요한 경우 도지사는 특별자치시장의 건축허가를 제한할 수 없고, 시장·군수의 건축허가를 제한할 수 있다.
④ 시·도지사가 건축허가를 제한하는 경우에는 「토지이용규제 기본법」에 따라 주민의견을 청취한 후 건축위원회의 심의를 거쳐야 한다.
⑤ 국토교통부장관은 건축허가를 제한하는 경우 제한 목적·기간, 대상 건축물의 용도와 대상 구역의 위치·면적·경계를 허가권자에게 통보하여야 하며, 통보를 받은 허가권자는 지체 없이 이를 공고하여야 한다.

정답 ③

05

난이도 ★★☆

건축법령상 건축허가의 제한에 관한 설명으로 틀린 것은?

제26회

① 국방부장관이 국방을 위하여 특히 필요하다고 인정하여 요청하면 국토교통부장관은 허가권자의 건축허가를 제한할 수 있다.

② 교육감이 교육환경의 개선을 위하여 특히 필요하다고 인정하여 요청하면 국토교통부장관은 허가를 받은 건축물의 착공을 제한할 수 있다.

③ 특별시장은 지역계획에 특히 필요하다고 인정하면 관할 구청장의 건축허가를 제한할 수 있다.

④ 건축물의 착공을 제한하는 경우 제한기간은 2년 이내로 하되, 1회에 한하여 1년 이내의 범위에서 제한기간을 연장할 수 있다.

⑤ 도지사가 관할 군수의 건축허가를 제한한 경우, 국토교통부장관은 제한내용이 지나치다고 인정하면 해제를 명할 수 있다.

해설

교육감이 교육환경의 개선을 위하여 특히 필요하다고 인정하여 요청하는 경우는 국토교통부장관이 허가권자의 건축허가나 착공을 제한할 수 있는 사유에 해당하지 않는다.

정답 ②

06

난이도 ★★☆

건축법령상 건축신고를 하면 건축허가를 받은 것으로 볼 수 있는 경우에 해당하지 않는 것은?

제29회

① 연면적 150m²인 3층 건축물의 피난계단 증설

② 연면적 180m²인 2층 건축물의 대수선

③ 연면적 270m²인 3층 건축물의 방화벽 수선

④ 1층의 바닥면적 50m², 2층의 바닥면적 30m²인 2층 건축물의 신축

⑤ 바닥면적 100m²인 단층 건축물의 신축

해설

연면적 150m²인 3층 건축물의 피난계단을 증설하는 대수선은 신고대상에 해당하지 않는다.

플러스 이론 주요구조부의 해체가 없는 등 대통령령으로 정하는 다음의 대수선은 신고대상이다.

1. 내력벽의 면적을 30m² 이상 수선하는 것
2. 기둥을 세 개 이상 수선하는 것
3. 보를 세 개 이상 수선하는 것
4. 지붕틀을 세 개 이상 수선하는 것
5. 방화벽 또는 방화구획을 위한 바닥 또는 벽을 수선하는 것
6. 주계단·피난계단 또는 특별피난계단을 수선하는 것

정답 ①

07 ─────────────────── 난이도 ★★☆

건축주 甲은 A도 B시에서 연면적이 100m²이고 2층인 건축물을 대수선하고자 건축법 제14조에 따른 신고(이하 '건축신고')를 하려고 한다. 건축법령상 이에 관한 설명으로 옳은 것은? (단, 건축법령상 특례 및 조례는 고려하지 않음) 제32회

① 甲이 대수선을 하기 전에 B시장에게 건축신고를 하면 건축허가를 받은 것으로 본다.

② 건축신고를 한 甲이 공사시공자를 변경하려면 B시장에게 허가를 받아야 한다.

③ B시장은 건축신고의 수리 전에 건축물 안전영향평가를 실시하여야 한다.

④ 건축신고를 한 甲이 신고일부터 6개월 이내에 공사에 착수하지 아니하면 그 신고의 효력은 없어진다.

⑤ 건축신고를 한 甲은 건축물의 공사가 끝난 후 사용승인 신청 없이 건축물을 사용할 수 있다.

08 ─────────────────── 난이도 ★★☆

甲은 A광역시 B구에서 20층의 연면적 합계가 5만 제곱미터인 허가대상 건축물을 신축하려고 한다. 건축법령상 이에 관한 설명으로 틀린 것은? (단, 건축법령상 특례규정은 고려하지 않음) 제31회

① 甲은 B구청장에게 건축허가를 받아야 한다.

② 甲이 건축허가를 받은 경우에도 해당 대지를 조성하기 위해 높이 5미터의 옹벽을 축조하려면 따로 공작물 축조신고를 하여야 한다.

③ 甲이 건축허가를 받은 이후에 공사시공자를 변경하는 경우에는 B구청장에게 신고하여야 한다.

④ 甲이 건축허가를 받은 경우에도 A광역시장은 지역계획에 특히 필요하다고 인정하면 甲의 건축물의 착공을 제한할 수 있다.

⑤ 공사감리자는 필요하다고 인정하면 공사시공자에게 상세시공도면을 작성하도록 요청할 수 있다.

해설

② 건축신고를 한 甲이 공사시공자를 변경하려면 B시장에게 신고하여야 한다.

③ B시장은 초고층 건축물 등 대통령령으로 정하는 주요 건축물에 대하여 건축허가를 하기 전에 안전영향평가를 안전영향평가기관에 의뢰하여 실시하여야 한다.

④ 건축신고를 한 甲이 신고일부터 1년 이내에 공사에 착수하지 아니하면 그 신고의 효력은 없어진다.

⑤ 건축신고를 한 甲은 건축물의 공사가 끝난 후 사용승인을 받은 후에 건축물을 사용할 수 있다.

정답 ①

해설

甲이 건축허가를 받은 경우에는 해당 대지를 조성하기 위해 높이 5m의 옹벽을 축조하려면 따로 공작물 축조신고를 하지 않아도 된다. 건축허가를 받으면 공작물의 축조신고를 한 것으로 의제되기 때문이다.

정답 ②

건축물의 대지와 도로

1 대지의 안전

(1) 대지의 높이
대지는 인접한 도로면보다 낮아서는 아니 된다. 다만, 대지의 배수에 지장이 없거나 건축물의 용도상 방습이 필요 없는 경우에는 낮아도 된다.

(2) 습지·매립지
습한 토지, 물이 나올 우려가 많은 토지, 쓰레기, 그 밖에 이와 유사한 것으로 매립된 토지에 건축물을 건축하는 경우에는 성토(盛土), 지반 개량 등 필요한 조치를 하여야 한다.

(3) 옹벽의 설치
옹벽의 외벽면에는 지지 또는 배수를 위한 시설 외의 구조물이 밖으로 튀어나오지 아니하게 하여야 한다.

2 대지의 조경

(1) 원칙
200m² 이상인 대지에 건축을 하는 건축주는 대지에 조경이나 그 밖에 필요한 조치를 하여야 한다.

(2) 예외
다음에 해당하는 건축물에 대하여는 조경 등의 조치를 하지 아니할 수 있다.
① 녹지지역에 건축하는 건축물
② 공장(대지면적 5,000m² 미만에 건축하는 공장, 연면적의 합계가 1,500m² 미만인 공장, 산업단지의 공장)
③ 축사
④ 도시·군계획시설에 건축하는 가설건축물
⑤ 연면적의 합계가 1,500m² 미만인 물류시설(주거지역 또는 상업지역에 건축하는 것은 제외)

3 공개공지

(1) 설치지역
일반주거지역, 준주거지역, 상업지역, 준공업지역

(2) 대상건축물
바닥면적의 합계가 5,000m² 이상인 문화 및 집회시설, 종교시설, 판매시설(농수산물유통시설은 제외), 운수시설(여객용 시설만 해당), 업무시설, 숙박시설

(3) 확보면적
대지면적의 100분의 10 이하의 범위에서 조례로 정한다.

(4) 완화규정: 건폐율, 용적률, 건축물의 높이제한
용적률(1.2배 이하), 건축물의 높이제한(1.2배 이하)

(5) 문화행사
공개공지 등에는 연간 60일 이내의 기간 동안 주민들을 위한 문화행사나 판촉활동을 할 수 있다.

4 접도의무

(1) 건축물의 대지는 2m 이상이 도로에 접하여야 한다.

(2) 연면적의 합계가 2,000m²(공장의 경우에는 3,000m²) 이상인 건축물(축사, 작물재배사는 제외)의 경우에는 6m 이상의 도로에 4m 이상 접하여야 한다.

5 건축선에 따른 건축제한

(1) 건축물과 담장은 건축선의 수직면을 넘어서는 아니 된다. 다만, 지표 아래 부분은 수직면을 넘을 수 있다.

(2) 도로면으로부터 4.5m 이하의 출입구와 창문은 열고 닫을 때 건축선의 수직면을 넘지 아니하는 구조로 하여야 한다.

01
난이도 ★★☆

건축법령상 도시지역에 건축하는 건축물의 대지와 도로 등에 관한 설명으로 틀린 것은? 제25회

① 연면적의 합계가 2,000m²인 공장의 대지는 너비 6m 이상의 도로에 4m 이상 접하여야 한다.

② 쓰레기로 매립된 토지에 건축물을 건축하는 경우 성토, 지반 개량 등 필요한 조치를 하여야 한다.

③ 군수는 건축물의 위치나 환경을 정비하기 위하여 필요하다고 인정하면 4m 이하의 범위에서 건축선을 따로 지정할 수 있다.

④ 담장의 지표 위 부분은 건축선의 수직면을 넘어서는 아니 된다.

⑤ 공장의 주변에 허가권자가 인정한 공지인 광장이 있는 경우 연면적의 합계가 1,000m²인 공장의 대지는 도로에 2m 이상 접하지 않아도 된다.

02
난이도 ★★☆

건축법령상 대지면적이 2천제곱미터인 대지에 건축하는 경우 조경 등의 조치를 하여야 하는 건축물은? (단, 건축법령상 특례규정 및 조례는 고려하지 않음) 제31회

① 상업지역에 건축하는 물류시설

② 2층의 공장

③ 도시·군계획시설에서 허가를 받아 건축하는 가설 건축물

④ 녹지지역에 건축하는 기숙사

⑤ 연면적의 합계가 1천제곱미터인 축사

해설
연면적의 합계가 3,000m² 이상인 공장의 대지는 너비 6m 이상의 도로에 4m 이상 접하여야 한다.

정답 ①

해설
상업지역에 건축하는 물류시설은 조경 등의 조치를 하여야 한다.

정답 ①

03
난이도 ★★☆

건축법령상 대지의 조경 및 공개공지 등의 설치에 관한 설명으로 옳은 것은? (단, 건축법 제73조에 따른 적용 특례 및 조례는 고려하지 않음) 제25회

① 도시·군계획시설에 건축하는 연면적의 합계가 1,500m² 이상인 가설건축물에 대하여는 조경 등의 조치를 하여야 한다.

② 면적 5,000m² 미만인 대지에 건축하는 공장에 대하여는 조경 등의 조치를 하지 아니할 수 있다.

③ 녹지지역에 건축하는 창고에 대해서는 조경 등의 조치를 하여야 한다.

④ 상업지역의 건축물에 설치하는 공개공지 등의 면적은 대지면적의 100분의 10을 넘어야 한다.

⑤ 공개공지 등을 설치하는 경우 건축물의 건폐율은 완화하여 적용할 수 있으나 건축물의 높이제한은 완화하여 적용할 수 없다.

해설

① 도시·군계획시설에 건축하는 연면적의 합계가 1,500m² 이상인 가설건축물에 대하여는 조경 등의 조치를 하지 아니할 수 있다.

③ 녹지지역에 건축하는 창고에 대해서는 조경 등의 조치를 하지 아니할 수 있다.

④ 상업지역의 건축물에 설치하는 공개공지 등의 면적은 대지면적의 100분의 10 이하의 범위에서 건축조례로 정한다.

⑤ 공개공지 등을 설치하는 경우 건축물의 건폐율, 용적률과 건축물의 높이제한은 완화하여 적용할 수 있다.

정답 ②

04
난이도 ★☆☆

건축법령상 대지에 공개공지 또는 공개공간을 설치하여야 하는 건축물은? (단, 건축물의 용도로 쓰는 바닥면적의 합계는 5천m² 이상이며, 건축법령상 특례 및 조례는 고려하지 않음) 제34회

① 일반주거지역에 있는 초등학교

② 준주거지역에 있는 「농수산물 유통 및 가격안정에 관한 법률」에 따른 농수산물유통시설

③ 일반상업지역에 있는 관망탑

④ 자연녹지지역에 있는 「청소년활동진흥법」에 따른 유스호스텔

⑤ 준공업지역에 있는 여객용 운수시설

해설

준공업지역에 있는 여객용 운수시설은 대지에 공개공지 또는 공개공간을 설치하여야 하는 건축물에 해당한다.

플러스 이론❖ 공개공지 확보 대상 지역 및 건축물은 다음과 같다.

1. 대상지역 : 일반주거지역, 준주거지역, 상업지역, 준공업지역
2. 설치건축물 : 문화 및 집회시설, 종교시설, 판매시설(농수산물유통시설은 제외), 여객용 운수시설, 업무시설 및 숙박시설

정답 ⑤

04 건축물의 구조 및 면적산정방법

핵심이론 건축물의 구조안전

1 구조안전 확인서류 제출(내진능력공개)

(1) 층수가 2층(목구조 건축물의 경우 3층) 이상인 건축물

(2) 연면적 200m²(목구조 건축물의 경우 500m²) 이상인 건축물(창고, 축사, 작물재배사는 제외)

(3) 높이가 13m 이상인 건축물

(4) 처마높이가 9m 이상인 건축물

(5) 기둥과 기둥 사이의 거리가 10m 이상인 건축물

(6) 단독주택 및 공동주택

2 건축구조기술사와의 협력

(1) 6층 이상인 건축물

(2) 특수구조건축물

(3) 다중이용건축물

(4) 준다중이용건축물

(5) 3층 이상의 필로티형식의 건축물

3 옥상광장

5층 이상인 문화 및 집회시설(전시장 및 동물원·식물원은 제외), 종교시설, 판매시설, 주점영업, 장례시설

4 피난안전구역

(1) **초고층건축물**: 지상층으로부터 최대 30개 층마다 1개소 이상 설치하여야 한다.

(2) **준초고층 건축물**: 전체 층수의 2분의 1에 해당하는 층으로부터 상하 5개층 이내마다 1개소 이상 설치하여야 한다.

5 범죄예방기준에 따라 건축하여야 하는 건축물

(1) 다가구주택, 아파트, 연립주택 및 다세대주택

(2) 문화 및 집회시설(동·식물원은 제외)

(3) 교육연구시설(연구소 및 도서관은 제외)

꼭 풀어야 할 필수기출

01

난이도 ★★☆

건축법령상 구조안전 확인 건축물 중 건축주가 착공신고 시 구조안전 확인서류를 제출하여야 하는 건축물이 **아닌** 것은? (단, 건축법상 적용 제외 및 특례는 고려하지 않음) 제29회, 제34회

① 단독주택

② 처마높이가 10m인 건축물

③ 기둥과 기둥 사이의 거리가 10m인 건축물

④ 연면적이 330m²인 2층의 목구조 건축물

⑤ 다세대주택

해설

연면적이 330m²인 2층의 목구조 건축물은 구조안전 확인서류 제출대상에 해당하지 않는다.

플러스 이론❶ 건축주가 착공신고 시 구조안전 확인서류를 제출하여야 하는 건축물은 다음과 같다. 다만, 표준설계도서에 따라 건축하는 건축물은 제외한다.

1. 층수가 2층(목구조 건축물의 경우에는 3층) 이상인 건축물
2. 연면적이 200m²(목구조 건축물의 경우에는 500m²) 이상인 건축물. 다만, 창고, 축사, 작물재배사는 제외한다.
3. 높이가 13m 이상인 건축물
4. 처마높이가 9m 이상인 건축물(②)
5. 기둥과 기둥 사이의 거리가 10m 이상인 건축물(③)
6. 한쪽 끝은 고정되고 다른 끝은 지지(支持)되지 아니한 구조로된 보·차양 등이 외벽의 중심선으로부터 3m 이상 돌출된 건축물
7. 단독주택 및 공동주택(①, ⑤)

정답 ④

02

건축법령상 고층건축물의 피난시설에 관한 내용으로 ( )에 들어갈 것을 옳게 연결한 것은? 제27회

> 층수가 63층이고 높이가 190m인 (㉠)건축물에는 피난층 또는 지상으로 통하는 직통계단과 직접 연결되는 피난안전구역을 지상층으로부터 최대 (㉡)개 층마다 (㉢)개소 이상 설치하여야 한다.

① ㉠ 준고층, ㉡ 20, ㉢ 1
② ㉠ 준고층, ㉡ 30, ㉢ 2
③ ㉠ 초고층, ㉡ 20, ㉢ 1
④ ㉠ 초고층, ㉡ 30, ㉢ 1
⑤ ㉠ 초고층, ㉡ 30, ㉢ 2

해설

'초고층'건축물(층수가 50층 이상이거나 높이가 200m 이상인 건축물)에는 피난층 또는 지상으로 통하는 직통계단과 직접 연결되는 피난안전구역을 지상층으로부터 최대 '30'개 층마다 '1'개소 이상 설치하여야 한다.

정답 ④

03

건축법령상 국토교통부장관이 정하여 고시하는 건축물, 건축설비 및 대지에 관한 범죄예방기준에 따라 건축하여야 하는 건축물에 해당하지 <u>않는</u> 것은? 제29회 수정

① 교육연구시설 중 학교
② 제1종 근린생활시설 중 일용품을 판매하는 소매점
③ 제2종 근린생활시설 중 다중생활시설
④ 숙박시설 중 다중생활시설
⑤ 공동주택 중 기숙사

해설

공동주택 중 기숙사는 범죄예방기준에 따라 건축하여야 하는 건축물에 해당하지 않는다.

플러스 이론 ✚ 국토교통부장관이 정하여 고시하는 건축물, 건축설비 및 대지에 관한 범죄예방기준에 따라 건축하여야 하는 건축물은 다음과 같다.

1. 다가구주택, 아파트, 연립주택 및 다세대주택
2. 제1종 근린생활시설 중 일용품을 판매하는 소매점
3. 제2종 근린생활시설 중 다중생활시설
4. 문화 및 집회시설(동 · 식물원은 제외한다)
5. 교육연구시설(연구소 및 도서관은 제외한다)
6. 노유자시설
7. 수련시설
8. 업무시설 중 오피스텔
9. 숙박시설 중 다중생활시설

정답 ⑤

핵심이론 · 지역 및 지구 안의 건축물

1 건폐율

대지면적에 대한 건축면적의 비율 ⇨ 「건축법」으로 기준을 완화하거나 강화할 수 있다.

2 용적률

대지면적에 대한 연면적의 비율 ⇨ 「건축법」으로 기준을 완화하거나 강화할 수 있다.

$$용적률 = \frac{연면적}{대지면적} \times 100$$

3 대지의 분할제한

(1) **주거지역**: 60m²

(2) **상업지역·공업지역**: 150m²

(3) **녹지지역**: 200m²

(4) **관리지역·농림지역·자연환경보전지역**: 60m²

4 건축물의 높이제한

(1) **가로구역에서의 높이제한**
① 허가권자는 같은 가로구역에서 건축물의 용도 및 형태에 따라 건축물의 높이를 다르게 정할 수 있다.
② 허가권자는 가로구역별로 건축물의 높이를 지정하려면 지방건축위원회의 심의를 거쳐야 한다.
③ 특별시장이나 광역시장은 가로구역별 높이를 특별시나 광역시의 조례로 정할 수 있다.

(2) **일조 등의 확보를 위한 높이제한**

전용주거지역과 일반주거지역	① 원칙: 정북방향(10m 이하이면 1.5m 이상, 10m 초과하면 건축물 높이의 2분의 1 이상) ② 예외: 정남방향(택지개발지구, 도시개발구역, 정비구역 등)
공동주택	일반상업지역과 중심상업지역에 건축하는 공동주택은 일조 등의 확보를 위한 높이제한을 적용하지 아니한다.
적용의 제외	2층 이하로서 8m 이하인 건축물에는 조례로 정하는 바에 따라 일조 등의 확보를 위한 높이 제한을 적용하지 아니할 수 있다.

꼭 풀어야 할 필수기출

01 난이도 ★★★

건축법령상 대지면적이 160m²인 대지에 건축되어 있고, 각 층의 바닥면적이 동일한 지하 1층·지상 3층인 하나의 평지붕 건축물로서 용적률이 150%라고 할 때, 이 건축물의 바닥면적은 얼마인가? (단, 제시된 조건 이외의 다른 조건이나 제한은 고려하지 아니함) 제25회

① 60m²
② 70m²
③ 80m²
④ 100m²
⑤ 120m²

해설

용적률 = (연면적 ÷ 대지면적) × 100이다. 문제에 제시된 용적률은 150%이고 대지면적은 160m²이다. 이 경우 대지면적(160m²)의 1.5배가 연면적이 된다. 따라서 이 건축물의 연면적은 240m²이다. 여기에서 지하층은 용적률 산정 시 연면적에서 제외되기 때문에 지상 3층만 계산하면 이 건축물의 바닥면적은 80m²가 된다.

정답 ③

02 ────────────── 난이도 ★★☆

건축법령상 지상 11층 지하 3층인 하나의 건축물이 다음 조건을 갖추고 있는 경우, 건축물의 용적률은? (단, 제시된 조건 이외의 다른 조건이나 제한 및 건축법령상 특례는 고려하지 않음) 제34회

> • 대지면적은 1,500m²임
> • 각 층의 바닥면적은 1,000m²로 동일함
> • 지상 1층 중 500m²는 건축물의 부속용도인 주차장으로, 나머지 500m²는 제2종 근린생활시설로 사용함
> • 지상 2층에서 11층까지는 업무시설로 사용함
> • 지하 1층은 제1종 근린생활시설로, 지하 2층과 지하 3층은 주차장으로 사용함

① 660% ② 700%
③ 800% ④ 900%
⑤ 1,100%

03 ────────────── 난이도 ★★☆

건축법령상 건축물의 높이제한에 관한 설명으로 틀린 것은? (단, 건축법 제73조에 따른 적용 특례 및 조례는 고려하지 않음) 제25회

① 전용주거지역과 일반주거지역 안에서 건축하는 건축물에 대하여는 일조의 확보를 위한 높이제한이 적용된다.
② 일반상업지역에 건축하는 공동주택으로서 하나의 대지에 두 동(棟) 이상을 건축하는 경우에는 채광의 확보를 위한 높이제한이 적용된다.
③ 2층 이하로서 높이가 8m 이하인 건축물에는 해당 지방자치단체의 조례로 정하는 바에 따라 일조 등의 확보를 위한 건축물의 높이제한을 적용하지 아니할 수 있다.
④ 허가권자는 같은 가로구역에서 건축물의 용도 및 형태에 따라 건축물의 높이를 다르게 정할 수 있다.
⑤ 허가권자는 가로구역별 건축물의 높이를 지정하려면 지방건축위원회의 심의를 거쳐야 한다.

해설

용적률 = 연면적 ÷ 대지면적 × 100이다. 따라서 용적률 = 10,500m² ÷ 1,500m² × 100 = 700%가 된다.

정답 ②

해설

일반상업지역과 중심상업지역에 건축하는 공동주택의 경우에는 채광의 확보를 위한 높이제한이 적용되지 않는다.

정답 ②

1　건축면적

건축면적은 외벽의 중심선으로 둘러싸인 부분의 수평투영면적으로 산정한다.

(1) 태양열을 주된 에너지원으로 이용하는 주택과 단열공법으로 건축된 건축물의 건축면적은 건축물의 외벽 중 내측 내력벽의 중심선을 기준으로 한다.

(2) 지하주차장의 경사로는 건축면적에 산입하지 않는다.

(3) 건축물의 지상층에 일반인이나 차량이 통행할 수 있는 보행통로나 차량통로는 건축면적에 산입하지 않는다.

(4) 생활폐기물 보관시설은 건축면적에 산입하지 않는다.

(5) 건축물의 지하층의 출입구 상부(출입구 너비에 상당하는 규모의 부분을 말한다)는 건축면적에 산입하지 않는다.

2　바닥면적

바닥면적은 벽, 기둥 그 밖에 이와 비슷한 **구획의 중심선**으로 둘러싸인 부분의 수평투영면적으로 산정한다.

(1) **벽ㆍ기둥의 구획이 없는 건축물**
지붕 끝부분으로부터 1m를 후퇴한 선으로 둘러싸인 수평투영면적으로 산정한다.

(2) **건축물의 노대**
노대 등의 면적 - (노대 등이 접한 가장 긴 외벽 길이 × 1.5m)

(3) **필로티**
주차에 전용하는 경우와 공중의 통행, 차량의 통행, 공동주택의 경우에는 바닥면적에 산입하지 아니한다.

(4) 승강기탑, 계단탑, 장식탑, 다락[층고가 1.5m(경사진형태의 지붕인 경우에는 1.8m) 이하인 것만 해당]은 바닥면적에 산입하지 아니한다.

(5) 공동주택으로서 지상층에 설치한 기계실, 전기실, 어린이놀이터, 조경시설 및 생활폐기물 보관시설의 면적은 바닥면적에 산입하지 아니한다.

(6) 건축물을 리모델링하는 경우로서 마감재 등을 설치하는 부분은 바닥면적에 산입하지 아니한다.

3　용적률 산정시 연면적에서 제외되는 것

(1) 지하층의 면적

(2) 지상층의 주차용 면적(부속용도인 경우)

(3) 초고층건축물과 준초고층건축물에 설치하는 피난안전구역의 면적

(4) 건축물의 경사지붕 아래에 설치하는 대피공간의 면적

4　건축물의 높이

(1) 지표면부터 건축물 상단까지의 높이로 한다.

(2) 건축물의 1층 전체에 필로티가 설치되어 있는 경우에는 건축물의 높이 제한을 적용할 때 필로티 층고를 제외한 높이로 한다.

5　층고

방의 바닥구조체 윗면으로부터 위층 바닥구조체 윗면까지의 높이로 한다.

6　층수

(1) 지하층은 층수에 산입하지 않는다.

(2) 층의 구분이 명확하지 아니한 건축물은 그 건축물의 높이를 기준으로 4m마다 하나의 층으로 산정한다.

(3) 건축물의 부분에 따라 층수가 다른 경우에는 그중 가장 많은 층수를 건축물의 층수로 본다.

꼭 풀어야 할 필수기출

01 ─────────── 난이도 ★☆☆

건축법령상 건축물 바닥면적의 산정방법에 관한 설명으로 <u>틀린</u> 것은? 제29회

① 벽·기둥의 구획이 없는 건축물은 그 지붕 끝부분으로부터 수평거리 1m를 후퇴한 선으로 둘러싸인 수평투영면적으로 한다.

② 승강기탑은 바닥면적에 산입하지 아니한다.

③ 필로티 부분은 공동주택의 경우에는 바닥면적에 산입한다.

④ 공동주택으로서 지상층에 설치한 조경시설은 바닥면적에 산입하지 아니한다.

⑤ 건축물의 노대의 바닥은 난간 등의 설치 여부에 관계없이 노대의 면적에서 노대가 접한 가장 긴 외벽에 접한 길이에 1.5m를 곱한 값을 뺀 면적을 바닥면적에 산입한다.

해설

필로티 부분은 공동주택의 경우에는 바닥면적에 산입하지 아니한다.

정답 ③

02 ─────────── 난이도 ★★☆

건축법령상 건축물의 면적 및 층수의 산정방법에 관한 설명으로 옳은 것을 모두 고른 것은? 제24회

┌─────────────────────────────────┐
│ ㉠ 공동주택으로서 지상층에 설치한 전기실의 면적은 바닥면적에 산입하지 아니한다.
│ ㉡ 용적률을 산정할 때에는 해당 건축물의 부속용도로서 지상층의 주차용으로 쓰는 면적은 연면적에 포함한다.
│ ㉢ 건축물이 부분에 따라 그 층수가 다른 경우에는 그중 가장 많은 층수를 그 건축물의 층수로 본다.
│ ㉣ 사용승인을 받은 후 15년 이상이 된 건축물을 리모델링하는 경우로서 열의 손실방지를 위하여 외벽에 부가하여 마감재를 설치하는 부분은 바닥면적에 산입한다.
└─────────────────────────────────┘

① ㉠, ㉡   ② ㉠, ㉢

③ ㉡, ㉢   ④ ㉡, ㉣

⑤ ㉢, ㉣

해설

㉡ 용적률을 산정할 때에는 해당 건축물의 부속용도로서 지상층의 주차용으로 쓰는 면적은 연면적에서 제외한다.

㉣ 사용승인을 받은 후 15년 이상이 된 건축물을 리모델링하는 경우로서 열의 손실방지를 위하여 외벽에 부가하여 마감재를 설치하는 부분은 바닥면적에 산입하지 아니한다.

정답 ②

03 ─────────────── 난이도 ★★★

건축법령상 건축물의 면적 등의 산정방법으로 옳은 것은?
제31회

① 공동주택으로서 지상층에 설치한 생활폐기물 보관시설의 면적은 바닥면적에 산입한다.

② 지하층에 설치한 기계실, 전기실의 면적은 용적률을 산정할 때 연면적에 산입한다.

③ 「건축법」상 건축물의 높이제한 규정을 적용할 때, 건축물의 1층 전체에 필로티가 설치되어 있는 경우 건축물의 높이는 필로티의 층고를 제외하고 산정한다.

④ 건축물의 층고는 방의 바닥구조체 윗면으로부터 위층 바닥구조체의 아랫면까지의 높이로 한다.

⑤ 건축물이 부분에 따라 그 층수가 다른 경우에는 그중 가장 많은 층수와 가장 적은 층수를 평균하여 반올림한 수를 그 건축물의 층수로 본다.

04 ─────────────── 난이도 ★★☆

건축법령상 건축물의 면적 등의 산정방법에 관한 설명으로 틀린 것은? (단, 건축법령상 특례는 고려하지 않음)
제33회

① 공동주택으로서 지상층에 설치한 조경시설의 면적은 바닥면적에 산입하지 않는다.

② 지하주차장의 경사로의 면적은 건축면적에 산입한다.

③ 태양열을 주된 에너지원으로 이용하는 주택의 건축면적은 건축물의 외벽 중 내측 내력벽의 중심선을 기준으로 한다.

④ 용적률을 산정할 때에는 지하층의 면적은 연면적에 산입하지 않는다.

⑤ 층의 구분이 명확하지 아니한 건축물의 높이는 4m마다 하나의 층으로 보고 그 층수를 산정한다.

해설

① 공동주택으로서 지상층에 설치한 생활폐기물 보관시설의 면적은 바닥면적에 산입하지 아니한다.

② 지하층에 설치한 기계실, 전기실의 면적은 용적률을 산정할 때 연면적에서 제외한다.

④ 건축물의 층고는 방의 바닥구조체 윗면으로부터 위층 바닥구조체의 윗면까지의 높이로 한다.

⑤ 건축물이 부분에 따라 그 층수가 다른 경우에는 그중 가장 많은 층수를 그 건축물의 층수로 본다.

정답 ③

해설

지하주차장의 경사로의 면적은 건축면적에 산입하지 아니한다.

정답 ②

핵심이론 건축협정 등

1 건축협정

(1) 건축협정의 체결요건

토지 또는 건축물의 소유자, 지상권자는 전원의 합의로 건축협정을 체결할 수 있다.

(2) 건축협정운영회의 설립

협정체결자 과반수의 동의를 받아 대표자를 선임하고 인가권자에게 신고하여야 한다.

(3) 토지가 둘 이상에 걸치는 경우

협정체결 대상 토지가 둘 이상의 특별자치시 또는 시·군·구에 걸치는 경우 토지면적의 과반이 속하는 건축협정인가권자에게 인가를 신청할 수 있다.

(4) 건축협정의 폐지 및 승계

폐지	협정체결자 과반수의 동의를 받아 인가권자에게 인가를 받아야 한다.
승계	건축협정이 공고된 후에 건축협정구역에 있는 토지나 건축물 등에 관한 권리를 협정체결자인 소유자 등으로부터 이전받거나 설정받은 자는 협정체결자로서의 지위를 승계한다.
변경	협정체결자 또는 건축협정운영회의 대표자는 인가받은 사항을 변경하려면 변경인가를 받아야 한다.
의제	건축협정을 인가받은 경우에는 「경관법」에 따른 경관협정의 인가를 받은 것으로 본다.

(5) 건축협정구역에서 통합적용

① 대지의 조경
② 대지와 도로와의 관계
③ 지하층의 설치
④ 건폐율
⑤ 부설주차장의 설치
⑥ 개인하수처리시설의 설치

2 특별건축구역

① 지정권자: 국토교통부장관, 시·도지사
② 지정대상

> ㉠ 국토교통부장관이 지정하는 경우: 국가가 국제행사 등을 개최하는 도시 또는 지역
> ㉡ 시·도지사가 지정하는 경우: 지방자치단체가 국제행사 등을 개최하는 도시 또는 지역

▣ 비교정리: 개발제한구역, 자연공원, 접도구역, 보전산지는 지정할 수 없다.

③ 지정의 효과: 특별건축구역을 지정한 경우에는 도시·군관리계획의 결정(용도지역·지구·구역은 제외)이 있는 것으로 본다.

④ 적용의 배제

특별건축구역에서 건축하는 건축물에 대하여는 다음의 규정을 적용하지 아니할 수 있다.

> ㉠ 대지의 조경
> ㉡ 건폐율
> ㉢ 용적률
> ㉣ 대지 안의 공지
> ㉤ 건축물의 높이제한
> ㉥ 일조 등의 확보를 위한 높이제한

⑤ 통합적용

특별건축구역에서는 다음의 규정을 개별건축물마다 적용하지 아니하고 특별건축구역 전부 또는 일부를 대상으로 통합하여 적용할 수 있다.

> ㉠ 건축물에 대한 미술작품의 설치
> ㉡ 부설주차장의 설치
> ㉢ 공원의 설치

⑥ 해제: 지정일부터 5년 이내에 착공이 이루어지지 아니하는 경우에는 지정을 해제할 수 있다.

3 이행강제금

(1) 부과금액

① 건폐율 초과, ② 용적률 초과, ③ 무허가, ④ 무신고로 건축된 경우에는 $1m^2$의 시가표준액의 100분의 50에 해당하는 금액에 위반면적을 곱한 금액 이하의 범위에서 부과비율을 곱한 금액

(2) 부과비율

① 무허가: 100분의 100
② 용적률 초과: 100분의 90
③ 건폐율 초과: 100분의 80
④ 무신고: 100분의 70

(3) **감액대상**

연면적 60m² 이하의 주거용 건축물의 경우에는 부과금액의 2분의 1의 범위에서 조례로 정하는 금액을 부과한다.

(4) **가중부과**

허가권자는 영리목적을 위한 위반이나 상습적 위반의 경우에는 부과금액의 100분의 100의 범위에서 가중하여야 한다.

(5) **부과횟수**

1년에 2회 이내에서 조례로 정하는 횟수만큼 반복하여 부과·징수할 수 있다.

4 건축분쟁전문위원회(분쟁위원회)

(1) **조정 및 재정대상**

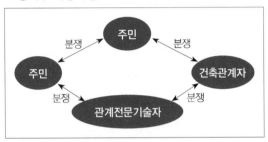

(2) **구성**

분쟁위원회는 위원장과 부위원장 각 1명을 포함한 15명 이내의 위원으로 구성한다.

(3) **의결**

분쟁위원회의 회의는 재적위원 과반수의 출석으로 열고 출석위원 과반수의 찬성으로 의결한다.

(4) **위촉**

분쟁위원회의 위원장과 부위원장은 위원 중에서 국토교통부장관이 위촉한다.

(5) **임기**

공무원이 아닌 위원의 임기는 3년으로 하되 연임할 수 있다.

01 ──────────────── 난이도 ★★★

건축법령상 건축협정에 관한 설명으로 틀린 것은?
제27회

① 건축물의 소유자등은 과반수의 동의로 건축물의 리모델링에 관한 건축협정을 체결할 수 있다.

② 협정체결자 또는 건축협정운영회의 대표자는 건축협정서를 작성하여 해당 건축협정인가권자의 인가를 받아야 한다.

③ 건축협정인가권자가 건축협정을 인가하였을 때에는 해당 지방자치단체의 공보에 그 내용을 공고하여야 한다.

④ 건축협정 체결대상 토지가 둘 이상의 특별자치시 또는 시·군·구에 걸치는 경우 건축협정 체결대상 토지면적의 과반이 속하는 건축협정인가권자에게 인가를 신청할 수 있다.

⑤ 협정체결자 또는 건축협정운영회의 대표자는 건축협정을 폐지하려는 경우 협정체결자 과반수의 동의를 받아 건축협정인가권자의 인가를 받아야 한다.

해설

건축물의 소유자등은 전원의 합의로 건축물의 리모델링에 관한 건축협정을 체결할 수 있다.

정답 ①

02 ─────────────── 난이도 ★★☆

건축법령상 건축협정에 관한 설명으로 옳은 것은?
(단, 조례는 고려하지 않음) 제31회

① 해당 지역의 토지 또는 건축물의 소유자 전원이 합의하면 지상권자가 반대하는 경우에도 건축협정을 체결할 수 있다.

② 건축협정 체결대상 토지가 둘 이상의 시·군·구에 걸치는 경우에는 관할 시·도지사에게 건축협정의 인가를 받아야 한다.

③ 협정체결자는 인가받은 건축협정을 변경하려면 협정체결자 과반수의 동의를 받아 건축협정인가권자에게 신고하여야 한다.

④ 건축협정을 폐지하려면 협정체결자 전원의 동의를 받아 건축협정인가권자의 인가를 받아야 한다.

⑤ 건축협정에서 달리 정하지 않는 한, 건축협정이 공고된 후에 건축협정구역에 있는 토지에 관한 권리를 협정체결자로부터 이전받은 자도 건축협정에 따라야 한다.

해설

① 해당 지역의 토지 또는 건축물의 소유자 전원이 합의하더라도 지상권자가 반대하는 경우에는 건축협정을 체결할 수 없다.

② 건축협정 체결대상 토지가 둘 이상의 시·군·구에 걸치는 경우에는 건축협정 체결대상 토지면적의 과반(過半)이 속하는 건축협정인가권자에게 인가를 신청할 수 있다.

③ 협정체결자는 인가받은 건축협정을 변경하려면 협정체결자 전원의 합의로 건축협정인가권자에게 인가를 받아야 한다.

④ 건축협정을 폐지하려면 협정체결자 과반수의 동의를 받아 건축협정인가권자의 인가를 받아야 한다.

정답 ⑤

03 ─────────────── 난이도 ★★★

건축법령상 건축협정의 인가를 받은 건축협정구역에서 연접한 대지에 대하여 관계 법령의 규정을 개별 건축물마다 적용하지 아니하고 건축협정구역을 대상으로 통합하여 적용할 수 있는 것만을 모두 고른 것은? 제28회

> ㉠ 건폐율
> ㉡ 계단의 설치
> ㉢ 지하층의 설치
> ㉣ 「주차장법」 제19조에 따른 부설주차장의 설치
> ㉤ 「하수도법」 제34조에 따른 개인하수처리시설의 설치

① ㉠, ㉡, ㉣
② ㉠, ㉡, ㉢, ㉤
③ ㉠, ㉢, ㉣, ㉤
④ ㉡, ㉢, ㉣, ㉤
⑤ ㉠, ㉡, ㉢, ㉣, ㉤

해설

건축협정의 인가를 받은 건축협정구역에서 연접한 대지에 대하여는 다음의 관계 법령의 규정을 개별 건축물마다 적용하지 아니하고 건축협정구역의 전부 또는 일부를 대상으로 통합하여 적용할 수 있다.

1. 대지의 조경
2. 대지와 도로와의 관계
3. 지하층의 설치(㉢)
4. 건폐율(㉠)
5. 「주차장법」 제19조에 따른 부설주차장의 설치(㉣)
6. 「하수도법」 제34조에 따른 개인하수처리시설의 설치(㉤)

정답 ③

04 ──────── 난이도 ★★☆

건축법령상 특별건축구역에 관한 설명으로 옳은 것은?
제32회

① 국토교통부장관은 지방자치단체가 국제행사 등을 개최하는 지역의 사업구역을 특별건축구역으로 지정할 수 있다.

② 「도로법」에 따른 접도구역은 특별건축구역으로 지정될 수 없다.

③ 특별건축구역에서의 건축기준의 특례사항은 지방자치단체가 건축하는 건축물에는 적용되지 않는다.

④ 특별건축구역에서 「주차장법」에 따른 부설주차장의 설치에 관한 규정은 개별 건축물마다 적용하여야 한다.

⑤ 특별건축구역을 지정한 경우에는 「국토의 계획 및 이용에 관한 법률」에 따른 용도지역·지구·구역의 지정이 있는 것으로 본다.

05 ──────── 난이도 ★★☆

건축법령상 특별건축구역에서 국가가 건축하는 건축물에 적용하지 아니할 수 있는 사항을 모두 고른 것은? (단, 건축법령상 특례 및 조례는 고려하지 않음)
제33회

> ㉠ 「건축법」 제42조 대지의 조경에 관한 사항
> ㉡ 「건축법」 제44조 대지와 도로의 관계에 관한 사항
> ㉢ 「건축법」 제57조 대지의 분할제한에 관한 사항
> ㉣ 「건축법」 제58조 대지 안의 공지에 관한 사항

① ㉠, ㉡   ② ㉠, ㉢
③ ㉠, ㉣   ④ ㉡, ㉢
⑤ ㉢, ㉣

해설

① 시·도지사는 지방자치단체가 국제행사 등을 개최하는 지역의 사업구역을 특별건축구역으로 지정할 수 있다.

③ 특별건축구역에서 국가 또는 지방자치단체가 건축하는 건축물에는 건축기준의 특례사항을 적용하여 건축할 수 있다.

④ 특별건축구역에서 「주차장법」에 따른 부설주차장의 설치에 관한 규정은 개별 건축물마다 적용하지 아니하고 특별건축구역의 전부 또는 일부를 대상으로 통합하여 적용할 수 있다.

⑤ 특별건축구역을 지정한 경우에는 「국토의 계획 및 이용에 관한 법률」에 따른 용도지역·지구·구역의 지정이 있는 것으로 보지 않는다.

정답 ②

해설

특별건축구역에서 건폐율, 용적률, 건축물의 높이제한, 대지의 조경, 대지 안의 공지에 관한 규정을 적용하지 아니할 수 있다.

정답 ③

06
난이도 ★★★

건축법령상 이행강제금을 산정하기 위하여 위반 내용에 따라 곱하는 비율을 높은 순서대로 나열한 것은? (단, 조례는 고려하지 않음)　제29회

> ㉠ 용적률을 초과하여 건축한 경우
> ㉡ 건폐율을 초과하여 건축한 경우
> ㉢ 신고를 하지 아니하고 건축한 경우
> ㉣ 허가를 받지 아니하고 건축한 경우

① ㉠ - ㉡ - ㉣ - ㉢
② ㉠ - ㉣ - ㉢ - ㉡
③ ㉡ - ㉠ - ㉣ - ㉢
④ ㉣ - ㉠ - ㉡ - ㉢
⑤ ㉣ - ㉢ - ㉡ - ㉠

해설

이행강제금을 산정하기 위하여 위반 내용에 따라 곱하는 비율은 다음과 같다.
㉠ 용적률을 초과하여 건축한 경우 : 100분의 90
㉡ 건폐율을 초과하여 건축한 경우 : 100분의 80
㉢ 신고를 하지 아니하고 건축한 경우 : 100분의 70
㉣ 허가를 받지 아니하고 건축한 경우 : 100분의 100
따라서 곱하는 비율이 높은 순서대로 나열하면 '㉣ - ㉠ - ㉡ - ㉢' 순이다.

정답 ④

07
난이도 ★★☆

건축법령상 건축등과 관련된 분쟁으로서 건축분쟁 전문위원회의 조정 및 재정의 대상이 되는 것은? (단, 건설산업기본법 제69조에 따른 조정의 대상이 되는 분쟁은 고려하지 않음)　제32회

① '건축주'와 '건축신고수리자' 간의 분쟁
② '공사시공자'와 '건축지도원' 간의 분쟁
③ '건축허가권자'와 '공사감리자' 간의 분쟁
④ '관계전문기술자'와 '해당 건축물의 건축 등으로 피해를 입은 인근주민' 간의 분쟁
⑤ '건축허가권자'와 '해당 건축물의 건축 등으로 피해를 입은 인근주민' 간의 분쟁

해설

'관계전문기술자'와 '해당 건축물의 건축 등으로 피해를 입은 인근 주민' 간의 분쟁은 건축분쟁전문위원회의 조정 및 재정의 대상에 해당한다.

플러스 이론⊕ 건축분쟁전문위원회의 조정 및 재정의 대상은 다음과 같다.

1. 건축관계자와 해당 건축물의 건축 등으로 피해를 입은 인근 주민(이하 '인근주민'이라 한다) 간의 분쟁
2. 관계전문기술자와 인근주민 간의 분쟁
3. 건축관계자와 관계전문기술자 간의 분쟁
4. 건축관계자 간의 분쟁
5. 인근주민 간의 분쟁
6. 관계전문기술자 간의 분쟁

정답 ④

주택법 체계도

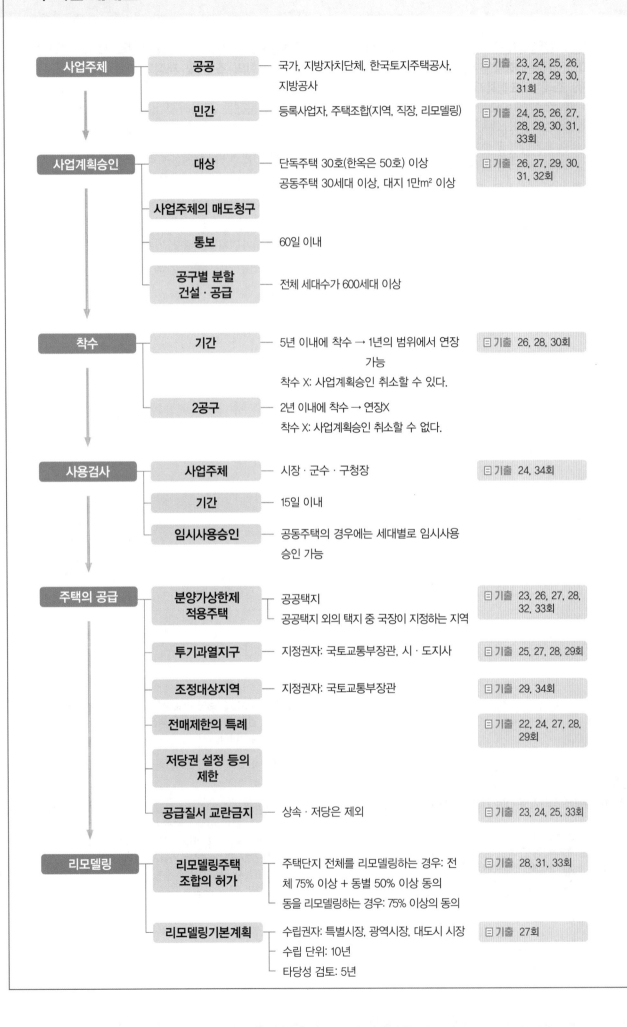

사업주체

공공 — 국가, 지방자치단체, 한국토지주택공사, 지방공사
- 기출 23, 24, 25, 26, 27, 28, 29, 30, 31회

민간 — 등록사업자, 주택조합(지역, 직장, 리모델링)
- 기출 24, 25, 26, 27, 28, 29, 30, 31, 33회

사업계획승인

대상 — 단독주택 30호(한옥은 50호) 이상
공동주택 30세대 이상, 대지 1만㎡ 이상
- 기출 26, 27, 29, 30, 31, 32회

사업주체의 매도청구

통보 — 60일 이내

공구별 분할 건설·공급 — 전체 세대수가 600세대 이상

착수

기간 — 5년 이내에 착수 → 1년의 범위에서 연장 가능
착수 X: 사업계획승인 취소할 수 있다.
- 기출 26, 28, 30회

2공구 — 2년 이내에 착수 → 연장X
착수 X: 사업계획승인 취소할 수 없다.

사용검사

사업주체 — 시장·군수·구청장
- 기출 24, 34회

기간 — 15일 이내

임시사용승인 — 공동주택의 경우에는 세대별로 임시사용 승인 가능

주택의 공급

분양가상한제 적용주택 — 공공택지
공공택지 외의 택지 중 국장이 지정하는 지역
- 기출 23, 26, 27, 28, 32, 33회

투기과열지구 — 지정권자: 국토교통부장관, 시·도지사
- 기출 25, 27, 28, 29회

조정대상지역 — 지정권자: 국토교통부장관
- 기출 29, 34회

전매제한의 특례
- 기출 22, 24, 27, 28, 29회

저당권 설정 등의 제한

공급질서 교란금지 — 상속·저당은 제외
- 기출 23, 24, 25, 33회

리모델링

리모델링주택 조합의 허가 — 주택단지 전체를 리모델링하는 경우: 전체 75% 이상 + 동별 50% 이상 동의
동을 리모델링하는 경우: 75% 이상의 동의
- 기출 28, 31, 33회

리모델링기본계획 — 수립권자: 특별시장, 광역시장, 대도시 시장
수립 단위: 10년
타당성 검토: 5년
- 기출 27회

핵심이론 **주택법령상 용어** 目 기출 23회 / 25회 / 27회 / 28회 / 29회 / 30회 / 31회 / 32회 / 34회

1 주택의 종류

(1) **단독주택**: 단독주택, 다중주택, 다가구주택

(2) **공동주택**: 아파트, 연립주택, 다세대주택

2 국민주택

(1) 국가·지방자치단체, 한국토지주택공사 또는 지방공사가 건설하는 주택으로서 주거전용면적이 85㎡(수도권을 제외한 도시지역이 아닌 읍 또는 면은 100㎡) 이하인 주택을 말한다.

(2) 국가·지방자치단체의 재정 또는 주택도시기금으로부터 자금을 지원받아 건설되거나 개량되는 주택으로서 주거전용면적이 85㎡(수도권을 제외한 도시지역이 아닌 읍 또는 면은 100㎡) 이하인 주택을 말한다.

추가➕ 민영주택: 국민주택을 제외한 주택을 말한다.

3 세대구분형 공동주택(구분 소유할 수 없다)

(1) 사업계획승인을 받아 건설하는 주택

> ① 전체 세대수의 3분의 1을 넘지 아니할 것
> ② 세대별로 욕실, 부엌과 현관 + 경량 구조의 경계벽을 설치
> ③ 전체 주거전용면적 합계의 3분의 1을 넘지 않을 것

(2) 「공동주택관리법」에 따라 허가를 받거나 신고하고 설치하는 세대구분형 공동주택

> ① 기존 세대수를 포함하여 2세대 이하일 것
> ② 세대별로 욕실, 부엌과 구분 출입문을 설치할 것
> ③ 전체 세대수의 10분의 1과 동의 세대수의 3분의 1을 넘지 아니할 것
> ④ 관계 법령에서 정하는 안전 기준을 충족할 것

4 준주택

준주택이란 주택 외의 건축물과 부속토지로서 주거시설로 이용가능한 시설을 말하며, 그 종류와 범위는 다음과 같다.

(1) 오피스텔

(2) 노인복지주택

(3) 기숙사(학생복지주택을 포함)

(4) 다중생활시설

5 공공택지

공공택지란 다음의 어느 하나에 해당하는 공공사업에 의하여 개발·조성되는 공동주택이 건설되는 용지를 말한다.

(1) 산업단지개발사업

(2) 공공주택지구조성사업

(3) 혁신도시개발사업

(4) 도시개발사업(공공사업시행자 + 수용방식으로 시행)

(5) 경제자유구역개발사업(수용방식으로 시행)

6 별개의 주택단지

다음의 시설로 분리된 토지는 각각 별개의 주택단지로 본다.

(1) 너비 20m 이상의 일반도로로 분리된 토지

(2) 너비 8m 이상의 도시계획예정도로로 분리된 토지

(3) 철도·고속도로·자동차전용도로

(4) 도로법에 따른 일반국도·특별시도·광역시도 또는 지방도

7 부대시설

주차장, 관리사무소, 담장, 주택단지 안의 도로, 경비실, 자전거보관소, 조경시설, 소방시설, 냉·난방공급시설(지역난방공급시설은 제외), 방범설비

8 복리시설

어린이놀이터, 근린생활시설, 유치원, 경로당, 주민운동시설, 종교시설, 주민공동시설, 공동작업장

9 간선시설

(1) 주택단지 안의 기간시설을 주택단지 밖의 기간시설과 연결하는 시설을 말한다.

(2) 가스시설, 통신, 지역난방시설은 주택단지 안의 시설을 포함한다.

> 추가 ● 기간시설(基幹施設)이란 도로·상하수도·전기시설·가스시설·통신시설·지역난방시설 등을 말한다.

10 리모델링

(1) 건축물의 노후화 억제 또는 기능 향상을 위한 대수선(10년 경과) 또는 증축(15년 경과)

(2) 주거전용면적 30%(전용면적이 85m² 미만인 경우에는 40%) 이내 + 기존 세대수의 15% 이내

(3) 기존 층수가 14층 이하인 경우에는 2개 층까지, 15층 이상인 경우에는 3개 층까지 수직 증축할 수 있다.

11 공구

(1) 착공신고 및 사용검사를 별도로 수행할 수 있는 구역을 말한다.

(2) 공구별 세대수는 300세대 이상(전체 세대수는 600세대 이상)이고, 공구 간 경계는 6m 이상일 것

---

01 ──────────── 난이도 ★☆☆

주택법령상 용어에 관한 설명으로 옳은 것은?

제28회

① 폭 10m인 일반도로로 분리된 토지는 각각 별개의 주택단지이다.

② 공구란 하나의 주택단지에서 둘 이상으로 구분되는 일단의 구역으로서 공구별 세대수는 200세대 이상으로 해야 한다.

③ 세대구분형 공동주택이란 공동주택의 주택 내부 공간의 일부를 세대별로 구분하여 생활이 가능한 구조로 하되, 그 구분된 공간의 일부를 구분소유할 수 있는 주택이다.

④ 500세대인 국민주택규모의 소형 주택은 도시형 생활주택에 해당한다.

⑤ 「산업입지 및 개발에 관한 법률」에 따른 산업단지 개발사업에 의하여 개발·조성되는 공동주택이 건설되는 용지는 공공택지에 해당한다.

> **해설**
> ① 폭 10m인 일반도로로 분리된 토지는 하나의 주택단지이다.
> ② 공구란 하나의 주택단지에서 둘 이상으로 구분되는 일단의 구역으로서 공구별 세대수는 300세대 이상으로 해야 한다.
> ③ 세대구분형 공동주택이란 공동주택의 주택 내부 공간의 일부를 세대별로 구분하여 생활이 가능한 구조로 하되, 그 구분된 공간의 일부를 구분소유할 수 없는 주택이다.
> ④ 도시형 생활주택은 세대수가 300세대 미만으로 구성되기 때문에 500세대인 국민주택규모의 소형 주택은 도시형 생활주택에 해당하지 않는다.

> **정답** ⑤

02 ─────────── 난이도 ★☆☆

주택법령상 용어에 관한 설명으로 옳은 것은?

제31회

① 「건축법 시행령」에 따른 다중생활시설은 '준주택'에 해당하지 않는다.
② 주택도시기금으로부터 자금을 지원받아 건설되는 1세대당 주거전용면적 84제곱미터인 주택은 '국민주택'에 해당한다.
③ '간선시설'이란 도로·상하수도·전기시설·가스시설·통신시설·지역난방시설 등을 말한다.
④ 방범설비는 '복리시설'에 해당한다.
⑤ 주민공동시설은 '부대시설'에 해당한다.

03 ─────────── 난이도 ★★☆

주택법령상 용어의 정의에 따를 때 '주택'에 해당하지 않는 것을 모두 고른 것은?

제29회

> ㉠ 3층의 다가구주택
> ㉡ 2층의 공관
> ㉢ 4층의 다세대주택
> ㉣ 3층의 기숙사
> ㉤ 7층의 오피스텔

① ㉠, ㉡, ㉢
② ㉠, ㉣, ㉤
③ ㉡, ㉢, ㉣
④ ㉡, ㉣, ㉤
⑤ ㉢, ㉣, ㉤

해설

① 「건축법 시행령」에 따른 다중생활시설은 '준주택'에 해당한다.
③ '간선시설'이란 도로·상하수도·전기시설·가스시설·통신시설 및 지역난방시설 등 주택단지(둘 이상의 주택단지를 동시에 개 발하는 경우에는 각각의 주택단지를 말한다) 안의 기간시설을 그 주택단지 밖에 있는 같은 종류의 기간시설에 연결하는 시설을 말한다.
④ 방범설비는 '부대시설'에 해당한다.
⑤ 주민공동시설은 '복리시설'에 해당한다.

정답 ②

해설

공관(㉡), 기숙사(㉣), 오피스텔(㉤)은 주택법령상 주택에 해당하지 않는다.

정답 ④

04

난이도 ★★☆

주택법령상 용어에 관한 설명으로 틀린 것은?

제34회

① 「건축법시행령」에 따른 다세대주택은 공동주택에 해당한다.

② 「건축법시행령」에 따른 오피스텔은 준주택에 해당한다.

③ 주택단지에 해당하는 토지가 폭 8m 이상인 도시계획예정도로로 분리된 경우, 분리된 토지를 각각 별개의 주택단지로 본다.

④ 주택에 딸린 자전거보관소는 복리시설에 해당한다.

⑤ 도로·상하수도·전기시설·가스시설·통신시설·지역난방시설은 기간시설(基幹施設)에 해당한다.

05

난이도 ★☆☆

주택법령상 용어에 관한 설명으로 옳은 것은?

제30회

① '주택단지'에 해당하는 토지가 폭 8m 이상인 도시계획예정도로로 분리된 경우, 분리된 토지를 각각 별개의 주택단지로 본다.

② '단독주택'에는 「건축법 시행령」에 따른 다가구주택이 포함되지 않는다.

③ '공동주택'에는 「건축법 시행령」에 따른 아파트, 연립주택, 기숙사 등이 포함된다.

④ '주택'이란 세대의 구성원이 장기간 독립된 주거생활을 할 수 있는 구조로 된 건축물의 전부 또는 일부를 말하며, 그 부속토지는 제외한다.

⑤ 주택단지에 딸린 어린이놀이터, 근린생활시설, 유치원, 주민운동시설, 지역난방공급시설 등은 '부대시설'에 포함된다.

해설

② '단독주택'에는 「건축법 시행령」에 따른 다가구주택이 포함된다.

③ '공동주택'에는 「건축법 시행령」에 따른 아파트, 연립주택, 다세대주택이 포함된다. 기숙사는 포함되지 않는다.

④ '주택'이란 세대의 구성원이 장기간 독립된 주거생활을 할 수 있는 구조로 된 건축물의 전부 또는 일부 및 그 부속토지를 말한다.

⑤ 주택단지에 딸린 어린이놀이터, 근린생활시설, 유치원, 주민운동시설은 복리시설에 해당하고, 지역난방공급시설은 부대시설에서 제외된다.

해설

주택에 딸린 자전거보관소는 부대시설에 해당한다.

정답 ④

정답 ①

06 ─────────────────── 난이도 ★☆☆

주택법령상 주택단지가 일정한 시설로 분리된 토지는 각각 별개의 주택단지로 본다. 그 시설에 해당하지 <u>않는</u> 것은?

제32회

① 철도
② 폭 20m의 고속도로
③ 폭 10m의 일반도로
④ 폭 20m의 자동차전용도로
⑤ 폭 10m의 도시계획예정도로

해설

폭 20m 이상의 일반도로로 분리된 토지를 각각 별개의 주택단지로 본다. 따라서 폭 10m의 일반도로로 분리된 토지는 각각 별개의 주택단지로 보지 않는다.

정답 ③

핵심이론 도시형 생활주택

1 도시형 생활주택의 종류

도시형 생활주택이란 300세대 미만의 국민주택규모에 해당하는 주택으로서 도시지역에 건설하는 주택을 말한다.

(1) 소형 주택

① 주거전용면적이 60m² 이하일 것

② 세대별로 독립된 주거가 가능하도록 욕실 및 부엌을 설치할 것

③ 주거전용면적이 30m² 미만인 경우에는 욕실 및 보일러실을 제외한 부분을 하나의 공간으로 구성할 것

④ 주거전용면적이 30m² 이상인 경우에는 욕실 및 보일러실을 제외한 부분을 세 개 이하의 침실(각각의 면적이 7m² 이상인 것)과 그 밖의 공간으로 구성할 수 있으며, 침실이 두 개 이상인 세대수는 전체 세대수의 3분의 1(그 3분의 1을 초과하는 세대 중 세대당 주차대수를 0.7대 이상이 되도록 주차장을 설치한 경우에는 2분의 1)을 초과하지 않을 것

⑤ 지하층에는 세대를 설치하지 아니할 것

(2) 단지형 연립주택, 단지형 다세대주택

건축위원회의 심의를 받은 경우에는 5개 층까지 건축할 수 있다.

2 공동건축제한

(1) 공동건축

다음의 경우에는 도시형 생활주택과 그 밖의 주택을 함께 건축할 수 있다.

① 소형 주택과 주거전용면적이 85m²를 초과하는 주택 1세대를 함께 건축하는 경우

② 준주거지역 또는 상업지역에서 소형 주택과 도시형 생활주택이 아닌 주택을 함께 건축하는 경우

(2) 하나의 건축물에는 단지형 연립주택 또는 단지형 다세대주택과 소형 주택을 함께 건축할 수 없다.

꼭 풀어야 할 필수기출

01

난이도 ★★★

주택법령상 도시형 생활주택으로서 소형주택의 요건에 해당하는 것을 모두 고른 것은? 제33회

> ㉠ 세대별 주거전용면적은 60m² 이하일 것
> ㉡ 세대별로 독립된 주거가 가능하도록 욕실 및 부엌을 설치할 것
> ㉢ 주거전용면적이 30m² 미만인 경우에는 욕실 및 부엌을 제외한 부분을 하나의 공간으로 구성할 것
> ㉣ 지하층에 세대를 설치하지 아니할 것

① ㉠
② ㉡, ㉢
③ ㉠, ㉡, ㉢
④ ㉠, ㉡, ㉣
⑤ ㉠, ㉡, ㉢, ㉣

해설

㉠, ㉡, ㉣은 옳은 내용이고, ㉢ 주거전용면적이 30m² 미만인 경우에는 욕실 및 보일러실을 제외한 부분을 하나의 공간으로 구성하여야 한다.

정답 ④

02 ──────────────── 난이도 ★★☆

주택법령상 용어에 관한 설명으로 옳은 것을 모두 고른 것은? 제32회

⊙ 주택에 딸린 「건축법」에 따른 건축설비는 복리시설에 해당한다.

⊙ 300세대인 국민주택규모의 단지형 다세대주택은 도시형 생활주택에 해당한다.

⊙ 민영주택은 국민주택을 제외한 주택을 말한다.

---

① ㉠

② ㉢

③ ㉠, ㉡

④ ㉡, ㉢

⑤ ㉠, ㉡, ㉢

해설

㉠ 주택에 딸린 「건축법」에 따른 건축설비는 부대시설에 해당한다.

㉡ 도시형 생활주택은 300세대 미만으로 건설하여야 하기 때문에 300세대인 국민주택규모의 단지형 다세대주택은 도시형 생활주택에 해당하지 않는다.

정답 ②

1 등록대상(국가, 지방자치단체, 한국토지주택공사, 지방공사는 제외)

(1) 연간 단독주택 20호 이상, 공동주택 20세대(도시형 생활주택은 30세대) 이상 건설하려는 자

(2) 연간 1만m² 이상 대지조성사업을 시행하려는 자
⇨ 국토교통부장관에게 등록하여야 한다.

> 추가 ✚ 등록사업자의 시공 : 주택으로 쓰는 층수가 6개 층 이상인 아파트를 건설한 실적이 있는 자 또는 최근 3년간 300세대 이상의 공동주택을 건설한 실적이 있는 자는 주택으로 쓰는 층수가 6개 층 이상인 주택을 건설할 수 있다.

2 주택조합의 설립 ⇨ 시장·군수·구청장(인가)

(1) **지역주택조합·직장주택조합**

주택건설대지의 80% 이상에 해당하는 토지의 사용권원을 확보하고 주택건설대지의 15% 이상에 해당하는 토지의 소유권을 확보하여야 한다.

(2) **리모델링주택조합** : 결의서 + 경과연수를 증명하는 서류

① 주택단지 전체를 리모델링하려는 경우 : 주택단지 전체 3분의 2 이상 + 동별 과반수의 결의

② 동을 리모델링하려는 경우 : 3분의 2 이상의 결의

③ 경과연수를 증명하는 서류 : 대수선인 리모델링은 10년, 증축인 리모델링은 15년 이상이 경과하였음을 증명하는 서류

3 조합설립의 신고

국민주택을 공급받기 위하여 직장주택조합을 설립하려는 자는 관할 시장·군수·구청장에게 신고하여야 한다.

4 주택의 우선공급

주택조합(리모델링주택조합은 제외)은 그 구성원을 위하여 건설하는 주택을 그 조합원에게 우선공급할 수 있다.

5 총회의 출석요건

다음의 사항을 의결하는 총회의 경우에는 조합원의 100분의 20 이상이 직접 출석하여야 한다.

(1) 조합규약의 변경

(2) 자금의 차입과 그 방법·이자율 및 상환 방법

(3) 예산으로 정한 사항 외에 조합원에게 부담이 될 계약의 체결

(4) 업무대행자의 선정·변경 및 업무대행계약의 체결

(5) 시공자의 선정·변경 및 공사계약의 체결

(6) 조합임원의 선임 및 해임

(7) 사업비의 조합원별 분담명세에 관한 사항

(8) 조합해산의 결의 및 해산

6 조합원의 수

주택조합(리모델링주택조합은 제외)은 인가를 받는 날부터 사용검사를 받는 날까지 주택건설예정세대수(임대주택으로 건설·공급하는 세대수는 제외)의 50% 이상의 조합원으로 구성하되, 조합원은 20명 이상이어야 한다.

7 조합원의 교체 및 신규가입

(1) 지역주택조합 또는 직장주택조합은 다음의 하나에 해당하는 경우에는 조합원을 교체하거나 신규로 가입하게 할 수 있다.

① 시장·군수·구청장으로부터 추가모집승인을 받은 경우

② 다음의 사유로 충원하는 경우

> ㉠ 조합원의 사망
> ㉡ 조합원의 탈퇴 등으로 조합원의 수가 주택건설예정세대수의 50% 미만이 되는 경우
> ㉢ 조합원이 무자격자로 판명되어 자격을 상실하는 경우
> ㉣ 주택건설예정 세대수가 변경되어 조합원 수가 변경된 세대수의 50% 미만이 되는 경우

(2) 조합원으로 추가모집되거나 충원되는 자가 조합원의 자격요건을 갖추었는지를 판단할 때에는 조합설립인가신청일을 기준으로 판단한다.

8 조합원의 모집

(1) **원칙**

지역주택조합과 직장주택조합의 설립인가를 받기 위하여 조합원을 모집하려는 자는 해당 주택건설대지의 50% 이상에 해당하는 토지의 사용권원을 확보하여 시장·군수·구청장에게 신고하고, 공개모집의 방법으로 조합원을 모집하여야 한다.

(2) **예외**

조합원의 사망·자격상실·탈퇴 등으로 결원을 충원하거나 미달된 조합원을 재모집하는 경우에는 신고하지 아니하고 선착순의 방법으로 모집할 수 있다.

9 추가모집에 따른 변경인가신청

추가모집의 승인과 조합원 추가모집에 따른 주택조합의 변경인가신청은 사업계획승인신청일까지 하여야 한다.

10 사업계획승인신청

지역주택조합과 직장주택조합은 조합설립인가를 받은 날부터 2년 이내에 사업계획승인을 신청하여야 한다.

11 조합가입 철회 및 조합임원의 퇴직

(1) **조합가입 철회**

① 청약 철회: 가입비 예치한 날부터 30일 이내

② 효력발생: 서면을 발송한 날에 효력이 발생한다.

③ 반환 요청: 모집주체가 7일 이내에 예치기관의 장에게 가입비 등의 반환을 요청하여야 한다.

④ 가입비 반환: 10일 이내 반환하여야 한다.

⑤ 손해배상: 모집주체는 손해배상을 청구할 수 없다.

(2) **조합임원의 퇴직 등**

① 퇴직된 임원이 지위상실 전이나 퇴직 전에 관여한 행위는 그 효력을 상실하지 아니한다.

② 주택조합의 임원은 다른 주택조합의 임원, 직원 또는 발기인을 겸할 수 없다.

12 주택조합의 해산 및 종결

(1) **종결 여부 결정**

주택조합의 발기인은 조합원 모집신고가 수리된 날부터 2년이 되는 날까지 주택조합설립인가를 받지 못하는 경우 주택조합 가입신청자 전원으로 구성되는 총회 의결을 거쳐 주택조합사업의 종결 여부를 결정하도록 하여야 한다.

(2) **해산 여부 결정**

주택조합은 주택조합의 설립인가를 받은 날부터 3년이 되는 날까지 사업계획승인을 받지 못하는 경우 총회의 의결을 거쳐 해산 여부를 결정하여야 한다.

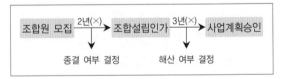

13 표준업무대행계약서

국토교통부장관은 주택조합의 원활한 사업추진 및 조합원의 권리 보호를 위하여 공정거래위원장과 협의를 거쳐 표준업무대행계약서를 작성·보급할 수 있다.

01

난이도 ★★☆

주택법령상 주택건설사업자 등에 관한 설명으로 옳은 것은? 제34회

① 「공익법인의 설립·운영에 관한 법률」에 따라 주택건설사업을 목적으로 설립된 공익법인이 연간 20호 이상의 단독주택건설사업을 시행하려는 경우, 국토교통부장관에게 등록하여야 한다.

② 세대수를 증가하는 리모델링주택조합이 그 구성원의 주택을 건설하는 경우에는 국가와 공동으로 사업을 시행할 수 있다.

③ 고용자가 그 근로자의 주택을 건설하는 경우에는 대통령령으로 정하는 바에 따라 등록사업자와 공동으로 사업을 시행하여야 한다.

④ 국토교통부장관은 등록사업자가 타인에게 등록증을 대여한 경우에는 1년 이내의 기간을 정하여 영업의 정지를 명할 수 있다.

⑤ 영업정지 처분을 받은 등록사업자는 그 처분 전에 사업계획승인을 받은 사업을 계속 수행할 수 없다.

해설

① 공익법인이 연간 20호 이상의 단독주택건설사업을 시행하려는 경우, 국토교통부장관에게 등록하지 않아도 된다.

② 세대수를 증가하는 리모델링주택조합이 그 구성원의 주택을 건설하는 경우에는 국가와 공동으로 사업을 시행할 수 없다.

④ 국토교통부장관은 등록사업자가 타인에게 등록증을 대여한 경우에는 등록을 말소하여야 한다.

⑤ 영업정지 처분을 받은 등록사업자는 그 처분 전에 사업계획승인을 받은 사업을 계속 수행할 수 있다.

정답 ③

02

난이도 ★★★

주택법령상 주택건설사업자 등에 관한 설명으로 옳은 것을 모두 고른 것은? 제31회

> ㉠ 한국토지주택공사가 연간 10만 제곱미터 이상의 대지조성사업을 시행하려는 경우에는 대지조성사업의 등록을 하여야 한다.
>
> ㉡ 세대수를 증가하는 리모델링주택조합이 그 구성원의 주택을 건설하는 경우에는 등록사업자와 공동으로 사업을 시행할 수 없다.
>
> ㉢ 주택건설공사를 시공할 수 있는 등록사업자가 최근 3년간 300세대 이상의 공동주택을 건설한 실적이 있는 경우에는 주택으로 쓰는 층수가 7개 층인 주택을 건설할 수 있다.

① ㉠
② ㉢
③ ㉠, ㉡
④ ㉡, ㉢
⑤ ㉠, ㉡, ㉢

해설

㉠ 한국토지주택공사가 연간 10만m² 이상의 대지조성사업을 시행하려는 경우에는 대지조성사업의 등록을 하지 않아도 된다.

㉡ 세대수를 증가하는 리모델링주택조합이 그 구성원의 주택을 건설하는 경우에는 등록사업자(지방자치단체·한국토지주택공사 및 지방공사를 포함)와 공동으로 사업을 시행할 수 있다.

정답 ②

03

난이도 ★★☆

주택법령상 지역주택조합이 설립인가를 받은 후 조합원을 신규로 가입하게 할 수 있는 경우와 결원의 범위에서 충원할 수 있는 경우 중 어느 하나에도 해당하지 <u>않는</u> 것은? 제31회

① 조합원이 사망한 경우
② 조합원이 무자격자로 판명되어 자격을 상실하는 경우
③ 조합원 수가 주택건설예정세대수를 초과하지 아니하는 범위에서 조합원 추가모집의 승인을 받은 경우
④ 조합원의 탈퇴 등으로 조합원 수가 주택건설예정세대수의 60퍼센트가 된 경우
⑤ 사업계획승인의 과정에서 주택건설예정세대수가 변경되어 조합원 수가 변경된 세대수의 40퍼센트가 된 경우

해설
조합원의 탈퇴 등으로 조합원 수가 주택건설예정세대수의 50% 미만이 된 경우에 충원할 수 있다.

정답 ④

04

난이도 ★★★

주택법령상 지역주택조합에 관한 설명으로 옳은 것은? 제29회

① 조합설립에 동의한 조합원은 조합설립인가가 있은 이후에는 자신의 의사에 의해 조합을 탈퇴할 수 없다.
② 총회의 의결로 제명된 조합원은 조합에 자신이 부담한 비용의 환급을 청구할 수 없다.
③ 조합임원의 선임을 의결하는 총회의 경우에는 조합원의 100분의 20 이상이 직접 출석하여야 한다.
④ 조합원을 공개모집한 이후 조합원의 자격상실로 인한 결원을 충원하려면 시장·군수·구청장에게 신고하고 공개모집의 방법으로 조합원을 충원하여야 한다.
⑤ 조합의 임원이 금고 이상의 실형을 받아 당연퇴직을 하면 그가 퇴직 전에 관여한 행위는 그 효력을 상실한다.

해설
① 조합설립에 동의한 조합원이더라도 조합설립인가가 있은 이후에 자신의 의사에 의해 조합을 탈퇴할 수 있다.
② 탈퇴한 조합원과 총회의 의결로 제명된 조합원은 조합에 자신이 부담한 비용의 환급을 청구할 수 있다.
④ 조합원을 공개모집한 이후 조합원의 자격상실로 인한 결원을 충원하는 경우에는 시장·군수·구청장에게 신고하지 아니하고 선착순의 방법으로 조합원을 충원할 수 있다.
⑤ 조합의 임원이 금고 이상의 실형을 받아 당연퇴직을 하더라도 그가 퇴직 전에 관여한 행위는 그 효력을 상실하지 아니한다.

정답 ③

05 ── 난이도 ★★☆

주택법령상 주택조합에 관한 설명으로 틀린 것은?
(단, 리모델링주택조합은 제외함)   제28회 수정

① 지역주택조합설립인가를 받으려는 자는 해당 주택건설대지의 80% 이상에 해당하는 토지의 사용권원과 해당 주택건설대지의 15% 이상에 해당하는 토지의 소유권을 확보하여야 한다.

② 탈퇴한 조합원은 조합규약으로 정하는 바에 따라 부담한 비용의 환급을 청구할 수 있다.

③ 주택조합은 주택건설예정세대수의 50% 이상의 조합원으로 구성하되, 조합원은 10명 이상이어야 한다.

④ 지역주택조합은 그 구성원을 위하여 건설하는 주택을 그 조합원에게 우선공급할 수 있다.

⑤ 조합원의 공개모집 이후 조합원의 사망·자격상실·탈퇴 등으로 인한 결원을 충원하거나 미달된 조합원을 재모집하는 경우에는 신고하지 아니하고 선착순의 방법으로 조합원을 모집할 수 있다.

해설

주택조합(리모델링주택조합은 제외)은 인가를 받는 날부터 사용검사를 받는 날까지 주택건설예정세대수의 50% 이상의 조합원으로 구성하되, 조합원은 20명 이상이어야 한다.

정답 ③

06 ── 난이도 ★★☆

주택법령상 지역주택조합의 조합원에 관한 설명으로 틀린 것은?   제28회

① 조합원의 사망으로 그 지위를 상속받는 자는 조합원이 될 수 있다.

② 조합원이 근무로 인하여 세대주 자격을 일시적으로 상실한 경우로서 시장·군수·구청장이 인정하는 경우에는 조합원 자격이 있는 것으로 본다.

③ 조합설립 인가 후에 조합원의 탈퇴로 조합원 수가 주택건설 예정 세대수의 50% 미만이 되는 경우에는 결원이 발생한 범위에서 조합원을 신규로 가입하게 할 수 있다.

④ 조합설립 인가 후에 조합원으로 추가모집되는 자가 조합원 자격 요건을 갖추었는지를 판단할 때에는 추가모집공고일을 기준으로 한다.

⑤ 조합원 추가모집에 따른 주택조합의 변경인가 신청은 사업계획승인신청일까지 하여야 한다.

해설

조합설립 인가 후에 조합원으로 추가모집되는 자가 조합원 자격 요건을 갖추었는지를 판단할 때에는 추가모집공고일이 아니라 조합설립인가신청일을 기준으로 한다.

정답 ④

03 주택건설자금 및 사업계획승인

핵심이론 주택상환사채

1 발행권자

(1) **한국토지주택공사와 등록사업자**

등록사업자는 금융기관 또는 주택도시보증공사의 보증을 받은 경우에만 주택상환사채를 발행할 수 있다.

(2) **등록사업자의 발행요건**

> ① 법인으로서 자본금이 5억원 이상일 것
> ② 건설업 등록을 한 자일 것
> ③ 최근 3년간 연평균 주택건설실적이 300호 이상일 것

> 추가✚ 등록사업자가 발행할 수 있는 주택상환사채의 규모는 최근 3년간의 연평균 주택건설호수 이내로 한다.

> 추가✚ 납입금의 사용
> ① 택지의 구입 및 조성
> ② 주택건설자재의 구입
> ③ 건설공사비에의 충당

2 발행계획의 승인

주택상환사채를 발행하려는 자는 주택상환사채발행계획을 수립하여 국토교통부장관의 승인을 받아야 한다.

3 발행방법

(1) 주택상환사채는 **기명증권**으로 하고, 사채권자의 명의변경은 취득자의 성명과 주소를 **사채원부**에 기록하는 방법으로 하며, 취득자의 성명을 채권에 기록하지 아니하면 사채발행자 및 제3자에게 대항할 수 없다.

(2) 주택상환사채는 액면 또는 할인의 방법으로 발행한다.

(3) 주택상환사채를 발행한 자는 발행조건에 따라 주택을 건설하여 사채권자에게 상환하여야 한다.

(4) 주택상환사채는 양도하거나 중도에 해약할 수 없다. 다만, 다음의 부득이한 사유가 있는 경우에는 양도하거나 중도에 해약할 수 있다.

> ① 세대원의 근무·취학·결혼으로 인하여 세대원 **전원**이 이전하는 경우
> ② 세대원 **전원**이 해외로 이주하거나 2년 이상 해외에 체류하고자 하는 경우
> ③ 세대원 **전원**이 상속에 의하여 취득한 주택으로 이전하는 경우

4 상환기간

주택상환사채의 상환기간은 3년을 초과할 수 없다.
⇨ 주택상환사채의 상환기간은 주택상환사채 발행일부터 주택의 공급계약체결일까지의 기간으로 한다.

5 효력

등록사업자의 등록이 말소된 경우에도 주택상환사채의 효력에는 영향을 미치지 아니한다.

꼭 풀어야 할 필수기출

01 ——— 난이도 ★★☆

주택법령상 주택상환사채에 관한 설명으로 틀린 것은?
제31회

① 한국토지주택공사는 주택상환사채를 발행할 수 있다.
② 주택상환사채는 기명증권으로 한다.
③ 사채권자의 명의변경은 취득자의 성명과 주소를 사채원부에 기록하는 방법으로 한다.
④ 주택상환사채를 발행한 자는 발행조건에 따라 주택을 건설하여 사채권자에게 상환하여야 한다.
⑤ 등록사업자의 등록이 말소된 경우에는 등록사업자가 발행한 주택상환사채도 효력을 상실한다.

해설
등록사업자의 등록이 말소된 경우에도 등록사업자가 발행한 주택상환사채의 효력에는 영향을 미치지 아니한다.

정답 ⑤

02 ——— 난이도 ★★☆

주택법령상 주택상환사채에 관한 설명으로 옳은 것은?
제33회

① 법인으로서 자본금이 3억원인 등록사업자는 주택상환사채를 발행할 수 있다.
② 발행조건은 주택상환사채권에 적어야 하는 사항에 포함된다.
③ 주택상환사채를 발행하려는 자는 주택상환사채 발행계획을 수립하여 시·도지사의 승인을 받아야 한다.
④ 주택상환사채는 액면으로 발행하고, 할인의 방법으로는 발행할 수 없다.
⑤ 주택상환사채는 무기명증권(無記名證券)으로 발행한다.

해설
① 법인으로서 자본금이 5억원 이상인 등록사업자는 주택상환사채를 발행할 수 있다.
③ 주택상환사채를 발행하려는 자는 주택상환사채 발행계획을 수립하여 국토교통부장관의 승인을 받아야 한다.
④ 주택상환사채는 액면 또는 할인의 방법으로는 발행한다.
⑤ 주택상환사채는 기명증권(記名證券)으로 발행한다.

정답 ②

1 사업계획승인대상

(1) **단독주택**: 30호 이상. 다음의 경우에는 50호 이상

> ① 공공사업에 따라 조성된 용지를 개별필지로 구분하지 아니하고 일단의 토지로 공급받아 해당 토지에 건설하는 단독주택
> ② 한옥

(2) **공동주택**: 30세대 이상

(3) **대지조성사업**: 1만㎡ 이상

2 사업계획승인 ⇨ 승인여부의 통보: 60일 이내

(1) **원칙**: 시·도지사 또는 대도시 시장, 시장·군수
　① 대지면적이 10만㎡ 이상인 경우: 시·도지사 또는 대도시 시장
　② 대지면적이 10만㎡ 미만인 경우: 특별시장·광역시장·특별자치시장·특별자치도지사 또는 시장·군수

(2) **예외**: 국토교통부장관
　① 국가·한국토지주택공사가 시행하는 경우
　② 330만㎡ 이상의 규모로「택지개발촉진법」에 따른 택지개발사업 또는「도시개발법」에 따른 도시개발사업을 추진하는 지역 중 국토교통부장관이 지정·고시하는 지역 안에서 사업을 시행하는 경우
　③ 수도권·광역시 지역의 긴급한 주택난 해소가 필요 하거나 지역균형개발 또는 광역적 차원의 조정이 필요하여 국토교통부장관이 지정·고시하는 지역 안에서 사업을 시행하는 경우

(3) **공구별 분할 건설·공급**
　주택건설사업을 시행하려는 자는 600세대 이상의 주택단지를 공구별로 분할하여 건설·공급할 수 있다.

(4) **표본설계도서**
　한국토지주택공사, 지방공사 또는 등록사업자는 동일한 규모의 주택을 대량으로 건설하려는 경우에는 국토교통부장관에게 주택의 형별(型別)로 표본설계도서를 작성·제출하여 승인을 받을 수 있다.

(5) **사업계획의 변경**
　다음에 해당하는 경우 국가, 지방자치단체, 한국토지주택공사, 지방공사는 변경승인을 받지 않아도 된다.

> ① 총사업비 20% 범위에서 사업비 증감. 다만, 국민주택을 건설하는 경우로서 지원받은 주택도시기금이 증가되는 경우는 변경승인을 받아야 한다.
> ② 대지면적의 20% 범위에서 면적 증감
> ③ 건축물의 설계와 용도별 위치를 변경하지 아니하는 범위에서 건축물의 배치조정 및 주택단지 안 도로의 선형변경

3 착공기간

(1) 사업계획승인을 받은 날부터 5년(1년의 범위에서 연장 가능) 이내에 공사를 시작하여야 한다.

(2) 최초로 공사를 진행하는 공구 외의 공구(2공구) 착공신고일부터 2년 이내에 공사를 시작하여야 한다(연장×).

추가⊕ 사업계획승인권자는 착공신고를 받은 날부터 20일 이내에 신고수리 여부를 신고인에게 통지하여야 한다.

4 사업계획승인의 취소

사업계획승인권자는 다음의 어느 하나에 해당하는 경우 그 사업계획의 승인을 취소(다음의 ② 또는 ③에 해당하는 경우 주택분양보증이 된 사업은 제외)할 수 있다.

> ① 사업주체가 5년 이내에 공사를 시작하지 아니한 경우. 다만, 2년 이내에 공사를 시작하지 아니한 경우에는 취소할 수 없다.
> ② 사업주체가 경매·공매 등으로 인하여 소유권을 상실한 경우
> ③ 사업주체가 부도·파산 등으로 공사의 완료가 불가능한 경우

5 임대주택의 건설

(1) 용적률 완화대상
사업계획승인대상 이상의 주택과 주택 외의 건축물로 건축하는 계획 및 임대주택 건설·공급에 관한 계획

(2) 임대주택 건설비율
완화된 용적률의 60% 이하

(3) 임대주택 인수자
국토교통부장관, 시·도지사, 한국토지주택공사 또는 지방공사 ⇨ 시·도지사가 우선 인수할 수 있다.

(4) 임대주택 공급가격
건축비로 하고, 부속토지는 인수자에게 기부채납한 것으로 본다.

(5) 임대주택 선정방법
공개추첨의 방법

6 토지임대부 분양주택

(1) 임대차 기간: 40년 이내로 한다. 75% 이상이 갱신을 청구하는 경우 40년의 범위에서 갱신할 수 있다.

(2) 토지임대료: 월별 임대료를 원칙으로 하되, 토지소유자와 주택을 공급받은 자가 합의한 경우 임대료를 선납하거나 보증금으로 전환하여 납부할 수 있다.

(3) 증액청구: 토지소유자는 토지임대주택을 분양받은 자와 토지임대료약정을 체결한 후 2년이 지나기 전에는 토지임대료의 증액을 청구할 수 없다.

(4) 보증금으로의 전환: 토지임대료를 보증금으로 전환하려는 경우 그 보증금을 산정할 때 적용되는 이자율은 「은행법」에 따른 은행의 3년 만기 정기예금 평균이자율 이상이어야 한다.

(5) 주택의 매입: 토지임대부 분양주택을 공급받은 자는 전매제한기간이 지나기 전에 한국토지주택공사에게 해당 주택의 매입을 신청할 수 있다.

7 사용검사

(1) 사용검사권자
① 사업주체가 사업을 완료한 경우에는 주택 또는 대지에 대하여 시장·군수·구청장의 사용검사를 받아야 한다.
② 사업계획승인 조건의 미이행 등의 경우에는 공사가 완료된 주택에 대하여 동별로 사용검사를 받을 수 있다.

(2) 시공보증자 등의 사용검사신청
① 사업주체가 파산한 경우
　⇨ 시공을 보증한 자 또는 입주예정자대표회의가 신청
② 사업주체가 정당한 이유 없이 사용검사를 위한 절차를 진행하지 아니한 경우
　⇨ 시공을 보증한 자, 해당 주택의 시공자 또는 입주예정자가 신청

(3) 사용검사기간
사용검사는 그 신청일부터 15일 이내에 하여야 한다.

(4) 임시사용승인
주택은 동별로 공사가 완료된 때, 대지는 구획별로 공사가 완료된 때 임시사용승인을 받아 사용할 수 있다. 이 경우 임시사용승인의 대상이 공동주택인 경우에는 세대별로 임시사용승인을 할 수 있다.

> **추가 ✚ 감리자의 업무**
> 1. 감리자는 업무를 수행하면서 위반사항을 발견하면 7일 이내에 사업계획승인권자에게 보고하여야 한다.
> 2. 사업계획승인권자는 감리자가 업무수행 중 위반사항을 알고도 이를 묵인한 경우에는 1년의 범위에서 감리자 지정업무를 제한할 수 있다.

01

난이도 ★☆☆

주택법령상 주택건설사업계획의 승인 등에 관한 설명으로 틀린 것은? (단, 다른 법률에 따른 사업은 제외함)

제28회

① 주거전용 단독주택인 건축법령상의 한옥 50호 이상의 건설사업을 시행하려는 자는 사업계획승인을 받아야 한다.

② 주택건설사업을 시행하려는 자는 전체 세대수가 600세대 이상의 주택단지를 공구별로 분할하여 주택을 건설·공급할 수 있다.

③ 사업주체는 공사의 착수기간이 연장되지 않는 한 주택건설사업계획의 승인을 받은 날부터 5년 이내에 공사를 시작하여야 한다.

④ 사업계획승인권자는 사업계획승인의 신청을 받았을 때에는 정당한 사유가 없으면 신청받은 날부터 60일 이내에 사업주체에게 승인 여부를 통보하여야 한다.

⑤ 사업계획승인의 조건으로 부과된 사항을 이행함에 따라 공사 착수가 지연되는 경우, 사업계획승인권자는 그 사유가 없어진 날부터 3년의 범위에서 공사의 착수기간을 연장할 수 있다.

02

난이도 ★★☆

주택법령상 (   ) 안에 들어갈 내용으로 옳게 연결된 것은? (단, 주택 외의 시설과 주택이 동일 건축물로 건축되지 않음을 전제로 함)

제26회

- 한국토지주택공사가 서울특별시 A구역에서 대지 면적 10만m²에 50호의 한옥 건설사업을 시행하려는 경우 (㉠)으로부터 사업계획승인을 받아야 한다.
- B광역시 C구에서 지역균형개발이 필요하여 국토교통부장관이 지정·고시하는 지역 안에 50호의 한옥 건설사업을 시행하는 경우 (㉡)으로부터 사업계획승인을 받아야 한다.

① ㉠ : 국토교통부장관, ㉡ : 국토교통부장관
② ㉠ : 서울특별시장, ㉡ : C구청장
③ ㉠ : 서울특별시장, ㉡ : 국토교통부장관
④ ㉠ : A구청장, ㉡ : C구청장
⑤ ㉠ : 국토교통부장관, ㉡ : B광역시장

해설

사업계획승인의 조건으로 부과된 사항을 이행함에 따라 공사 착수가 지연되는 경우, 사업계획승인권자는 그 사유가 없어진 날부터 1년의 범위에서 공사의 착수기간을 연장할 수 있다.

정답 ⑤

해설

- 한국토지주택공사가 사업주체인 경우에는 '국토교통부장관'으로부터 사업계획승인을 받아야 한다.
- 지역균형발전을 위하여 국토교통부장관이 지정·고시하는 지역 안에 50호의 한옥 건설사업을 시행하는 경우에는 '국토교통부장관'으로부터 사업계획승인을 받아야 한다.

정답 ①

03

난이도 ★★☆

주택법령상 주택건설사업에 대한 사업계획의 승인에 관한 설명으로 틀린 것은? 제29회

① 지역주택조합은 설립인가를 받은 날부터 2년 이내에 사업계획승인을 신청하여야 한다.

② 사업주체가 승인받은 사업계획에 따라 공사를 시작하려는 경우 사업계획승인권자에게 신고하여야 한다.

③ 사업계획승인권자는 사업주체가 경매로 인하여 대지소유권을 상실한 경우에는 그 사업계획의 승인을 취소하여야 한다.

④ 사업주체가 주택건설대지를 사용할 수 있는 권원을 확보한 경우에는 그 대지의 소유권을 확보하지 못한 경우에도 사업계획의 승인을 받을 수 있다.

⑤ 주택조합이 승인받은 총사업비의 10%를 감액하는 변경을 하려면 변경승인을 받아야 한다.

해설

사업계획승인권자는 사업주체가 경매로 인하여 대지소유권을 상실한 경우에는 그 사업계획의 승인을 취소할 수 있다.

정답 ③

04

난이도 ★★★

주택법령상 사업계획의 승인 등에 관한 설명으로 옳은 것을 모두 고른 것은? (단, 다른 법률에 따른 사업은 제외함) 제31회

> ㉠ 대지조성사업계획승인을 받으려는 자는 사업계획승인신청서에 조성한 대지의 공급계획서를 첨부하여 사업계획승인권자에게 제출하여야 한다.
>
> ㉡ 등록사업자는 동일한 규모의 주택을 대량으로 건설하려는 경우에는 시·도지사에게 주택의 형별로 표본설계도서를 작성·제출하여 승인을 받을 수 있다.
>
> ㉢ 지방공사가 사업주체인 경우 건축물의 설계와 용도별 위치를 변경하지 아니하는 범위에서의 건축물의 배치조정은 사업계획변경승인을 받지 않아도 된다.

① ㉠   ② ㉠, ㉡

③ ㉠, ㉢   ④ ㉡, ㉢

⑤ ㉠, ㉡, ㉢

해설

㉡ 등록사업자는 동일한 규모의 주택을 대량으로 건설하려는 경우에는 국토교통부장관에게 주택의 형별로 표본설계도서를 작성·제출하여 승인을 받을 수 있다.

정답 ③

05

난이도 ★★☆

주택법령상 주택건설사업계획승인에 관한 설명으로 틀린 것은?
제30회

① 사업계획에는 부대시설 및 복리시설의 설치에 관한 계획 등이 포함되어야 한다.

② 주택단지의 전체 세대수가 500세대인 주택건설사업을 시행하려는 자는 주택단지를 공구별로 분할하여 주택을 건설·공급할 수 있다.

③ 「한국토지주택공사법」에 따른 한국토지주택공사는 동일한 규모의 주택을 대량으로 건설하려는 경우에는 국토교통부장관에게 주택의 형별(型別)로 표본설계도서를 작성·제출하여 승인을 받을 수 있다.

④ 사업계획승인권자는 사업계획을 승인할 때 사업주체가 제출하는 사업계획에 해당 주택건설사업과 직접적으로 관련이 없거나 과도한 기반시설의 기부채납을 요구하여서는 아니 된다.

⑤ 사업계획승인권자는 사업계획승인의 신청을 받았을 때에는 정당한 사유가 없으면 신청받은 날부터 60일 이내에 사업주체에게 승인 여부를 통보하여야 한다.

해설

주택단지의 전체 세대수가 600세대 이상인 주택건설사업을 시행하려는 자는 주택단지를 공구별로 분할하여 주택을 건설·공급할 수 있다.

정답 ②

06

난이도 ★★★

주택법령상 사업계획승인권자가 사업주체의 신청을 받아 공사의 착수기간을 연장할 수 있는 경우가 아닌 것은? (단, 공사에 착수하지 못할 다른 부득이한 사유는 고려하지 않음)
제30회

① 사업계획승인의 조건으로 부과된 사항을 이행함에 따라 공사 착수가 지연되는 경우

② 공공택지의 개발·조성을 위한 계획에 포함된 기반시설의 설치 지연으로 공사 착수가 지연되는 경우

③ 「매장유산 보호 및 조사에 관한 법률」에 따라 문화재청장의 매장유산의 발굴허가를 받은 경우

④ 해당 사업시행지에 대한 소유권 분쟁을 사업주체가 소송 외의 방법으로 해결하는 과정에서 공사 착수가 지연되는 경우

⑤ 사업주체에게 책임이 없는 불가항력적인 사유로 인하여 공사 착수가 지연되는 경우

해설

해당 사업시행지에 대한 소유권 분쟁을 사업주체가 소송 외의 방법으로 해결하는 과정에서 공사 착수가 지연되는 경우는 연장할 수 있는 사유에 해당하지 않는다.

플러스 이론✚ 공사의 착수기간을 연장할 수 있는 사유는 다음과 같다.

1. 「매장유산 보호 및 조사에 관한 법률」에 따라 문화재청장의 매장유산의 발굴허가를 받은 경우(③)
2. 해당 사업시행지에 대한 소유권 분쟁(소송절차가 진행 중인 경우만 해당)으로 인하여 공사 착수가 지연되는 경우
3. 사업계획승인의 조건으로 부과된 사항을 이행함에 따라 공사 착수가 지연되는 경우(①)
4. 천재지변 또는 사업주체에게 책임이 없는 불가항력적인 사유로 인하여 공사 착수가 지연되는 경우(⑤)
5. 공공택지의 개발·조성을 위한 계획에 포함된 기반시설의 설치 지연으로 공사 착수가 지연되는 경우(②)
6. 해당 지역의 미분양주택 증가 등으로 사업성이 악화될 우려가 있거나 주택건설경기가 침체되는 등 공사에 착수하지 못할 부득이한 사유가 있다고 사업계획승인권자가 인정하는 경우

정답 ④

07 ─────────────────── 난이도 ★☆☆

주택법령상 사업계획승인 등에 관한 설명으로 틀린 것은? (단, 다른 법률에 따른 사업은 제외함)

제32회

① 주택건설사업을 시행하려는 자는 전체 세대수가 600세대 이상의 주택단지를 공구별로 분할하여 주택을 건설·공급할 수 있다.
② 사업계획승인권자는 착공신고를 받은 날부터 20일 이내에 신고수리 여부를 신고인에게 통지하여야 한다.
③ 사업계획승인권자는 사업계획승인의 신청을 받았을 때에는 정당한 사유가 없으면 신청받은 날부터 60일 이내에 사업주체에게 승인 여부를 통보하여야 한다.
④ 사업주체는 사업계획승인을 받은 날부터 1년 이내에 공사를 착수하여야 한다.
⑤ 사업계획에는 부대시설 및 복리시설의 설치에 관한 계획 등이 포함되어야 한다.

해설
사업주체는 사업계획승인을 받은 날부터 5년 이내에 공사를 착수 하여야 한다.

정답 ④

08 ─────────────────── 난이도 ★★★

주택법령상 주택의 사용검사 등에 관한 설명으로 틀린 것은?

제24회

① 하나의 주택단지의 입주자를 분할 모집하여 전체 단지의 사용검사를 마치기 전에 입주가 필요한 경우에는 공사가 완료된 주택에 대하여 동별로 사용검사를 받을 수 있다.
② 사용검사는 사용검사 신청일부터 15일 이내에 하여야 한다.
③ 사업주체는 건축물의 동별로 공사가 완료된 경우로서 사용검사권자의 임시사용승인을 받은 경우에는 사용검사를 받기 전에 주택을 사용하게 할 수 있다.
④ 사업주체가 파산 등으로 사용검사를 받을 수 없는 경우에는 해당 주택의 시공을 보증한 자, 해당 주택의 시공자 또는 입주예정자는 사용검사를 받을 수 있다.
⑤ 무단거주가 아닌 입주예정자가 사업주체의 파산 등으로 사용검사를 받을 때에는 입주예정자의 대표회의가 사용검사권자에게 사용검사를 신청할 때 하자보수보증금을 예치하여야 한다.

해설
사업주체가 파산 등으로 사용검사를 받을 수 없는 경우에는 해당 주택의 시공을 보증한 자 또는 입주예정자는 사용검사를 받을 수 있다.

정답 ④

09 ────────────── 난이도 ★★☆

주택법령상 사업주체가 50세대의 주택과 주택 외
의 시설을 동일 건축물로 건축하는 계획 및 임대주
택의 건설·공급에 관한 사항을 포함한 사업계획
승인신청서를 제출한 경우에 대한 설명으로 옳은
것은?

제29회

① 사업계획승인권자는 「국토의 계획 및 이용에 관
한 법률」에 따른 건폐율 및 용적률을 완화하여 적
용할 수 있다.

② 사업계획승인권자가 임대주택의 건설을 이유로
용적률을 완화하는 경우 사업주체는 완화된 용적
률의 70%에 해당하는 면적을 임대주택으로 공급
하여야 한다.

③ 사업주체는 용적률의 완화로 건설되는 임대주택
을 인수자에게 공급하여야 하며, 이 경우 시장·
군수가 우선 인수할 수 있다.

④ 사업주체가 임대주택을 인수자에게 공급하는 경
우 임대주택의 부속토지의 공급가격은 공시지가
로 한다.

⑤ 인수자에게 공급하는 임대주택의 선정은 주택조
합이 사업주체인 경우에는 조합원에게 공급하고
남은 주택을 대상으로 공개추첨의 방법에 의한다.

10 ────────────── 난이도 ★★☆

주택법령상 토지임대부 분양주택에 관한 설명으로
옳은 것은?

제33회

① 토지임대부 분양주택의 토지에 대한 임대차기간
은 50년 이내로 한다.

② 토지임대부 분양주택의 토지에 대한 임대차기간을
갱신하기 위해서는 토지임대부 분양주택의 소유
자의 3분의 2 이상이 계약갱신을 청구하여야 한다.

③ 토지임대료를 보증금으로 전환하여 납부하는 경
우, 그 보증금을 산정할 때 적용되는 이자율은 「은
행법」에 따른 은행의 3년 만기 정기예금 평균이자
율 이상이어야 한다.

④ 토지임대부 분양주택을 공급받은 자가 토지임대
부 분양주택을 양도하려는 경우에는 시·도지사
에게 해당 주택의 매입을 신청하여야 한다.

⑤ 토지임대료는 분기별 임대료를 원칙으로 한다.

해설

① 사업계획승인권자는 「국토의 계획 및 이용에 관한 법률」
에 따른 용적률을 완화하여 적용할 수 있다.

② 사업계획승인권자가 임대주택의 건설을 이유로 용적률을
완화하는 경우 사업주체는 완화된 용적률의 60% 이내에
서 대통령령으로 정하는 비율(30% 이상 60% 이하의 범위
에서 시·도조례로 정하는 비율)에 해당하는 면적을 임대
주택으로 공급하여야 한다.

③ 사업주체는 용적률의 완화로 건설되는 임대주택을 인수자
에게 공급하여야 하며, 이 경우 시·도지사가 우선 인수할
수 있다.

④ 사업주체가 임대주택을 인수자에게 공급하는 경우 임대주
택의 부속토지의 공급가격은 기부채납한 것으로 본다.

해설

① 토지임대부 분양주택의 토지에 대한 임대차기간은 40년
이내로 한다.

② 토지임대부 분양주택의 토지에 대한 임대차기간을 갱신하
기 위해서는 토지임대부 분양주택의 소유자의 75% 이상이
계약갱신을 청구하여야 한다.

④ 토지임대부 분양주택을 공급받은 자는 전매제한기간이 지
나기 전에 한국토지주택공사에게 해당 주택의 매입을 신
청할 수 있다.

⑤ 토지임대료는 월별 임대료를 원칙으로 한다.

정답 ⑤

정답 ③

04 주택의 공급 및 리모델링

핵심이론 주택의 분양가격 제한

1 입주자모집공고

사업주체(공공주택사업자는 제외)가 입주자를 모집하려는 경우에는 시장·군수·구청장의 승인(복리시설의 경우에는 신고)을 받아야 한다.

2 마감자재 목록표

(1) **제출대상**: 국가·지방자치단체·한국토지주택공사 및 지방공사가 사업주체로서 견본주택을 건설하는 경우에는 견본 주택에 사용되는 마감자재 목록표와 견본주택의 각 실의 내부를 촬영한 영상물 등을 제작하여 시장·군수·구청장에게 제출하여야 한다.

(2) **보관기간**: 시장·군수·구청장은 마감자재 목록표와 영상물 등을 사용검사가 있은 날부터 2년 이상 보관하여야 한다.

3 분양가상한제 적용주택

(1) **적용대상**: 사업주체가 공급하는 공동주택 중 다음에 해당하는 지역에서 공급하는 주택
① 공공택지
② 공공택지 외의 택지로서 국토교통부장관이 주거정책심의위원회의 심의를 거쳐 지정하는 지역

(2) **적용 제외**: 다음에 해당하는 경우에는 분양가상한제를 적용하지 아니한다.
① 도시형 생활주택
② 관광특구에서 50층 이상 또는 높이가 150m 이상인 공동주택
③ 주거환경개선사업 및 공공재개발사업에서 건설·공급하는 주택

④ 혁신지구재생사업에서 건설·공급하는 주택
⑤ 경제자유구역(경제자유구역위원회에서 의결한 경우)에서 건설·공급하는 공동주택
⑥ 도심 공공주택 복합사업에서 건설·공급하는 주택

(3) **분양가격**: 택지비와 건축비(토지임대부 분양주택의 경우에는 건축비만 해당)로 구성되며, 구체적인 명세 등은 국토교통부령으로 정한다.

(4) **분양가격 공시의무**(직접공사비＋간접공사비)
① 공공택지 ⇨ 사업주체
② 공공택지 외의 택지 ⇨ 시장·군수·구청장

(5) **분양가심사위원회**: 시장·군수·구청장이 사업계획승인 신청이 있는 날부터 20일 이내에 설치·운영하여야 한다.

4 분양가상한제 적용지역

(1) **지정권자**: 국토교통부장관이 지정

(2) **대상지역**: 투기과열지구 중 다음의 어느 하나에 해당하는 지역에 대하여 지정할 수 있다.
① 직전월부터 소급하여 12개월간의 아파트 분양가격상승률이 물가상승률의 2배를 초과한 지역
② 직전월부터 소급하여 3개월간의 주택매매거래량이 전년 동기 대비 20% 이상 증가한 지역
③ 직전월부터 소급하여 주택공급이 있었던 2개월 동안 해당 지역에서 공급되는 주택의 월평균 청약경쟁률이 모두 5대 1을 초과하였거나 해당 지역에서 공급되는 국민주택규모 주택의 월평균 청약경쟁률이 모두 10대 1을 초과한 지역

01

난이도 ★★☆

주택법령상 주택의 공급에 관한 설명으로 옳은 것은?

제27회 수정

① 한국토지주택공사가 총지분의 전부를 출자한 「부동산투자회사법」에 따른 부동산투자회사가 사업주체로서 입주자를 모집하려는 경우에는 시장·군수·구청장의 승인을 받아야 한다.

② 「관광진흥법」에 따라 지정된 관광특구에서 건설·공급하는 층수가 51층이고, 높이가 140m인 아파트는 분양가상한제의 적용대상이다.

③ 시·도지사는 주택가격상승률이 물가상승률보다 현저히 높은 지역으로서 주택가격의 급등이 우려되는 지역에 대해서 분양가상한제 적용지역으로 지정할 수 있다.

④ 주택의 사용검사 후 주택단지 내 일부의 토지의 소유권을 회복한 자에게 주택소유자들이 매도청구를 하려면 해당 토지의 면적이 주택단지 전체 대지면적의 5% 미만이어야 한다.

⑤ 사업주체가 투기과열지구에서 건설·공급하는 주택의 입주자로 선정된 지위는 매매하거나 상속할 수 없다.

해설

① 한국토지주택공사가 총지분의 전부를 출자한 「부동산투자회사법」에 따른 부동산투자회사가 사업주체로서 입주자를 모집하려는 경우에는 시장·군수·구청장의 승인을 받지 않아도 된다.

② 「관광진흥법」에 따라 지정된 관광특구에서 건설·공급하는 공동주택으로서 해당 건축물의 층수가 50층 이상이거나 높이가 150m 이상인 경우에는 분양가상한제를 적용하지 아니한다.

③ 분양가상한제 적용지역은 국토교통부장관이 지정한다.

⑤ 상속은 전매제한 대상에서 제외된다. 따라서 매매는 할 수 없지만 상속은 할 수 있다.

정답 ④

02

난이도 ★★★

주택법령상 주택의 공급에 관한 설명으로 옳은 것은?

제26회

① 한국토지주택공사가 사업주체로서 복리시설의 입주자를 모집하려는 경우 시장·군수·구청장에게 신고하여야 한다.

② 지방공사가 사업주체로서 견본주택을 건설하는 경우에는 견본주택에 사용되는 마감자재 목록표와 견본주택의 각 실의 내부를 촬영한 영상물 등을 제작하여 시장·군수·구청장에게 제출하여야 한다.

③ 「관광진흥법」에 따라 지정된 관광특구에서 건설·공급하는 50층 이상의 공동주택은 분양가상한제의 적용을 받는다.

④ 공공택지 외의 택지로서 분양가상한제가 적용되는 지역에서 공급하는 도시형 생활주택은 분양가상한제의 적용을 받는다.

⑤ 시·도지사는 사업계획승인신청이 있는 날부터 30일 이내에 분양가심사위원회를 설치·운영하여야 한다.

해설

① 한국토지주택공사는 복리시설의 입주자를 모집하려는 경우에는 신고하지 않아도 된다.

③ 「관광진흥법」에 따라 지정된 관광특구에서 건설·공급하는 50층 이상의 공동주택은 분양가상한제를 적용하지 아니한다.

④ 도시형 생활주택은 분양가상한제를 적용하지 아니한다.

⑤ 시장·군수·구청장은 사업계획승인신청이 있는 날부터 20일 이내에 분양가심사위원회를 설치·운영하여야 한다.

정답 ②

03

주택법령상 주택의 공급에 관한 설명으로 틀린 것은?

제28회

① 군수는 입주자 모집승인 시 사업주체에게서 받은 마감자재 목록표의 열람을 입주자가 요구하는 경우 이를 공개하여야 한다.

② 사업주체가 부득이한 사유로 인하여 사업계획승인의 마감자재와 다르게 시공·설치하려는 경우에는 당초의 마감자재와 같은 질 이하의 자재로 설치할 수 있다.

③ 사업주체가 마감자재 목록표의 자재와 다른 마감자재를 시공·설치하려는 경우에는 그 사실을 입주예정자에게 알려야 한다.

④ 사업주체가 일반인에게 공급하는 공동주택 중 공공택지에서 공급하는 주택의 경우에는 분양가상한제가 적용된다.

⑤ 도시형 생활주택을 공급하는 경우에는 분양가상한제가 적용되지 않는다.

해설

사업주체가 부득이한 사유로 인하여 사업계획승인의 마감자재와 다르게 시공·설치하려는 경우에는 당초의 마감자재와 같은 질 이상의 자재로 설치하여야 한다.

정답 ②

04

주택법령상 분양가상한제 적용주택에 관한 설명으로 옳은 것을 모두 고른 것은?

제33회

> ㉠ 도시형 생활주택은 분양가상한제 적용주택에 해당하지 않는다.
> ㉡ 토지임대부 분양주택의 분양가격은 택지비와 건축비로 구성된다.
> ㉢ 사업주체는 분양가상한제 적용주택으로서 공공택지에서 공급하는 주택에 대하여 입주자모집공고에 분양가격을 공시해야 하는데, 간접비는 공시해야 하는 분양가격에 포함되지 않는다.

① ㉠
② ㉠, ㉡
③ ㉠, ㉢
④ ㉡, ㉢
⑤ ㉠, ㉡, ㉢

해설

㉡ 토지임대부 분양주택의 분양가격은 건축비로 구성된다.

㉢ 사업주체는 분양가상한제 적용주택으로서 공공택지에서 공급하는 주택에 대하여 입주자모집공고에 분양가격을 공시해야 하는데, 간접비도 공시해야 하는 분양가격에 포함된다.

정답 ①

핵심이론 **매도청구** 🗒 기출 26회 / 27회 / 29회 / 30회

1 사업주체의 매도청구

(1) 매도청구대상
사용권원을 확보하지 못한 대지(건축물을 포함)

(2) 매도청구가격: 시가

(3) 협의기간: 3개월 이상

(4) 매도청구의 방법
① 95% 이상 사용권원을 확보한 경우: 모든 소유자에게 매도할 것을 청구할 수 있다.
② 95% 미만 사용권원을 확보한 경우: 지구단위계획구역 결정·고시일 10년 이전에 소유권을 취득하여 계속 보유한 자를 제외한 소유자에게 매도할 것을 청구할 수 있다.

추가➕ 리모델링의 허가를 신청하기 위한 동의율을 확보한 경우 리모델링 결의를 한 리모델링주택조합은 리모델링 결의에 찬성하지 아니한 주택 및 토지에 대하여 매도청구를 할 수 있다.

2 사용검사 후 매도청구

(1) 매도청구
주택의 소유자들은 사용검사 후 토지의 소유권을 회복한 자(실소유자)에게 매도할 것을 청구할 수 있다.

(2) 매도청구가격: 시가

(3) 대표자 선정: 4분의 3 이상의 동의

(4) 매도청구의 요건: 전체 대지면적의 5% 미만

(5) 송달기간: 2년 이내

(6) 판결효력: 주택소유자 전체에 대하여 효력이 있다.

(7) 구상권 행사
주택의 소유자들은 매도청구로 인하여 발생한 비용의 전부를 사업주체에게 구상할 수 있다.

꼭 풀어야 할 필수기출

01 ─────────────── 난이도 ★★☆

주택건설사업이 완료되어 사용검사가 있은 후에 甲이 주택단지 일부의 토지에 대해 소유권이전등기 말소소송에 따라 해당 토지의 소유권을 회복하게 되었다. 주택법령상 이에 관한 설명으로 옳은 것은? 제29회

① 주택의 소유자들은 甲에게 해당 토지를 공시지가로 매도할 것을 청구할 수 있다.
② 대표자를 선정하여 매도청구에 관한 소송을 하는 경우 대표자는 복리시설을 포함하여 주택의 소유자 전체의 4분의 3 이상의 동의를 받아 선정한다.
③ 대표자를 선정하여 매도청구에 관한 소송을 하는 경우 그 판결은 대표자 선정에 동의하지 않은 주택의 소유자에게는 효력이 미치지 않는다.
④ 甲이 소유권을 회복한 토지의 면적이 주택단지 전체 대지면적의 5%를 넘는 경우에는 주택소유자 전원의 동의가 있어야 매도청구를 할 수 있다.
⑤ 甲이 해당 토지의 소유권을 회복한 날부터 1년이 경과한 이후에는 甲에게 매도청구를 할 수 없다.

해설
① 주택의 소유자들은 甲에게 해당 토지를 시가로 매도할 것을 청구할 수 있다.
③ 대표자를 선정하여 매도청구에 관한 소송을 하는 경우 그 판결은 주택의 소유자 전체에게 효력이 있다.
④ 甲이 소유권을 회복한 토지의 면적이 주택단지 전체 대지면적의 5% 미만인 경우에는 매도청구를 할 수 있다.
⑤ 甲이 해당 토지의 소유권을 회복한 날부터 2년이 경과한 이후에는 甲에게 매도청구를 할 수 없다.

정답 ②

02 ── 난이도 ★☆☆

주택법상 사용검사 후 매도청구 등에 관한 조문의 일부이다. (   )에 들어갈 숫자를 바르게 나열한 것은?

제30회

「주택법」 제62조【사용검사 후 매도청구 등】

①~③ <생략>

④ 제1항에 따라 매도청구를 하려는 경우에는 해당 토지의 면적이 주택단지 전체 대지 면적의 (㉠)% 미만이어야 한다.

⑤ 제1항에 따른 매도청구의 의사표시는 실소유자가 해당 토지 소유권을 회복한 날부터 (㉡)년 이내에 해당 실소유자에게 송달되어야 한다.

⑥ <생략>

---

① ㉠ 5, ㉡ 1
② ㉠ 5, ㉡ 2
③ ㉠ 5, ㉡ 3
④ ㉠ 10, ㉡ 1
⑤ ㉠ 10, ㉡ 2

해설

「주택법」 제62조【사용검사 후 매도청구 등】
①~③ <생략>
④ 제1항에 따라 매도청구를 하려는 경우에는 해당 토지의 면적이 주택단지 전체 대지 면적의 '5'% 미만이어야 한다.
⑤ 제1항에 따른 매도청구의 의사표시는 실소유자가 해당 토지 소유권을 회복한 날부터 '2'년 이내에 해당 실소유자에게 송달되어야 한다.
⑥ <생략>

정답 ②

03 ── 난이도 ★★☆

주택법령상 사업계획승인을 받은 사업주체에게 인정되는 매도청구권에 관한 설명으로 옳은 것은?

제26회

① 주택건설대지에 사용권원을 확보하지 못한 건축물이 있는 경우 그 건축물은 매도청구의 대상이 되지 않는다.

② 사업주체는 매도청구일 전 60일부터 매도청구 대상이 되는 대지의 소유자와 협의를 진행하여야 한다.

③ 사업주체가 주택건설대지면적 중 90%에 대하여 사용권원을 확보한 경우, 사용권원을 확보하지 못한 대지의 모든 소유자에게 매도청구를 할 수 있다.

④ 사업주체가 주택건설대지면적 중 80%에 대하여 사용권원을 확보한 경우, 사용권원을 확보하지 못한 대지의 소유자 중 지구단위계획구역 결정고시일 10년 이전에 해당 대지의 소유권을 취득하여 계속 보유하고 있는 자에 대하여는 매도청구를 할 수 없다.

⑤ 사업주체가 리모델링주택조합인 경우 리모델링 결의에 찬성하지 아니하는 자의 주택에 대하여는 매도청구를 할 수 없다.

해설

① 주택건설대지에 사용권원을 확보하지 못한 건축물이 있는 경우 그 건축물도 매도청구의 대상에 포함된다.
② 사업주체는 매도청구를 하기 전에 3개월 이상 협의를 하여야 한다.
③ 사업주체가 주택건설대지면적 중 95% 이상에 대하여 사용권원을 확보한 경우, 사용권원을 확보하지 못한 대지의 모든 소유자에게 매도청구를 할 수 있다.
⑤ 사업주체가 리모델링주택조합인 경우 리모델링 결의에 찬성하지 아니한 주택에 대하여는 매도청구를 할 수 있다.

정답 ④

핵심이론 **투기과열지구 및 조정대상지역** 기출 23회 / 24회 / 25회 / 27회 / 28회 / 29회 / 32회 / 34회

1 투기과열지구

(1) **지정권자**: 국토교통부장관 또는 시·도지사

(2) **지정절차**

국토교통부장관이 투기과열지구를 지정하거나 해제할 경우에는 미리 시·도지사의 의견을 듣고 그 의견에 대한 검토의견을 회신하여야 하며, 시·도지사는 국토교통부장관과 협의를 하여야 한다.

(3) **지정대상지역**

① 투기과열지구지정직전월부터 소급하여 주택공급이 있었던 2개월 동안 해당 지역에서 공급되는 주택의 월별 평균 청약경쟁률이 모두 5대 1을 초과했거나 국민주택규모 주택의 월별 평균 청약경쟁률이 모두 10대 1을 초과한 곳

② 투기과열지구지정직전월의 주택분양실적이 전달보다 30% 이상 감소한 곳

③ 해당 지역이 속하는 시·도의 주택보급률이 전국 평균 이하인 곳

④ 해당 지역이 속하는 시·도의 자가주택비율이 전국 평균 이하인 곳

(4) **재검토**

국토교통부장관은 반기마다 주거정책심의위원회의 회의를 소집하여 투기과열지구 지정의 유지 여부를 재검토하여야 한다.

(5) **전매제한기간**

해당 주택의 입주자로 선정된 날부터 수도권은 3년, 소유권 외의 지역은 1년이다.

2 조정대상지역

(1) **지정권자**: 국토교통부장관

(2) **지정절차**

국토교통부장관이 조정대상지역을 지정하는 경우에는 미리 시·도지사의 의견을 들어야 한다.

(3) **지정기준**

① 과열지역

조정대상지역지정직전월부터 소급하여 3개월간의 해당 지역 주택가격상승률이 해당 지역이 포함된 시·도 소비자물가상승률의 1.3배를 초과한 지역으로서 다음의 어느 하나에 해당하는 지역을 말한다.

㉠ 조정대상지역지정직전월부터 소급하여 주택공급이 있었던 2개월 동안 해당 지역에서 공급되는 주택의 월평균 청약경쟁률이 모두 5대 1을 초과하였거나 국민주택규모 주택의 월별 평균 청약경쟁률이 모두 10대 1을 초과한 지역

㉡ 조정대상지역지정직전월부터 소급하여 3개월간의 분양권 전매거래량이 직전 연도의 같은 기간보다 30% 이상 증가한 지역

㉢ 해당 지역이 속하는 시·도의 주택보급률 또는 자가주택비율이 전국 평균 이하인 지역

② 위축지역

조정대상지역지정직전월부터 소급하여 6개월간의 평균 주택가격상승률이 마이너스 1.0% 이하인 지역으로서 다음의 어느 하나에 해당하는 지역을 말한다.

㉠ 조정대상지역지정직전월부터 소급하여 3개월 연속 주택매매거래량이 직전 연도의 같은 기간 보다 20% 이상 감소한 지역

㉡ 조정대상지역지정직전월부터 소급하여 3개월간의 평균 미분양주택의 수가 직전 연도의 같은 기간보다 2배 이상인 지역

㉢ 해당 지역이 속하는 시·도의 주택보급률 또는 자가주택비율이 전국 평균을 초과하는 지역

(4) **재검토**

국토교통부장관은 반기마다 주거정책심의위원회의 회의를 소집하여 조정대상지역 지정의 유지 여부를 재검토하여야 한다.

01

난이도 ★★★

주택법령상 투기과열지구 및 조정대상지역에 관한 설명으로 옳은 것은? 제29회 수정

① 국토교통부장관은 해당 지역이 속하는 시·도의 주택보급률 또는 자가주택비율이 전국 평균을 초과하는 지역을 투기과열지구로 지정할 수 있다.

② 시·도지사는 주택의 분양·매매 등 거래가 위축될 우려가 있는 지역을 시·도 주거정책심의위원회의 심의를 거쳐 조정대상지역으로 지정할 수 있다.

③ 투기과열지구의 지정기간은 3년으로 하되, 해당 지역 시장·군수·구청장의 의견을 들어 연장할 수 있다.

④ 투기과열지구에서 건설·공급되는 주택은 전매하거나 전매를 알선할 수 있다.

⑤ 조정대상지역으로 지정된 지역의 시장·군수·구청장은 조정대상지역으로 유지할 필요가 없다고 판단되는 경우 국토교통부장관에게 그 지정의 해제를 요청할 수 있다.

해설

① 국토교통부장관은 해당 지역이 속하는 시·도의 주택보급률 또는 자가주택비율이 전국 평균 이하인 지역을 투기과열지구로 지정할 수 있다.

② 국토교통부장관은 주택의 분양·매매 등 거래가 위축될 우려가 있는 지역을 주거정책심의위원회의 심의를 거쳐 조정대상지역으로 지정할 수 있다.

③ 투기과열지구의 지정기간은 법령에 규정되어 있지 않다.

④ 투기과열지구에서 건설·공급되는 주택은 전매하거나 전매를 알선할 수 없다.

정답 ⑤

02

난이도 ★★☆

주택법령상 투기과열지구의 지정 기준에 관한 설명이다. (   )에 들어갈 숫자와 내용을 바르게 나열한 것은? 제32회 수정

> • 투기과열지구지정직전월부터 소급하여 주택공급이 있었던 (㉠)개월 동안 해당 지역에서 공급되는 주택의 월별 평균 청약경쟁률이 모두 5대 1을 초과하였거나 국민주택규모 주택의 월별 평균 청약경쟁률이 모두 (㉡)대 1을 초과한 곳
> • 투기과열지구지정직전월의 (㉢)이 전달보다 30% 이상 감소하여 주택공급이 위축될 우려가 있는 곳

① ㉠: 2, ㉡: 10, ㉢: 주택분양실적

② ㉠: 2, ㉡: 10, ㉢: 건축허가실적

③ ㉠: 2, ㉡: 20, ㉢: 건축허가실적

④ ㉠: 3, ㉡: 10, ㉢: 주택분양계획

⑤ ㉠: 3, ㉡: 20, ㉢: 건축허가실적

해설

투기과열지구의 지정대상지역은 다음과 같다.

1. 투기과열지구지정직전월부터 소급하여 주택공급이 있었던 '2'개월 동안 해당 지역에서 공급되는 주택의 월별 평균 청약경쟁률이 모두 5대 1을 초과하였거나 국민주택규모 주택의 월별 평균 청약경쟁률이 모두 '10'대 1을 초과한 곳

2. 다음 각 목의 어느 하나에 해당하여 주택공급이 위축될 우려가 있는 곳
   가. 투기과열지구지정직전월의 '주택분양실적'이 전달보다 30% 이상 감소한 곳
   나. 사업계획승인 건수나 건축허가 건수(투기과열지구지정 직전월부터 소급하여 6개월간의 건수를 말함)가 직전 연도보다 급격하게 감소한 곳

정답 ①

핵심이론 전매제한대상 및 특례

1 전매제한행위

매매·증여나 그 밖의 권리변동을 수반하는 모든 행위(상속의 경우는 제외)

2 전매제한의 특례(전매가능 사유)

(1) 근무, 생업상의 사정이나 질병치료·취학·결혼으로 인하여 세대원 전원이 다른 광역시, 자치시, 자치도, 시 또는 군(광역시의 군은 제외)으로 이전하는 경우. 다만, 수도권 안에서 이전하는 경우는 제외한다.

(2) 상속으로 취득한 주택으로 세대원 전원이 이전하는 경우

(3) 세대원 전원이 해외로 이주하거나 2년 이상의 기간 동안 해외에 체류하고자 하는 경우

(4) 이혼으로 인하여 입주자로 선정된 지위 또는 주택을 그 배우자에게 이전하는 경우

(5) 국가·지방자치단체 및 금융기관에 대한 채무불이행으로 경매 또는 공매가 시행되는 경우

(6) 입주자로 선정된 지위 또는 주택의 일부를 그 배우자에게 증여하는 경우

(7) 실직·파산 또는 신용불량으로 경제적 어려움이 발생한 경우

3 주택의 우선매입 및 부기등기

(1) 분양가상한제 적용주택을 공급받은 자가 전매하는 경우에는 한국토지주택공사가 그 주택을 우선매입할 수 있다.

(2) 분양가상한제 적용주택, 공공택지 외의 택지에서 건설·공급되는 주택 및 토지임대부 분양주택을 공급하는 경우에는 주택의 소유권을 제3자에게 이전할 수 없음을 소유권에 관한 등기에 부기등기하여야 한다.

꼭 풀어야 할 필수기출

01

난이도 ★★☆

주택법령상 주택의 전매행위 제한에 관한 설명으로 틀린 것은? (단, 수도권은 수도권정비계획법에 의한 것임)

제27회 수정

① 전매제한기간은 주택의 수급상황 및 투기우려 등을 고려하여 지역별로 달리 정할 수 있다.

② 사업주체가 공공택지 외의 택지에서 건설·공급하는 주택을 공급하는 경우에는 그 주택의 소유권을 제3자에게 이전할 수 없음을 소유권에 관한 등기에 부기등기하여야 한다.

③ 세대원 전원이 2년 이상의 기간 동안 해외에 체류하고자 하는 경우로서 한국토지주택공사(사업주체가 공공주택사업자인 경우에는 공공주택사업자)의 동의를 받은 경우에는 전매제한 주택을 전매할 수 있다.

④ 상속에 의하여 취득한 주택으로 세대원 전원이 이전하는 경우로서 한국토지주택공사(사업주체가 공공주택사업자인 경우에는 공공주택사업자)의 동의를 받은 경우에는 전매제한 주택을 전매할 수 있다.

⑤ 공공택지 외의 택지에서 건설·공급되는 주택의 소유자가 국가에 대한 채무를 이행하지 못하여 공매가 시행되는 경우에는 한국토지주택공사(사업주체가 공공주택사업자인 경우에는 공공주택사업자)의 동의 없이도 전매를 할 수 있다.

해설

공공택지 외의 택지에서 건설·공급되는 주택의 소유자가 국가에 대한 채무를 이행하지 못하여 경매 또는 공매가 시행되는 경우에는 한국토지주택공사(사업주체가 공공주택사업자인 경우에는 공공주택사업자)의 동의를 받아야 전매할 수 있다.

정답 ⑤

02

세대주인 甲이 취득한 주택은 주택법령에 의한 전매 제한기간 중에 있다. 다음 중 甲이 이 주택을 전매할 수 있는 경우는? (단, 다른 요건은 충족됨)

제22회 수정

① 세대원인 甲의 아들의 결혼으로 甲의 세대원 전원이 인천광역시에서 서울특별시로 이전하는 경우
② 甲은 상속에 의하여 취득한 주택으로 이전하면서, 甲을 제외한 나머지 세대원은 다른 새로운 주택으로 이전하는 경우
③ 甲의 세대원 전원이 1년 6개월간 해외에 체류하고자 하는 경우
④ 세대원인 甲의 가족은 국내에 체류하고, 甲은 해외로 이주하고자 하는 경우
⑤ 甲이 이 주택의 일부를 배우자에게 증여하는 경우

해설
① 세대원인 甲의 아들의 결혼으로 甲의 세대원 전원이 수도권 안에서 이전하는 경우에 해당하므로 전매할 수 없다.
② 甲은 상속에 의하여 취득한 주택으로 이전하면서, 甲을 제외한 나머지 세대원은 다른 새로운 주택으로 이전하는 경우에는 전매할 수 없다.
③ 甲의 세대원 전원이 1년 6개월간 해외에 체류하고자 하는 경우에는 전매할 수 없다. 체류 기간이 2년 이상이어야 한다.
④ 세대원 일부가 해외로 이주하고자 하는 경우에는 전매할 수 없다. 세대원 전원이 해외로 이주해야 한다.

정답 ⑤

03

주택법령상 주택의 전매행위 제한을 받는 주택임에도 불구하고 전매가 허용되는 경우에 해당하는 것은? (단, 전매를 위해 필요한 다른 요건은 충족한 것으로 함)

제24회 수정

① 세대주의 근무상 사정으로 인하여 세대원 일부가 수도권 안에서 이전하는 경우
② 세대원 전원이 1년간 해외에 체류하고자 하는 경우
③ 이혼으로 인하여 주택을 그 배우자에게 이전하는 경우
④ 세대원 일부가 해외로 이주하는 경우
⑤ 상속에 의하여 취득한 주택으로 세대원 일부가 이전하는 경우

해설
① 세대주의 근무상 사정으로 인하여 세대원 전원이 다른 광역시, 특별자치시, 특별자치도, 시, 군으로 이전하는 경우에는 전매할 수 있다. 다만, 수도권 안에서 이전하는 경우는 제외한다.
② 세대원 전원이 2년 이상 해외에 체류하고자 하는 경우 전매할 수 있다.
④ 세대원 전원이 해외로 이주하는 경우 전매할 수 있다.
⑤ 상속에 의하여 취득한 주택으로 세대원 전원이 이전하는 경우 전매할 수 있다.

정답 ③

공급질서 교란금지 및 리모델링 目 기출 23회 / 24회 / 25회 / 27회 / 28회 / 31회 / 32회 / 33회 / 34회

1 공급질서 교란금지사

(1) 금지대상행위

매매·증여·알선·광고 금지(상속·저당은 허용)

(2) 금지대상 증서 또는 지위

① 주택을 공급받을 수 있는 조합원의 지위

② 주택상환사채

③ 입주자저축증서

④ 시장·군수·구청장이 발행한 무허가건물확인서·건물철거예정증명서·건물철거확인서

⑤ 이주대책대상자확인서

(3) 위반의 효과

① 지위의 무효 또는 계약의 취소

② 환매

③ 퇴거명령

④ 입주자격 제한(10년 이내의 범위에서 국토교통부령으로 정하는 기간)

⑤ 3년 이하의 징역 또는 3천만원 이하의 벌금. 다만, 위반행위로 얻은 이익의 3배에 해당하는 금액이 3천 만원을 초과한 자는 3년 이하의 징역 또는 그 이익의 3배에 해당하는 금액 이하의 벌금에 처한다.

2 저당권 설정 제한

(1) 제한시기

사업주체는 입주자모집공고 승인신청일(주택조합의 경우에는 사업계획승인신청일) 이후부터 소유권이전등기를 신청할 수 있는 날 이후 60일까지의 기간 동안 입주예정자의 동의 없이는 저당권 설정 등의 행위를 하여서는 아니 된다.

(2) 부기등기의무

① 대지: 입주자모집공고 승인신청과 동시

② 주택: 소유권보존등기와 동시

(3) 위반 시 무효로 한다.

3 주택의 리모델링

(1) 리모델링의 허가기준(시장·군수·구청장의 허가)

① 리모델링주택조합

> ㉠ 주택단지 전체: 전체 구분소유자 및 의결권의 75% 이상 + 동별 50% 이상
>
> ㉡ 동을 리모델링하는 경우: 구분소유자 및 의결권의 75% 이상

② 입주자·사용자 또는 관리주체: 입주자 전체의 동의

③ 입주자대표회의: 소유자 전원의 동의

(2) 동의의 철회 및 안전진단 요청

① 리모델링에 동의한 소유자는 허가신청서를 제출하기 전에 서면으로 동의를 철회할 수 있다.

② 증축형 리모델링을 하려는 자는 시장·군수·구청장에게 안전진단을 요청하여야 한다.

(3) 권리변동계획의 수립

세대수가 증가되는 리모델링을 하는 경우에는 리모델링 전후의 대지 및 건축물의 권리변동 명세, 조합원의 비용분담, 사업비, 조합원 외의 자에 대한 분양계획에 관한 권리변동계획을 수립하여 사업계획 승인 또는 행위허가를 신청하여야 한다.

(4) 리모델링기본계획 수립권자 및 수립절차

① 수립권자: 특별시장·광역시장 및 대도시 시장은 리모델링기본계획을 10년 단위로 수립하여야 한다.

② 수립절차: 공람(14일 이상) ⇨ 지방의회 의견 청취(30일 이내 의견 제시) ⇨ 협의 ⇨ 심의

(5) 리모델링기본계획 승인 및 타당성 검토

① 승인: 대도시 시장은 리모델링기본계획을 수립하거나 변경하려면 도지사의 승인을 받아야 한다.

② 타당성 검토: 특별시장·광역시장 및 대도시 시장은 5년마다 리모델링기본계획의 타당성 여부를 검토하여 그 결과를 리모델링기본계획에 반영하여야 한다.

꼭 풀어야 할 필수기출

01
난이도 ★☆☆

주택법령상 주택공급과 관련하여 금지되는 공급 질서 교란행위에 해당하지 <u>않는</u> 것은? 제25회

① 주택을 공급받을 수 있는 조합원 지위의 증여

② 주택상환사채의 저당

③ 주택을 공급받을 수 있는 조합원 지위의 매매를 위한 인터넷 광고

④ 주택상환사채의 매입을 목적으로 하는 전화 광고

⑤ 입주자저축증서의 증여

해설

주택상환사채의 저당은 공급질서 교란행위에 해당하지 않는다.

정답 ②

02
난이도 ★☆☆

주택법령상 주택공급과 관련하여 금지되는 공급 질서 교란행위에 해당하는 것을 모두 고른 것은? 제32회

> ㉠ 주택을 공급받을 수 있는 조합원 지위의 상속
> ㉡ 입주자저축증서의 저당
> ㉢ 공공사업의 시행으로 인한 이주대책에 따라 주택을 공급받을 수 있는 지위의 매매
> ㉣ 주택을 공급받을 수 있는 증서로서 시장·군수·구청장이 발행한 무허가건물 확인서의 증여

① ㉠, ㉡

② ㉠, ㉣

③ ㉢, ㉣

④ ㉠, ㉡, ㉢

⑤ ㉡, ㉢, ㉣

해설

누구든지 「주택법」에 따라 건설·공급되는 주택을 공급받거나 공급받게 하기 위하여 다음의 어느 하나에 해당하는 증서 또는 지위를 양도·양수(매매·증여나 그 밖에 권리변동을 수반하는 모든 행위를 포함하되, 상속·저당의 경우는 제외) 또는 이를 알선하거나 양도·양수 또는 이를 알선할 목적으로 하는 광고(각종 간행물·인쇄물·전화·인터넷, 그 밖의 매체를 통한 행위를 포함)를 하여서는 아니 되며, 누구든지 거짓이나 그 밖의 부정한 방법으로 「주택법」에 따라 건설·공급되는 증서나 지위 또는 주택을 공급받거나 공급받게 하여서는 아니 된다.

> 1. 주택을 공급받을 수 있는 조합원의 지위
> 2. 입주자저축증서
> 3. 주택상환사채
> 4. 시장·군수·구청장이 발행한 무허가건물 확인서, 건물철거예정 증명서 또는 건물철거 확인서(㉣)
> 5. 공공사업의 시행으로 인한 이주대책에 따라 주택을 공급받을 수 있는 지위 또는 이주대책대상자 확인서(㉢)

따라서 ③ ㉢, ㉣이 공급질서 교란행위에 해당한다.

정답 ③

03 ──────────────────── 난이도 ★★☆

주택법령상 공동주택의 리모델링에 관한 설명으로 틀린 것은? (단, 조례는 고려하지 않음)

제28회(수정), 제34회

① 입주자·사용자 또는 관리주체가 리모델링하려고 하는 경우에는 공사기간, 공사방법 등이 적혀 있는 동의서에 입주자 전체의 동의를 받아야 한다.

② 리모델링에 동의한 소유자는 입주자대표회의가 시장·군수·구청장에게 허가신청서를 제출한 이후에도 서면으로 동의를 철회할 수 있다.

③ 수직증축형 리모델링의 대상이 되는 기존 건축물의 층수가 15층 이상인 경우에는 3개 층까지 증축할 수 있다.

④ 특별시장·광역시장 및 대도시의 시장은 리모델링 기본계획을 수립하거나 변경한 때에는 이를 지체 없이 해당 지방자치단체의 공보에 고시하여야 한다.

⑤ 증축형 리모델링을 하려는 자는 시장·군수·구청장에게 안전진단을 요청하여야 한다.

04 ──────────────────── 난이도 ★★★

주택법령상 공동주택의 리모델링에 관한 설명으로 틀린 것은? (단, 조례는 고려하지 않음)

제31회

① 입주자대표회의가 리모델링하려는 경우에는 리모델링 설계개요, 공사비, 소유자의 비용분담 명세가 적혀있는 결의서에 주택단지 소유자 전원의 동의를 받아야 한다.

② 공동주택의 입주자가 공동주택을 리모델링하려고 하는 경우에는 시장·군수·구청장의 허가를 받아야 한다.

③ 사업비에 관한 사항은 세대수가 증가되는 리모델링을 하는 경우 수립하여야 하는 권리변동계획에 포함되지 않는다.

④ 증축형 리모델링을 하려는 자는 시장·군수·구청장에게 안전진단을 요청하여야 한다.

⑤ 수직증축형 리모델링의 대상이 되는 기존 건축물의 층수가 12층인 경우에는 2개 층까지 증축할 수 있다.

해설

리모델링에 동의한 소유자는 입주자대표회의가 시장·군수·구청장에게 허가신청서를 제출한 이후에는 동의를 철회할 수 없다. 동의의 철회는 허가신청서를 제출하기 전까지 가능하다.

정답 ②

해설

사업비에 관한 사항은 세대수가 증가되는 리모델링을 하는 경우 수립하여야 하는 권리변동계획에 포함된다.

정답 ③

05 ─────────── 난이도 ★★☆

주택법령상 리모델링에 관한 설명으로 옳은 것은?
(단, 조례는 고려하지 않음) 제33회

① 대수선은 리모델링에 포함되지 않는다.
② 공동주택의 리모델링은 동별로 할 수 있다.
③ 주택단지 전체를 리모델링하고자 주택조합을 설립하기 위해서는 주택단지 전체의 구분소유자와 의결권의 각 과반수의 결의가 필요하다.
④ 공동주택 리모델링의 허가는 시·도지사가 한다.
⑤ 리모델링주택조합 설립에 동의한 자로부터 건축물을 취득하였더라도 리모델링주택조합 설립에 동의한 것으로 보지 않는다.

06 ─────────── 난이도 ★★★

주택법령상 주택의 감리자에 관한 설명으로 옳은 것을 모두 고른 것은? 제31회

> ㉠ 사업계획승인권자는 감리자가 업무수행 중 위반 사항이 있음을 알고도 묵인한 경우 그 감리자에 대하여 2년의 범위에서 감리업무의 지정을 제한할 수 있다.
> ㉡ 설계도서가 해당 지형 등에 적합한지에 대한 확인은 감리자의 업무에 해당한다.
> ㉢ 감리자는 업무를 수행하면서 위반 사항을 발견하였을 때에는 지체 없이 시공자 및 사업주체에게 위반 사항을 시정할 것을 통지하고, 7일 이내에 사업계획승인권자에게 그 내용을 보고하여야 한다.

① ㉠ ② ㉡
③ ㉠, ㉡ ④ ㉠, ㉢
⑤ ㉡, ㉢

해설
① 대수선은 리모델링에 포함된다.
③ 주택단지 전체를 리모델링하고자 주택조합을 설립하기 위해서는 주택단지 전체의 구분소유자와 의결권의 각 3분의 이상의 결의 및 각 동의 구분소유자와 의결권의 각 과반수의 결의가 필요하다.
④ 공동주택 리모델링의 허가는 시장·군수·구청장이 한다.
⑤ 리모델링주택조합 설립에 동의한 자로부터 건축물을 취득한 자는 리모델링주택조합 설립에 동의한 것으로 본다.

정답 ②

해설
㉠ 사업계획승인권자는 감리자가 업무수행 중 위반 사항이 있음을 알고도 묵인한 경우 그 감리자에 대하여 1년의 범위에서 감리업무의 지정을 제한할 수 있다. 대수선은 리모델링에 포함된다.
㉡과 ㉢은 옳은 내용이다.

정답 ⑤

농지법 체계도

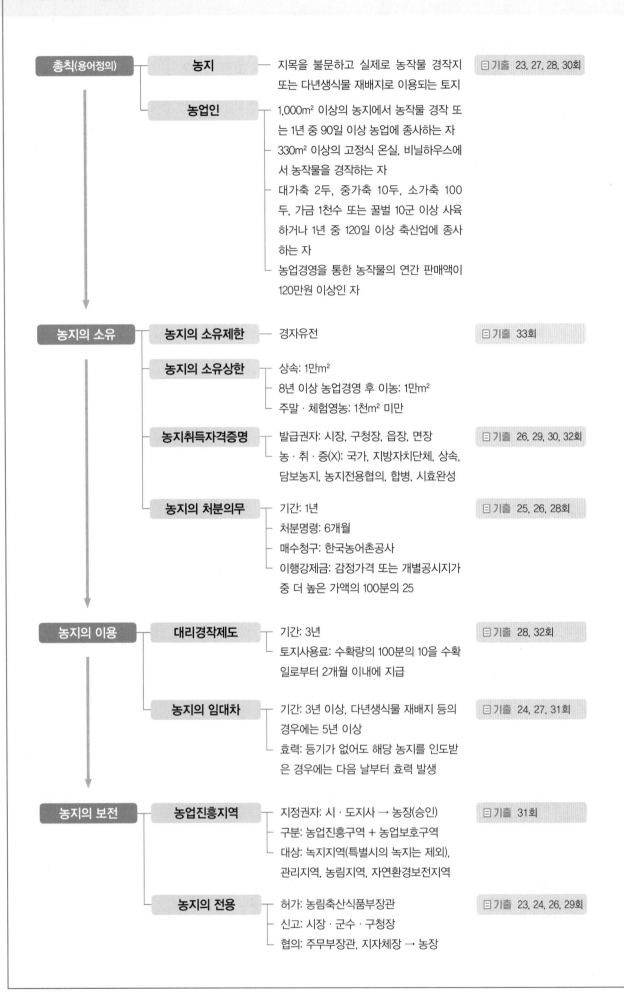

총칙(용어정의)

농지 — 지목을 불문하고 실제로 농작물 경작지 또는 다년생식물 재배지로 이용되는 토지
기출 23, 27, 28, 30회

농업인
- 1,000㎡ 이상의 농지에서 농작물 경작 또는 1년 중 90일 이상 농업에 종사하는 자
- 330㎡ 이상의 고정식 온실, 비닐하우스에서 농작물을 경작하는 자
- 대가축 2두, 중가축 10두, 소가축 100두, 가금 1천수 또는 꿀벌 10군 이상 사육하거나 1년 중 120일 이상 축산업에 종사하는 자
- 농업경영을 통한 농작물의 연간 판매액이 120만원 이상인 자

농지의 소유

농지의 소유제한 — 경자유전
기출 33회

농지의 소유상한
- 상속: 1만㎡
- 8년 이상 농업경영 후 이농: 1만㎡
- 주말·체험영농: 1천㎡ 미만

농지취득자격증명
- 발급권자: 시장, 구청장, 읍장, 면장
- 농·취·증(X): 국가, 지방자치단체, 상속, 담보농지, 농지전용협의, 합병, 시효완성
기출 26, 29, 30, 32회

농지의 처분의무
- 기간: 1년
- 처분명령: 6개월
- 매수청구: 한국농어촌공사
- 이행강제금: 감정가격 또는 개별공시지가 중 더 높은 가액의 100분의 25
기출 25, 26, 28회

농지의 이용

대리경작제도
- 기간: 3년
- 토지사용료: 수확량의 100분의 10을 수확일로부터 2개월 이내에 지급
기출 28, 32회

농지의 임대차
- 기간: 3년 이상, 다년생식물 재배지 등의 경우에는 5년 이상
- 효력: 등기가 없어도 해당 농지를 인도받은 경우에는 다음 날부터 효력 발생
기출 24, 27, 31회

농지의 보전

농업진흥지역
- 지정권자: 시·도지사 → 농장(승인)
- 구분: 농업진흥구역 + 농업보호구역
- 대상: 녹지지역(특별시의 녹지는 제외), 관리지역, 농림지역, 자연환경보전지역
기출 31회

농지의 전용
- 허가: 농림축산식품부장관
- 신고: 시장·군수·구청장
- 협의: 주무부장관, 지자체장 → 농장
기출 23, 24, 26, 29회

농지법

핵심이론 **용어의 정의 및 소유제한**

1 용어의 정의

(1) 농지의 개념
① 전·답·과수원, 그 밖에 법적 지목을 불문하고 실제로 농작물 경작지 또는 다년생식물 재배지로 이용되는 토지(조경목적으로 식재한 것은 제외)
② 토지의 개량시설부지(양·배수시설, 수로, 농로)
③ 농축산물 생산시설 부지(고정식 온실·버섯재배사 및 비닐하우스)

(2) 농지의 제외
다음의 토지는 농지에서 제외된다.
① 지목이 전·답, 과수원이 아닌 토지(지목이 임야인 토지는 제외)로서 농작물 경작지 또는 다년생식물 재배지로 계속하여 이용되는 기간이 3년 미만인 토지
② 지목이 임야인 토지로서 「산지관리법」에 따른 산지전용허가를 거치지 아니하고 농작물의 경작 또는 다년생식물의 재배에 이용되는 토지
③ 「초지법」에 따라 조성된 초지

(3) 농업인
농업에 종사하는 개인으로서 다음에 해당하는 자
① 1,000㎡ 이상의 농지에서 농업경영을 하거나 1년 중 90일 이상 농업에 종사하는 자
② 농지에 330㎡ 이상의 고정식온실, 버섯재배사, 비닐하우스를 설치하여 농작물 또는 다년생식물을 경작 또는 재배하는 자
③ 대가축 2두, 중가축 10두, 소가축 100두, 가금 1천수 또는 꿀벌 10군 이상을 사육하거나 1년 중 120일 이상 축산업에 종사하는 자
④ 농업경영을 통한 농산물의 연간 판매액이 120만원 이상인 자

2 농지의 소유상한

(1) 상속으로 농지를 취득한 사람으로서 농업경영을 하지 아니하는 사람은 총 1만㎡까지만 소유할 수 있다.

(2) 8년 이상 농업경영을 한 후 이농한 사람은 이농 당시 소유농지 중에서 총 1만㎡까지만 소유할 수 있다.

(3) 주말·체험영농을 하려는 사람은 총 1,000㎡ 미만(세대원 합산)의 농지를 소유할 수 있다.

3 농지취득자격증명 ⇨ 시장, 구청장, 읍장, 면장

(1) 다음에 해당하면 농지취득자격증명을 발급받지 아니하고 농지를 취득할 수 있다.
① 국가나 지방자치단체가 농지를 소유하는 경우
② 상속으로 농지를 취득하여 소유하는 경우
③ 담보농지를 취득하여 소유하는 경우
④ 농지전용협의를 마친 농지를 소유하는 경우
⑤ 농업법인의 합병으로 취득하는 경우
⑥ 공유농지의 분할로 취득하는 경우
⑦ 시효의 완성으로 취득하는 경우

(2) 농업경영계획서 작성의 면제 ⇨ **농지취득자격증명은 발급받아야 한다.**
① 학교, 농업연구기관이 시험지·연구지·실습지로 쓰기 위하여 농지를 취득하여 소유하는 경우
② 농지전용허가를 받거나 농지전용신고를 한 자가 그 농지를 소유하는 경우

(3) 농업경영계획서 발급기간: 7일(농업경영계획서 등을 작성하지 아니하고 발급신청을 할 수 있는 경우는 4일, 농지위원회의 심의 대상의 경우에는 14일) 이내에 신청인에게 발급하여야 한다.

(4) 농업경영계획서 보존기간: 10년

4 농지의 처분의무

(1) 처분기간
처분사유가 발생한 날부터 1년 이내에 해당 농지를 처분하여야 한다.

(2) 처분사유
① 소유농지를 정당한 사유(징집, 질병, 취학, 공직취임) 없이 자기의 농업경영에 이용하지 않은 경우
② 농지를 소유하고 있는 농업회사법인이 요건에 맞지 아니하게 된 후 3개월이 지난 경우
③ 농지전용허가를 받거나 농지전용신고를 하고 농지를 취득한 자가 취득한 날부터 2년 이내에 목적사업에 착수하지 아니한 경우

(3) 처분명령
시장·군수·구청장이 6개월 이내 ⇨ 3년간 처분명령을 직권으로 유예할 수 있다.

(4) 매수청구
① 처분명령을 받은 농지의 소유자 ⇨ 한국농어촌공사
② 한국농어촌공사는 공시지가를 기준으로 매수할 수 있다.

(5) 이행강제금
시장·군수·구청장은 감정가격 또는 개별공시지가(해당 토지의 개별공시지가가 없는 경우에는 표준지공시지가를 기준으로 산정한 금액) 중 더 높은 가액의 100분의 25에 해당하는 이행강제금을 부과한다.

5 농지의 위탁경영 사유

(1) 「병역법」에 따라 징집 또는 소집된 경우

(2) 3개월 이상 국외 여행 중인 경우

(3) 농업법인이 청산 중인 경우

(4) 질병, 취학, 선거에 따른 공직 취임, 부상으로 3개월 이상 치료가 필요한 경우, 교도소에 수감 중인 경우로 자경할 수 없는 경우

(5) 임신 중이거나 분만 후 6개월 미만인 경우

(6) 농지이용증진사업 시행계획에 따라 위탁경영하는 경우

(7) 농업인이 자기 노동력이 부족하여 농작업의 일부를 위탁하는 경우

꼭 풀어야 할 필수기출

01
난이도 ★★☆

농지법령상 용어에 관한 설명으로 틀린 것은?
제27회

① 실제로 농작물 경작지로 이용되는 토지이더라도 법적 지목이 과수원인 경우는 '농지'에 해당하지 않는다.
② 소가축 80두를 사육하면서 1년 중 150일을 축산업에 종사하는 개인은 '농업인'에 해당한다.
③ 3,000㎡의 농지에서 농작물을 경작하면서 1년 중 80일을 농업에 종사하는 개인은 '농업인'에 해당한다.
④ 인삼의 재배지로 계속하여 이용되는 기간이 4년인 지목이 전(田)인 토지는 '농지'에 해당한다.
⑤ 농지 소유자가 타인에게 일정한 보수를 지급하기로 약정하고 농작업의 일부만을 위탁하여 행하는 농업경영도 '위탁경영'에 해당한다.

해설
실제로 농작물의 경작에 이용되는 토지는 농지에 해당한다.

정답 ①

02
난이도 ★★☆

농지법령상 농지에 해당하는 것만을 모두 고른 것은?
제30회

ㄱ. 대통령령으로 정하는 다년생식물 재배지로 실제로 이용되는 토지(초지법에 따라 조성된 초지 등 대통령령으로 정하는 토지는 제외)

ㄴ. 관상용 수목의 묘목을 조경목적으로 식재한 재배지로 실제로 이용되는 토지

ㄷ. 「공간정보의 구축 및 관리 등에 관한 법률」에 따른 지목이 답(畓)이고 농작물 경작지로 실제로 이용되는 토지의 개량시설에 해당하는 양·배수시설의 부지

① ㄱ
② ㄱ, ㄴ
③ ㄱ, ㄷ
④ ㄴ, ㄷ
⑤ ㄱ, ㄴ, ㄷ

해설

ㄴ. 관상용 수목의 묘목을 조경목적으로 식재한 재배지로 실제로 이용되는 토지는 농지에 해당하지 않는다.

플러스 이론 ✚ 농지에 해당하는 토지는 다음과 같다.

1. 대통령령으로 정하는 다년생식물 재배지로 실제로 이용되는 토지(초지법에 따라 조성된 초지 등 대통령령으로 정하는 토지는 제외)(ㄱ)
2. 조경 또는 관상용 수목과 그 묘목(조경목적으로 식재한 것은 제외)
3. 「공간정보의 구축 및 관리 등에 관한 법률」에 따른 지목이 답(畓)이고 농작물 경작지로 실제로 이용되는 토지의 개량 시설에 해당하는 양·배수시설의 부지(ㄷ)

정답 ③

03
난이도 ★★☆

농지법령상 농업에 종사하는 개인으로서 농업인에 해당하는 자는?
제28회

① 꿀벌 10군을 사육하는 자
② 가금 500수를 사육하는 자
③ 1년 중 100일을 축산업에 종사하는 자
④ 농산물의 연간 판매액이 100만원인 자
⑤ 농지에 300m²의 비닐하우스를 설치하여 다년생식물을 재배하는 자

해설

② 가금 1천수 이상을 사육하는 자가 농업인에 해당한다.
③ 1년 중 120일 이상 축산업에 종사하는 자가 농업인에 해당한다.
④ 농산물의 연간 판매액이 120만원 이상인 자가 농업인에 해당한다.
⑤ 농지에 330m² 이상의 비닐하우스 설치하여 다년생식물을 재배하는 자가 농업인에 해당한다.

플러스 이론 ✚ 농업에 종사하는 개인으로서 다음에 해당하는 자는 농업인에 해당한다.

1. 1,000m² 이상의 농지에서 농작물 또는 다년생식물을 경작 또는 재배하거나 1년 중 90일 이상 농업에 종사하는 자
2. 농지에 330m² 이상의 고정식온실·버섯재배사·비닐하우스, 그 밖의 농림축산식품부령으로 정하는 농업생산에 필요한 시설을 설치하여 농작물 또는 다년생식물을 경작 또는 재배하는 자
3. 대가축 2두, 중가축 10두, 소가축 100두, 가금 1천수 또는 꿀벌 10군 이상을 사육하거나 1년 중 120일 이상 축산업에 종사하는 자
4. 농업경영을 통한 농산물의 연간 판매액이 120만원 이상인 자

정답 ①

04 ────────────────── 난이도 ★★☆

농지법령상 농지취득자격증명을 발급받지 아니하고 농지를 취득할 수 있는 경우가 <u>아닌</u> 것은?

제32회

① 시효의 완성으로 농지를 취득하는 경우
② 공유농지의 분할로 농지를 취득하는 경우
③ 농업법인의 합병으로 농지를 취득하는 경우
④ 국가나 지방자치단체가 농지를 소유하는 경우
⑤ 주말·체험영농을 하려고 농업진흥지역 외의 농지를 소유하는 경우

해설

주말·체험영농을 하려고 농업진흥지역 외의 농지를 소유하는 경우에는 주말·체험영농계획서를 작성하여 시장·구청장·읍장·면장으로부터 농지취득자격증명을 발급받아야 한다.

플러스 이론❖ 농지를 취득하려는 자가 농업경영계획서를 작성하지 아니하고 농지취득자격증명의 발급을 신청할 수 있는 경우는 다음과 같다.

1. 학교, 공공단체·농업연구기관·농업생산자단체 또는 종묘나 그 밖의 농업 기자재 생산자가 그 목적사업을 수행하기 위하여 필요한 시험지·연구지·실습지 또는 종묘생산지 또는 과수 인공수분용 꽃가루 생산지로 쓰기 위하여 농지를 취득하여 소유하는 경우
2. 농지전용허가를 받거나 농지전용신고를 한 자가 그 농지를 소유하는 경우
3. 농지의 개발사업지구에 있는 농지로서 1,500m² 미만의 농지나 「농어촌정비법」에 따른 농지를 취득하여 소유하는 경우
4. 농업진흥지역 밖의 농지 중 최상단부부터 최하단부까지의 평균경사율이 15% 이상인 농지로서 대통령령으로 정하는 농지를 소유하는 경우

정답 ⑤

05 ────────────────── 난이도 ★★☆

농지법령상 농업경영에 이용하지 아니하는 농지의 처분의무에 관한 설명으로 옳은 것은?

제25회

① 농지소유자가 선거에 따른 공직취임으로 휴경하는 경우에는 소유농지를 자기의 농업경영에 이용하지 아니하더라도 농지처분의무가 면제된다.
② 농지소유상한을 초과하여 농지를 소유한 것이 판명된 경우에는 소유농지 전부를 처분하여야 한다.
③ 농지처분의무기간은 처분사유가 발생한 날부터 6개월이다.
④ 농지전용신고를 하고 그 농지를 취득한 자가 질병으로 인하여 취득한 날부터 2년이 초과하도록 그 목적사업에 착수하지 아니한 경우에는 농지처분의무가 면제된다.
⑤ 농지소유자가 시장·군수 또는 구청장으로부터 농지처분명령을 받은 경우 한국토지주택공사에 그 농지의 매수를 청구할 수 있다.

해설

② 농지소유상한을 초과하여 농지를 소유한 것이 판명된 경우에는 소유상한을 초과하는 면적에 해당하는 농지를 그 사유가 발생한 날 당시 세대를 같이 하는 세대원이 아닌 자에게 처분하여야 한다.
③ 농지처분의무기간은 처분사유가 발생한 날부터 1년이다.
④ 농지전용신고를 하고 그 농지를 취득한 자가 질병으로 인하여 취득한 날부터 2년이 초과하도록 그 목적사업에 착수하지 아니한 경우에는 해당 농지를 처분하여야 한다.
⑤ 농지소유자가 시장·군수 또는 구청장으로부터 농지처분명령을 받은 경우 한국농어촌공사에 그 농지의 매수를 청구할 수 있다.

정답 ①

06 ──────────────── 난이도 ★★☆

농지법령상 주말·체험영농을 하려고 농지를 소유하는 경우에 관한 설명으로 틀린 것은?

제26회

① 농업인이 아닌 개인도 농지를 소유할 수 있다.
② 세대원 전부가 소유한 면적을 합하여 총 1,000m² 미만의 농지를 소유할 수 있다.
③ 농지를 취득하려면 농지취득자격증명을 발급받아야 한다.
④ 소유농지를 농수산물 유통·가공시설의 부지로 전용하려면 농지전용신고를 하여야 한다.
⑤ 농지를 취득한 자가 징집으로 인하여 그 농지를 주말·체험영농에 이용하지 못하게 되면 1년 이내에 그 농지를 처분하여야 한다.

해설
농지를 취득한 자가 징집으로 인하여 그 농지를 주말·체험영농에 이용하지 못하게 되는 경우는 농지의 처분의무가 면제된다.

정답 ⑤

07 ──────────────── 난이도 ★★★

농지법령상 농지소유자가 소유농지를 위탁경영할 수 없는 경우는?

제29회

① 「병역법」에 따라 현역으로 징집된 경우
② 6개월간 미국을 여행 중인 경우
③ 선거에 따른 지방의회의원 취임으로 자경할 수 없는 경우
④ 농업법인이 청산 중인 경우
⑤ 교통사고로 2개월간 치료가 필요한 경우

해설
교통사고로 3개월 이상 치료가 필요한 경우에 위탁경영할 수 있다.

플러스 이론 ✚ 소유농지의 위탁경영사유는 다음과 같다.

1. 「병역법」에 따라 징집 또는 소집된 경우(①)
2. 3개월 이상 국외 여행 중인 경우(②)
3. 농업법인이 청산 중인 경우(④)
4. 질병, 취학, 선거에 따른 공직 취임, 부상으로 3개월 이상의 치료가 필요한 경우, 교도소·구치소 또는 보호감호시설에 수용 중인 경우로 자경할 수 없는 경우(③)
5. 임신 중이거나 분만 후 6개월 미만인 경우
6. 농지이용증진사업 시행계획에 따라 위탁경영하는 경우
7. 농업인이 자기 노동력이 부족하여 농작업의 일부를 위탁하는 경우

정답 ⑤

08 ──────────────── 난이도 ★★★

농지법령상 농지의 소유자가 소유농지를 위탁경영할 수 <u>없는</u> 경우만을 모두 고른 것은? 제30회

> ㉠ 과수를 가지치기 또는 열매솎기, 재배관리 및 수확하는 농작업에 1년 중 4주간을 직접 종사하는 경우
> ㉡ 6개월간 대한민국 전역을 일주하는 여행 중인 경우
> ㉢ 선거에 따른 공직취임으로 자경할 수 없는 경우

① ㉠
② ㉡
③ ㉠, ㉡
④ ㉡, ㉢
⑤ ㉠, ㉡, ㉢

해설

㉠ 과수를 가지치기 또는 열매솎기, 재배관리 및 수확하는 농작업에 1년 중 30일 이상 직접 종사하는 경우는 농업인이 자기 노동력이 부족하여 농작업의 일부를 위탁경영할 수 있다.
㉡ 3개월 이상 국외 여행 중인 경우에는 위탁경영할 수 있다.
㉢ 선거에 따른 공직취임으로 자경할 수 없는 경우에는 위탁경영할 수 있다.

정답 ③

09 ──────────────── 난이도 ★★☆

농지법령상 (   ) 안에 알맞은 것을 나열한 것은? 제23회

> • 유휴농지를 대리경작하는 경우 대리경작자는 수확량의 (㉠)을 그 농지의 소유권자나 임차권자에게 토지사용료로 지급하여야 한다.
> • 농업법인이란 「농어업경영체 육성 및 지원에 관한 법률」에 따라 설립된 영농조합법인과 같은 법에 따라 설립되고 업무집행권을 가진 자 중 (㉡) 이상이 농업인인 농업회사법인을 말한다.

① ㉠: 100분의 10, ㉡: 4분의 1
② ㉠: 100분의 10, ㉡: 3분의 1
③ ㉠: 100분의 20, ㉡: 4분의 1
④ ㉠: 100분의 20, ㉡: 3분의 1
⑤ ㉠: 100분의 30, ㉡: 2분의 1

해설

• 유휴농지를 대리경작하는 경우 대리경작자는 수확량의 '100분의 10'을 그 농지의 소유권자나 임차권자에게 토지사용료로 지급하여야 한다.
• 농업법인이란 「농어업경영체 육성 및 지원에 관한 법률」에 따라 설립된 영농조합법인과 같은 법에 따라 설립되고 업무집행권을 가진 자 중 '3분의 1' 이상이 농업인인 농업회사법인을 말한다.

정답 ②

02 농지의 이용 및 보전

1 농지의 대리경작

(1) **지정권자**: 시장, 군수, 구청장

(2) **대리경작기간**: 대리경작기간은 따로 정하지 아니하면 3년으로 한다.

(3) **대리경작자의 의무**

대리경작자는 수확량의 100분의 10을 농작물의 수확일부터 2개월 이내에 토지사용료로 농지의 소유자 또는 임차권자에게 지급하여야 한다.

(4) **계약해지**

시장·군수·구청장은 대리경작자가 경작을 게을리 하는 경우에는 대리경작 기간이 끝나기 전이라도 대리경작자의 지정을 해지할 수 있다.

2 농지의 임대차

(1) **임대차계약기간**

① 이모작을 위하여 8개월 이내로 임대하는 경우를 제외하고는 3년 이상으로 하여야 한다. 다만, 다년생식물의 재배지로 이용하거나 농작물의 재배시설로서 고정식온실 또는 비닐하우스를 설치한 농지의 경우에는 5년 이상으로 하여야 한다.

② 임대인은 질병, 징집 등 불가피한 사유가 있는 경우에는 임대차기간을 3년 미만 또는 5년 미만으로 정할 수 있다.

(2) **대항력**

임대차계약은 등기가 없어도 시·구·읍·면장의 확인을 받고, 해당 농지를 인도받은 경우에는 그 다음 날부터 제3자에 대하여 효력이 생긴다.

(3) **국공유농지의 특례**

국유재산과 공유재산인 농지에 대하여는 임대차계약 등에 관한 규정을 적용하지 아니한다.

3 농업진흥지역

(1) **지정권자**

시·도지사가 농림축산식품부장관의 승인을 받아 지정한다.

(2) **구분**

농업진흥구역(농업용으로 이용하는 토지가 집단화)과 농업보호구역(농업진흥구역의 농업환경 보호)으로 구분하여 지정할 수 있다.

(3) **대상지역**

녹지지역(특별시의 녹지지역은 제외)·관리지역·농림지역·자연환경보전지역

(4) **행위제한**

① 농업진흥구역에서 허용되는 행위: 농수산물 가공·처리시설, 농수산 관련 시험·연구시설, 국가유산의 보수·복원, 매장유산의 발굴, 농업인 주택, 어업인 주택 등

② 농업보호구역에서 허용되는 행위: 관광농원사업(2만m² 미만), 주말농원사업(3,000m² 미만), 태양에너지 발전설비(1만m² 미만), 단독주택(1,000m² 미만) 등

(5) **농업진흥지역의 매수청구**

① 농업진흥지역의 농업인 또는 농업법인은 한국농어촌공사에 매수청구할 수 있다.

② 한국농어촌공사는 매수청구를 받으면 감정평가법인 등이 평가한 금액을 기준으로 해당 농지를 매수할 수 있다.

4 농지의 전용 등

(1) 농지전용허가

농지를 전용하려는 자는 다음의 하나에 해당하는 경우 외에는 농림축산식품부장관의 허가를 받아야 한다.

> ① 농지전용신고를 하고 농지를 전용하는 경우
> ② 「산지관리법」에 따른 산지전용허가를 받지 아니하거나 산지전용신고를 하지 아니하고 불법으로 개간한 농지를 산림으로 복구하는 경우
> ③ 「국토의 계획 및 이용에 관한 법률」에 따른 도시지역 또는 계획관리지역에 있는 농지로써 협의를 거친 농지나 협의대상에서 제외되는 농지를 전용하는 경우

(2) 농지전용신고(시장·군수·구청장)

농업인 주택, 농수산물 유통·가공시설, 어린이놀이터, 양어장, 양식장 등

(3) 타용도 일시사용허가(시장·군수·구청장)

> ① 농수산물의 간이처리시설을 설치하는 경우 ➡ 7년 이내
> ② 토석과 광물을 채굴하는 경우 ➡ 5년 이내

(4) 타용도 일시사용신고(시장·군수·구청장)

썰매장, 지역축제장 등으로 일시적으로 사용하는 경우 ➡ 6개월 이내

(5) 필수적 취소사유

농지전용허가 또는 농지의 타용도 일시사용허가를 받은 자가 관계 공사의 중지 등 조치명령을 위반한 경우에는 그 허가를 취소하여야 한다.

꼭 풀어야 할 필수기출

01 ──────────────── 난이도 ★★☆

농지법령상 유휴농지에 대한 대리경작자의 지정에 관한 설명으로 옳은 것은? 제32회

① 지력의 증진이나 토양의 개량·보전을 위하여 필요한 기간 동안 휴경하는 농지에 대하여도 대리경작자를 지정할 수 있다.
② 대리경작자 지정은 유휴농지를 경작하려는 농업인 또는 농업법인의 신청이 있을 때에만 할 수 있고, 직권으로는 할 수 없다.
③ 대리경작자가 경작을 게을리하는 경우에는 대리경작 기간이 끝나기 전이라도 대리경작자 지정을 해지할 수 있다.
④ 대리경작 기간은 3년이고, 이와 다른 기간을 따로 정할 수 없다.
⑤ 농지 소유권자를 대신할 대리경작자만 지정할 수 있고, 농지 임차권자를 대신할 대리경작자를 지정할 수는 없다.

해설
① 지력의 증진이나 토양의 개량·보전을 위하여 필요한 기간 동안 휴경하는 농지에 대하여는 대리경작자를 지정할 수 없다.
② 대리경작자 지정은 시장·군수 또는 구청장이 직권으로 지정하거나 유휴농지를 경작하려는 농업인 또는 농업법인의 신청을 받아 지정할 수 있다.
④ 대리경작 기간은 3년으로 하되, 그 기간을 따로 정할 수 있다.
⑤ 농지 소유권자나 임차권자를 대신하여 대리경작자를 지정할 수 있다.

정답 ③

02
난이도 ★★☆

농지법령상 농지의 임대차에 관한 설명으로 틀린 것은? (단, 농업경영을 하려는 자에게 임대하는 경우를 전제로 함)
제31회

① 60세 이상 농업인은 자신이 거주하는 시·군에 있는 소유 농지 중에서 자기의 농업경영에 이용한 기간이 5년이 넘은 농지를 임대할 수 있다.

② 농지를 임차한 임차인이 그 농지를 정당한 사유 없이 농업경영에 사용하지 아니할 때에는 시장·군수·구청장은 임대차의 종료를 명할 수 있다.

③ 임대차계약은 그 등기가 없는 경우에도 임차인이 농지소재지를 관할하는 시·구·읍·면의 장의 확인을 받고, 해당 농지를 인도받은 경우에는 그 다음 날부터 제3자에 대하여 효력이 생긴다.

④ 농지의 임차인이 농작물의 재배시설로서 비닐하우스를 설치한 농지의 임대차기간은 10년 이상으로 하여야 한다.

⑤ 농지임대차조정위원회에서 작성한 조정안을 임대차계약 당사자가 수락한 때에는 이를 당사자 간에 체결된 계약의 내용으로 본다.

해설
농지의 임차인이 농작물의 재배시설로서 비닐하우스를 설치한 농지의 임대차기간은 5년 이상으로 하여야 한다.

정답 ④

03
난이도 ★★☆

농지법령상 농업진흥지역에 관한 설명으로 옳은 것은?
제22회 수정

① 농업보호구역의 용수원 확보, 수질보전 등 농업환경을 보호하기 위하여 필요한 지역을 농업진흥구역으로 지정할 수 있다.

② 광역시의 녹지지역은 농업진흥지역의 지정대상이 아니다.

③ 농업보호구역에서는 매장유산의 발굴행위를 할 수 없다.

④ 육종연구를 위한 농수산업에 관한 시험·연구시설로서 그 부지의 총면적이 3,000m² 미만인 시설은 농업진흥구역 내에 설치할 수 있다.

⑤ 녹지지역을 포함하는 농업진흥지역을 지정하는 경우 국토교통부장관의 승인을 받아야 한다.

해설
① 농업진흥구역의 용수원 확보, 수질보전 등 농업환경을 보호하기 위하여 필요한 지역을 농업보호구역으로 지정할 수 있다.

② 광역시의 녹지지역은 농업진흥지역의 지정대상이다.

③ 농업보호구역에서는 매장유산의 발굴행위를 할 수 있다.

⑤ 녹지지역을 포함하는 농업진흥지역을 지정하는 경우 농림축산식품부장관의 승인을 받아야 한다.

정답 ④

04 ───────────────── 난이도 ★★☆

농지법령상 농지의 전용에 관한 설명으로 옳은 것은?
제29회

① 과수원인 토지를 재해로 인한 농작물의 피해를 방지하기 위한 방풍림 부지로 사용하는 것은 농지의 전용에 해당하지 않는다.

② 전용허가를 받은 농지의 위치를 동일 필지 안에서 변경하는 경우에는 농지전용신고를 하여야 한다.

③ 산지전용허가를 받지 아니하고 불법으로 개간한 농지라도 이를 다시 산림으로 복구하려면 농지전용허가를 받아야 한다.

④ 농지를 농업인 주택의 부지로 전용하려는 경우에는 농림축산식품부장관에게 농지전용신고를 하여야 한다.

⑤ 농지전용신고를 하고 농지를 전용하는 경우에는 농지를 전·답·과수원 외의 지목으로 변경하지 못한다.

05 ───────────────── 난이도 ★☆☆

농지법령상 농지의 전용에 관한 설명으로 옳은 것은?
제24회

① 농업진흥지역 밖의 농지를 마을회관 부지로 전용하려는 자는 농지전용허가를 받아야 한다.

② 농지전용허가를 받은 자가 조업의 정지명령을 위반한 경우에는 그 허가를 취소하여야 한다.

③ 농지의 타용도 일시사용허가를 받는 자는 농지보전부담금을 납입하여야 한다.

④ 농지전용허가권자는 농지보전부담금의 전부 또는 일부를 미리 납부하게 하여서는 아니 된다.

⑤ 해당 농지에서 허용되는 주목적사업을 위하여 현장사무소를 설치하는 용도로 농지를 일시 사용하려는 자는 시장·군수 또는 자치구 구청장에게 신고하여야 한다.

해설

② 전용허가를 받은 농지의 위치를 동일 필지 안에서 변경하는 경우에는 농지전용허가를 받아야 한다.

③ 산지전용허가를 받지 아니하고 불법으로 개간한 농지를 다시 산림으로 복구하는 경우 농지전용허가를 받지 않아도 된다.

④ 농지를 농업인 주택의 부지로 전용하려는 경우에는 시장·군수·구청장에게 농지전용신고를 하여야 한다.

⑤ 농지전용신고를 하고 농지를 전용하는 경우에는 농지를 전·답·과수원 외의 지목으로 변경할 수 있다.

정답 ①

해설

① 농업진흥지역 밖의 농지를 마을회관 부지로 전용하려는 자는 농지전용신고를 하여야 한다.

③ 농지의 타용도 일시사용허가를 받는 자는 농지보전부담금의 납입대상에서 제외한다.

④ 농지전용허가권자는 농지전용허가를 하려는 때에는 농지보전부담금의 전부 또는 일부를 미리 납부하게 하여야 한다.

⑤ 해당 농지에서 허용되는 주목적사업을 위하여 현장사무소를 설치하는 용도로 농지를 일시 사용하려는 자는 시장·군수 또는 자치구 구청장에게 허가를 받아야 한다.

정답 ②

제35회 공인중개사 시험대비 **전면개정판**

2024 박문각 공인중개사
김희상 합격노트 2차 부동산공법

초판인쇄 | 2024. 1. 20. **초판발행** | 2024. 1. 25. **편저** | 김희상 편저
발행인 | 박 용 **발행처** | (주)박문각출판 **등록** | 2015년 4월 29일 제2015-000104호
주소 | 06654 서울시 서초구 효령로 283 서경 B/D 4층 **팩스** | (02)584-2927
전화 | 교재 주문 (02)6466-7202, 동영상문의 (02)6466-7201

저자와의
협의하에
인지생략

정가 19,000원
ISBN 979-11-6987-783-1